本书是2024年度湖北省社科基金一般项目（后期资助项目）

U0499171

财政竞争

对企业税负的影响研究

李　捷◎著

中国财经出版传媒集团

经济科学出版社

Economic Science Press

·北 京·

图书在版编目（CIP）数据

财政竞争对企业税负的影响研究／李捷著. —— 北京：

经济科学出版社，2025.1. —— ISBN 978 - 7 - 5218 - 6647 - 6

Ⅰ. F812.423

中国国家版本馆 CIP 数据核字第 2025G9Y577 号

责任编辑：白留杰　凌　敏
责任校对：王肖楠
责任印制：张佳裕

财政竞争对企业税负的影响研究

CAIZHENG JINGZHENG DUI QIYE SHUIFU DE YINGXIANG YANJIU

李　捷　著

经济科学出版社出版、发行　新华书店经销

社址：北京市海淀区阜成路甲 28 号　邮编：100142

教材分社电话：010 - 88191309　发行部电话：010 - 88191522

网址：www.esp.com.cn

电子邮箱：bailiujie518@126.com

天猫网店：经济科学出版社旗舰店

网址：http://jjkxcbs.tmall.com

北京季蜂印刷有限公司印装

710 × 1000　16 开　16.25 印张　260000 字

2025 年 1 月第 1 版　2025 年 1 月第 1 次印刷

ISBN 978 - 7 - 5218 - 6647 - 6　定价：66.00 元

前　言

近年来，大规模减税降费政策持续出台。2016~2021年减税降费累计超8.6万亿元，2022年和2023年新增减税降费及退税缓费分别为4.2万亿元和2.2万亿元，宏观税负由2012年的18.7%降至2023年的14.4%左右。然而，部分企业税负痛感明显仍然是新闻媒体、企业和学术界共同关注的热点话题。这是因为，企业税负痛感较高不仅源于企业实际税负水平，还在于企业间税负不平等和企业税负粘性特征。同时，减轻企业税收负担不仅取决于减税降费政策的力度，同时也要求财税制度及其决定下的地方政府财政竞争策略不断优化，从而引导企业采取规范的征税行为以降低企业税负水平。在中国式分权管理体制下，中国建立了财政分权体制和垂直政治管理体制，由此产生了地方政府财政竞争和预算软约束问题。地方政府一方面会采取税收竞争和财政支出竞争手段争夺财政资源和经济资源；另一方面会积极扩大财政转移支付、土地出让收入和融资平台债务等预算软约束资金规模，从而弥补财政分权体制、财政竞争和减税降费产生的财政压力。地方政府间财政竞争会对政府宏观行为和企业微观行为产生作用，进而影响企业税负、企业税负不平等和企业税负粘性。已有文献充分研究了财政竞争的概念界定、存在性检验和经济效应，分析了预算软约束的影响效应，分别研究了财政竞争、预算软约束对企业税负的影响，对财政竞争和预算软约束的相互作用有了初步研究，关注了企业税负不平等问题，探究了企业税负粘性成因及影响，但是较少从中国式分权管理体制下的财政竞争和预算软约束角度出发对企业税负展开研究，没有探讨财政竞争与预算软约束的交互作用对企业税负的影响，也较少关注到财政竞争对企业税负不平等和企业税负粘性的影响，没有考察税收竞争和财政支出竞争的策略互动作用，没有同时从宏观政府层面和微观企业层面探讨作用机制。因此，本书从财政分权制度和政治管理体制出发，深入研究财政竞争对企业税负的影响及作用机制，进而为提高减税降费政策的实施效果提供经验证据和政策启示。此外，拓展性地研究增值税分成对企业税负粘性的影响及作用机制，进而探究税收分成这一重要财政制度安排如何影响企业税负粘性。具体对以下四个问题展开研究：一是研究财政竞争和预算软约束及其交互作用对企业税负的影响，考察如何平衡好减税降费力度和地方财政可持续水平，同时对规范财政竞争行为，出台公平合理的税收政策，设计差异化的财政政策具有指导作用；二是研究财政竞争对企业税负不平等的影响及作用机制，为缩小企业税负不平等提供政策建议；三是研究财政竞争策略对企业税负粘性的影响及作用机制，为缓解企业税负粘性提供政策启示；四是研究增值税分成对企业税负粘性的影响及作用机制，为优化税收分成制度和缓解企业税负粘性提供政策建议。

为研究上述问题，本书按照以下基本思路开展研究：首先，开展财政竞争影响企业税负的理论分析。一方面，梳理了现有研究对财政竞争、预算软约束、企业税负、企业税负不平等、企业税负粘性这五个核心概念的定义，并据此提出了本书研究中核心概念的定义和内涵；另一方面，从财政分权理论、政绩考核制度、政府竞争理论、税收效率与公平理论出发，构建了本书的理论基础。

其次，从财政分权制度和政治管理体制出发，深入探讨税收竞争和财政支出竞争产生的制度背景，详细介绍产生税收竞争和财政支出竞争的财政激励、政治激励和重要前提，为后文深入研究和理解财政竞争对企业税负的影响及作用机制奠定制度基础。同时，基于企业税负、企业税负不平等和企业税负粘性的成因，分析财政竞争对企业税负的影响机制，具体分为财政竞争对企业税负的影响机制分析、财政竞争对企业税负不平等的影响机制分析、财政竞争对企业税负粘性的影响机制分析。

在构建理论分析框架的基础上，利用省级和地级市层面的财政税收数据和上市公司财务报表数据，使用定量分析方法检验财政竞争对企业税负的影响及作用机制。具体包括财政竞争、预算软约束与企业税负的实证研究；财政竞争、税收努力与企业税负不平等的实证研究；财政竞争对企业税负粘性的实证研究；增值税分成对企业税负粘性的实证研究四个部分。

第一，财政竞争、预算软约束与企业税负的实证研究。基于30个省份（不包括西藏和港澳台地区）和沪深主板上市公司的面板数据，将财政竞争、预算软约束和企业税负纳入统一理论框架下进行系统性研究，探究现行财政分权体制下地方政府财政竞争、不同预算软约束表现形式及两者之间的交互效应对微观企业税负的影响。基准回归结果发现，税收竞争显著降低企业税负，而财政支出竞争显著提升企业税负，税收竞争的影响力度和显著性大于财政支出竞争。转移支付对企业税负的影响具有不确定性，而土地出让收入和融资平台债务能够显著降低企业税负。交互效应显示，转移支付会弱化地方政府的财政竞争行为。与之相反，土地财政和融资平台债务会强化地方政府的财政竞争行为。在更换因变量和自变量度量方式，以及使用工具变量法进行稳健性检验后，回归结果与基准回归结果以及交互效应结果保持一致。异质性分析还发现，东部发达地区偏好财政支出竞争，而中西部地区偏好税收竞争，转移支付、土地出让收入和融资平台债务及其与财政竞争的交互效应对企业税负的影响也存在较大的地区差异。地方政府间财政竞争行为对不同产权性质和不同行业企业税负的影响存在差异。

第二，财政竞争、税收努力与企业税负不平等的实证研究。基于2008～2020年A股上市公司数据和30个省份（不含西藏和港澳台地区）财政税收数据，探究财政竞争对企业税负不平等的影响，并探寻财政竞争对企业税负不平等的作用机制。基准回归结果发现，税收竞争会缩小企业税负不平等，财政支出竞争会扩大企业税负不平等。在采取工具变量法解决内生性问题，以及通过替换企业税负的衡量方式、替换税收竞争和财政支出竞争的衡量方式、使用母公司报表数据、加入更多的控制变量进行稳健性检验后，回归结果与基准回归结果保持一致。异质性分析表明，财政竞争对企业税负不平等的作用在高融资约束企业和国有企业中更为明显，并且主要作用于企业所得税税负不平等。作用机制分析表明，税收竞争会通过实施税收优惠和降低税收努力来影响企业税负不平等，财政支出竞争会通过提高税收努力和提高企业税收遵从度来影响企业税负不平等。由于地方政府主要通过改变税收努力来进行财政竞争，从税收努力的渠道检验财政竞争对企业税负不平等的作用机制。税收竞争会降低地方政府的税收努力，这会缩小企业间税收征管强度差异，从而在客观上缩小企业税负不平等；财政支出竞争会提高地方政府的税收努力，这会扩大企业间税收征管强度差异，从而在客观上扩大企业税负不平等。

第三，财政竞争对企业税负粘性的实证研究。基于 2008~2020 年 A 股上市公司数据和地级市财政税收数据，实证检验了财政竞争对企业税负粘性的影响及作用机制。基准回归结果发现，地方政府间税收竞争和财政支出竞争均能有效缓解企业税负粘性。异质性分析发现，税收竞争缓解企业税负粘性的作用在国有企业和高成长性企业中表现更为明显，财政支出竞争缓解企业税负粘性的作用在市场化水平较高地区、国有企业和高成长性企业中表现得更为明显。在使用直接法度量企业税负粘性、使用母公司数据、排除同期政策影响后，基本结论依然成立。作用机制表明，税收竞争会通过给予企业税收优惠和降低税收努力的方式降低企业税负粘性；财政支出竞争会通过促进企业融资行为和投资行为的方式降低企业税负粘性，同时会通过提高税收努力来强化企业税负粘性，后者会产生部分遮掩效应。策略互动效应分析表明，财政支出竞争缓解企业税负粘性的作用略大于税收竞争，且两者存在一定的策略替代关系。

第四，增值税分成对企业税负粘性的实证研究。基于 2012~2022 年中国制造业 A 股上市公司数据和地级市财政税收数据，利用 2016 年增值税分成改革，构造强度 DID 模型，实证检验了增值税分成对企业税负粘性的影响及作用机制。研究发现：增值税分成改革会同时产生财政援助效应和税收征管强化效应，最终能够缓解企业税负粘性，这一结论在平行趋势假设检验、安慰剂检验、使用直接法度量企业税负粘性、使用母公司数据、剔除"营改增"政策、排除"金税三期"工程的影响后依然成立。异质性分析发现，增值税分成缓解企业税负粘性的作用在财政压力较小地区、外资企业和高税收遵从度企业中表现得更为明显。作用机制发现，增值税分成产生的财政援助效应通过增加企业获得的政府补助，从而缓解企业税负粘性；税收征管强化效应则通过提高地区税收征管强度，从而提高企业税负粘性。

最后，结合理论分析、实证研究结果和中国制度背景，提出以下基于企业税负优化的财政竞争改革建议：第一，科学划分政府间事权和支出责任，着力提高地方政府财力，优化政府间财政转移支付制度，优化政府间税收分成制度，最终实现地方政府的财权与事权相匹配，从财政体制层面弱化财政竞争动机。

第二，完善政府官员政绩考核制度，同时要推进行政管理体制改革，建立有效的行政权力监督制度。第三，应当规范地方政府间税收竞争和财政支出竞争行为，同时规范税收努力和税收优惠，引导地方政府根据不同地区的财力状况和企业特征开展良性的财政竞争，并持续优化税收服务。第四，差异化设计各地区转移支付制度，科学设计地方政府债务融资制度，规范地方政府土地出让行为，提高财政透明度，从而硬化地方政府的财政预算约束。

李　捷

2024 年 11 月

目　　录

导　　论

一、研究背景及意义

（一）研究背景

中国经济进入新常态以来，经济增长速度逐步放缓。为了应对经济新常态所带来的机遇和挑战，并有效激发市场主体的生产积极性和创新活力，党中央提出实施供给侧结构性改革，并出台以"结构性减税"为特征的减税降费政策（邓力平，2019）。中国一直在减轻企业税费负担以激发市场活力。在"十三五"期间，大规模的减税降费措施持续出台，减税降费力度空前绝后，由此拉开了中国税收制度调整的序幕。近年来，税务部门出台了大量税收优惠政策，积极推动税收制度改革，有效降低了法定税率和法定费率，用实际行动保证大规模减税降费政策生效，进而支持了企业的正常经营和稳步发展。一方面，出台政策降低多税种的名义税率。在增值税方面，2016年实施全面"营改增"改革，原先缴纳营业税的所有行业均改为缴纳增值税，有效避免了重复征税的情况，促进了服务行业的发展，并对降低企业税收负担产生了积极作用。在此之后的 2017～2019 年，我国增值税法定税率进行了三次调整①。在企业所得税方面，2017～2022 年，一系列利好小型微利企业缴纳企业所得税的政策不断出台②。在社会保障缴费方面，城镇职工基本养老保险单位缴费比例从 20% 下降

---

① 见政策文件：《关于简并增值税税率有关政策的通知》《关于调整增值税税率的通知》和《关于深化增值税改革有关政策的公告》。

② 政策详解见国家税务总局官网，http://www.chinatax.gov.cn/chinatax/n810341/c102001/c102003/c102010/zcxj_detail1.html.

到 16%，企业尤其是小微企业的社保缴费负担有明显下降①。另一方面，大规模减税降费政策降低了宏观税负。2016～2020 年的"十三五"时期，全国新增减税降费合计超过 7.6 万亿元，其中减税 4.6 万亿元，这使得我国宏观税负由 2015 年的 18.13% 下降到 2020 年的 15.20%，降幅达到近 3 个百分点②。减税降费政策在支持实体经济发展，特别是减轻小微企业和制造业企业税收负担方面发挥了巨大作用。进入"十四五"时期以来，在中央经济工作会议精神的指导下，2021 年《政府工作报告》中指出"要保持宏观政策连续性稳定性可持续性，促进经济运行在合理区间"，并要求在运用积极财政政策的过程中"优化和落实减税政策"。2021 年新增减税降费超过 1 万亿元③。持续大规模的减税降费措施有效支持了"六稳"和"六保"大局，为恢复经济平稳运行、推进经济高质量发展、促进产业结构优化、实现社会公平稳定都作出了巨大贡献。2022 年《政府工作报告》中提出"预计全年减税退税 2.5 万亿元"，并指出"综合考虑为企业提供现金流支持、促进就业消费投资，大力改进因增值税税制设计类似于先缴后退的留抵退税制度，今年对留抵税额提前实行大规模退税。"2023 年《政府工作报告》中指出，减税降费公平普惠、高效直达，五年累计减税 5.4 万亿元、降费 2.8 万亿元。2024 年《政府工作报告》中提出，落实好结构性减税降费政策，重点支持科技创新和制造业发展。我国宏观税负水平变动情况如图 1 所示。一系列以增值税税率改革、企业所得税优惠、研发费用加计扣除、降低社保费率等为主要内容的组合式减税降费政策持续出台，既表明了减税降费政策将在较长时期内作为政府激发市场活力的措施而存在，又要求在实施减税降费政策的过程中提高财政政策的精准性、针对性和可持续性。

尽管减税降费政策已经在减轻企业负担和推动经济增长方面发挥了积极作用，但是相应地也产生了两个亟待解决的问题，引起新闻媒体、地方政府、企业和学术界的广泛关注。一是部分企业反映税费负担仍然过高，企业对于减税

---

① 政策详解见国家税务总局官网，http：//www. chinatax. gov. cn/chinatax/n810341/n810765/n4182981/201904/c4460881/content. html.

② 数据来源：国家税务总局官网，http：//www. chinatax. gov. cn/chinatax/n810219/n810780/c5169866/content. html.

③ 见 2022 年政府工作报告。

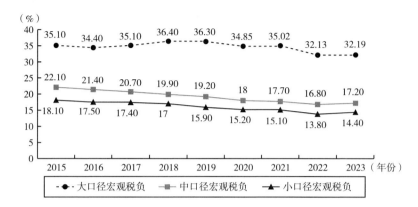

图1　2015～2023年中国三种口径宏观税负水平[①]

降费政策的获得感存在较大差异。首先，一些学者研究了近年来持续性大规模减税降费政策的实施效果，并指出企业实际税费负担下降幅度不如预期，企业感受到的税负痛感依然很强烈（闫坤和于树一，2018；庞凤喜和牛力，2019；万广南等，2020）。《全国企业负担调查评价报告》显示，相较于2015年，企业总体负担指数[②]在2016年、2017年和2018年分别上升了20.18%、27.69%和15.73%。根据世界银行和普华永道联合发布的《2020年世界纳税报告》[③]，中国企业的总税收和缴费率为59.2%，远高于40%的世界平均水平，在全球190个经济体中位列第105名。此项国家间比较数据也表明，我国企业总体税负仍然处于较高水平。其次，倪红福等（2020）从企业税负不平等的新视角来阐述"宏观低税负，企业高税负感"这一现象，并指出企业税负在行业、企业规模、地区和所有制类型等方面存在明显异质性。姚东旻等（2022）从价值链嵌入角度研究我国行业税负特征，研究表明处于上下游行业的企业实际税负具

　　① 　根据财政部网站有关税收收入数据和历年《中国统计年鉴》中的GDP计算得出。大口径宏观税负是指一般公共预算收入、政府性基金预算收入（含国有土地使用权出让收入）、国有资本经营预算收入和社会保险基金预算收入（含财政补贴收入）之和占GDP的比重；中口径宏观税负是指一般公共预算收入占GDP的比重；小口径宏观税负是指一般公共预算收入中的税收收入占GDP的比重。

　　② 　全国企业实际负担指数根据工信部2017—2019年的《全国企业负担调查评价报告》中的数据计算整理而得。

　　③ 　详情可见普华永道官网，https：//www.pwccn.com/zh/services/tax/publications/paying-taxes-2020.html.

有显著异质性。"不患贫而患不均"，企业间税负不平等现象使得高税负企业承担着较重的税负痛感。最后，一些学者从税负粘性视角解释减税降费背景下企业税负痛感为何普遍存在，既有采用严谨的实证方法论证税负粘性的存在性（王百强等，2018），也有指出税负粘性主要源于企业自身的税收遵从度和外部税收征管环境（胡洪曙和武锶芪，2020），以及地方政府面临的财政压力（庄序莹和周子轩，2022）。尽管减税降费政策促进了宏观经济增长，但是企业税收负担随着企业营业收入增减变动的幅度存在较大差异，也即企业税负粘性特征，一是影响了减税降费政策带给企业的获得感，削弱了税费优惠政策调控宏观经济的效果。二是持续性减税降费政策在短期内增大了地方政府的财政收支压力，对财政收入可持续性造成巨大冲击。大规模减税降费政策密集出台，在短期内造成预期税收收入减少，而财政支出一般不会减少，这进一步加剧财政收支之间的矛盾，进而使得地方政府面临更大的财政压力。大规模减税降费政策导致部分债务负担较重的地方政府面临财政危机（张斌，2019）。同时，尽管减税降费政策能够起到减弱国内外环境不确定性对企业发展的负面影响，但是也会对财政收支平衡造成巨大冲击（吕冰洋，2020）。地方政府财政压力主要表现为社会保险基金收支缺口日益扩大和基层财政困难。一方面，社会保障缴费率下降，地方社会保险基金收入随之减少，而随着老龄化程度的加剧，社会保险基金支出规模不断扩大，这危害了社会保险基金预算的可持续性；另一方面，县级政府的财政收入有限而财政支出在不断扩大，减税降费会扩大县级政府的财政收支缺口，进而造成基层财政困难（李明和龙小燕，2020）。减税降费政策产生的财政压力会改变地方政府的征税行为，反过来影响减税降费政策的实施效果。

在中国式分权管理体制下，中国建立了财政分权体制和垂直政治管理体制，由此产生了地方政府财政竞争和预算软约束问题（Alesina et al.，2008）。财政竞争手段主要包括税收竞争和财政支出竞争。在税收竞争方面，地方政府主要通过竞相降低税收努力或实施税收优惠政策等途径，以争夺财政资源和经济资源。在财政支出竞争方面，地方政府主要通过扩大财政支出规模为辖区内居民提供合意的公共服务，进而吸引劳动力、资本和技术等生产要素流入本辖区。预算软约束表现形式主要包括三个方面：一是中央财政转移支付。由于我国财政转移支付缺乏有效的管理机制，转移支付总规模的确定和资金分配具有较大随意性，地方政府会利用信息不对称或者采取"跑部钱进"策略，以获取更多的转移支付资金，因此现实中地方政府转移支付的预算约束相对软化。中央对地方转移支付分地区决算表①显示，绝大部分省份年度转移支付决算数大于预算数，这进一步印证了转移支付具有预算软约束的特征。二是土地出让收入。地方政府追求自身利益最大化的"利维坦"特性会对土地出让收入的使用情况产生扭曲作用，进而导致土地出让收入难以受到制度约束。三是地方政府融资平台债务。地方政府组建投融资平台，并通过发行企业债、中期票据等融资工具为公共投资项目筹资。一方面，地方政府采取税收竞争和财政支出竞争手段争夺财政资源和经济资源；另一方面，地方政府会积极扩大预算软约束资金规模，从而弥补财政分权体制产生的"天然型财力缺口"和财政竞争产生的"竞争型财力缺口"。改革开放以来的经验证明，地方政府财政竞争和预算软约束为推动地区经济发展发挥了积极作用。然而，随着国内外经济形势日益复杂严峻、地方财政压力日益突出，地方政府突破预算框架参与过度财政竞争，并对预算软约束的依赖性日益增强。地方政府间财政竞争和预算软约束，以及两者之间的交互作用会影响宏观层面的政府行为和微观层面的企业行为，进而对企业税负产生复杂影响，并削弱减税降费政策带给企业的获得感。

综合以上政策背景和制度背景进行分析，减轻企业税收负担不仅取决于减税降费政策的力度，同时也要求财税制度体系及其决定下的地方政府财政竞争策略不断优化。具体而言，在减轻企业税收负担方面，不仅要通过降低法定税率和实施税收优惠的方式来降低企业税收负担的绝对水平，还应当重点关注和解决企业税负不平等和企业税负粘性问题。在从财税制度层面出发，优化地方政府间财政竞争策略方面，应当平衡好地方政府间财政竞争和地方财政可持续之间的关系，避免地方政府开展恶性的财政竞争和突破预算约束，引导地方政府开展良性的财政竞争以降低企业税负、企业税负不平等和企业税负粘性。

---

① 财政部预算司官网，http：// www. yss. mof. gov. cn/caizhengshuju/.

（二）研究意义

1. 理论意义。

（1）构建财政竞争对企业税负影响的理论框架。将财政竞争、预算软约束和企业税负纳入统一理论框架下进行系统性研究，充分考虑地方政府财政竞争对企业税负的影响，并且探讨财政竞争与预算软约束的交互作用对企业税负的影响。中国式分权管理体制形成了中国特色的财政分权体制和垂直政治管理体制，并由此产生地方政府间财政竞争和预算软约束问题。以往研究分别探讨了税收竞争和财政支出竞争对企业税负的影响，尤其关注税收竞争对企业税负的影响，并假定地方政府间的财政竞争行为受到预算约束。然而，在资本"用脚投票"机制作用下，地方政府间财政竞争程度愈发激烈，以低税率为主要特征的税收竞争和以高支出为主要特征的财政支出竞争成为地方政府进行财政竞争的两种重要手段，并存在互动关系。值得注意的是，早期财政竞争以税收竞争为主，伴随着政府间竞争的深化和税权向中央上收，财政竞争逐步转变为以财政支出竞争为主（李永友和沈坤荣，2008）。此外，地方政府间财政竞争使得财政收支呈现逆向增长特点，导致地方财政压力不断扩大，进而使得地方政府不断突破预算约束，而以往研究正是忽略了地方政府预算软约束这一典型特征。例如，财政竞争对地方政府的土地出让行为具有激励作用（吴群和李永乐，2010）。

（2）拓展企业税负的内涵，多角度分析企业税负痛感来源。减税降费和企业获得感不强之间存在矛盾，减税降费给企业带来的获得感不强，企业一直存在明显的税负痛感。企业产生税负痛感的深层次原因不仅在于企业实际税收负担较重，也源于企业之间存在税负不平等（倪红福等，2020），以及企业税负存在粘性特征（魏志华，2021）。从企业税负不平等和企业税负粘性的角度出发，能够进一步分析企业税负痛感来源，并丰富关于企业税收负担的理论。具体从企业税负不平等的角度看，以往文献缺乏对企业税负不平等问题的关注，没有深入研究企业税负不平等的成因以及如何缩小企业税负不平等。因此，本书将系统性地研究税收竞争和财政支出竞争对企业税负不平等的影响，这有助于丰富地方政府间财政竞争和企业税负不平等领域的研究。具体从企业税负粘性的角度看，税收竞争和财政支出竞争作为地方政府进行财政竞争的重要手段，均会对企业税收支出产生影响，进而对企业税负粘性产生作用。因此，在度量企业税负粘性的基础上，从理论和实证两个方面研究税收竞争和财政支出竞争对企业税负粘性的影响及作用机制。

（3）考察税收竞争和财政支出竞争对企业税负的异质性影响及其成因。税收竞争的减税效应和财政支出竞争的溢出效应并非均等化。税收竞争和财政支出竞争对企业税负的作用会受到所在地区、企业所有制性质、企业融资约束水平、所处行业和企业成长性等的影响，并且存在税种差异，将深入研究异质性影响，考察财政竞争和预算软约束及其交互作用对企业税负的异质性影响，分析税收竞争和财政支出竞争对企业税负粘性、企业税负不平等异质性影响的成因。

2. 现实意义。

（1）厘清财政竞争影响企业税负的机制，为规范财政竞争行为提供理论指导。1994 年分税制改革塑造了以中国式财政分权和垂直政治管理体制为核心内容的中国式分权管理体制，由此形成了地方政府间财政竞争，这对于地方政府税收规模及结构、公共产品供给规模及结构以及区域间生产要素区域流动产生重要作用，最终会对微观企业税负产生重要影响。一方面，各项税收法定税率的决定权归中央所有，地方政府无法影响法定税率，但在经济激励和政治激励的作用下，地方政府会通过实施税收优惠或者降低税收努力的方式减轻企业实际税负，以达到吸引劳动力、资本和技术等生产要素进入的目的；另一方面，中国式财政分权体制下地方政府拥有较大的支出自主权，地方政府会增加公共服务的供给尤其是生产性公共服务的供给，以满足生产要素对公共产品的需求，进而吸引生产要素进入本辖区。随着地方政府不断扩大公共支出，地方政府对税收的依赖程度会逐渐提高，进而会强化对企业的税收征管力度，提高企业税负。基于此，主要研究中国式分权管理体制下财政竞争对企业税负的影响及其作用机制，为规范各地区税收竞争和财政支出竞争，清理不合理的税收优惠政策，优化转移支付制度，监管土地出让规模和融资平台债务提供政策建议。

（2）从企业实际税负、企业税负不平等和企业税负粘性三个角度探讨企业税负痛感的来源，并从财政制度层面提供优化企业税负的政策建议。

企业税负痛感不仅来源于企业实际税负，也来源于企业税负不平等和企业税负粘性。第一，企业税负痛感来源于企业实际税负水平，而企业实际税负会受到地方政府间财政竞争的影响。持续性大规模减税降费政策一方面有效降低了企业税收负担，另一方面也加剧了地方政府财政压力。在中国式分权管理体制下，地方政府间税收竞争和财政支出竞争会对企业税负产生复杂的作用，同时地方政府会突破预算约束以弥补财政收支缺口。因此，地方政府间财政竞争、预算软约束及两者的交互作用会对企业税负产生影响。第二，微观企业税负不平等是造成"宏观税负较轻，而企业税负痛感较重"这一现象的重要原因之一（倪红福，2020）。尽管当前总体层面的企业税负较轻，但不可忽视的事实是，部分企业税收负担过重而部分企业税收负担过轻，税负加重的过程掩饰了企业税负不平等问题。由此，微观企业税收负担确实存在较大差异，这一差异不仅存在于不同行业、不同产权性质、不同地区的企业之间，也存在于同一行业、同一产权性质、同一地区的企业之间。"不患寡，而患不均"，强烈的对比心理促使高税负企业感受到更大的税负痛感。第三，已有研究发现了企业税负的"粘性"特征，并指出企业税负粘性的存在对企业生产经营和地区经济发展均有显著的负面作用（王百强等，2018；胡洪曙和武锶芪，2020）。

本书系统性考察财政竞争分别对企业税收负担、企业税负不平等和企业税负粘性的影响。主要进行三个实证研究，其一，有助于在不加剧财政压力的前提下提高减税降费政策带给企业的获得感；其二，有助于政府从企业实际税负、企业税负不平等和企业税负粘性三个角度去思考如何优化现行财税制度才能更有效地让企业拥有减税降费的"获得感"；其三，有助于强化企业与地方政府的税收协调和政策沟通，以激发企业发展活力，促进地区经济的高质量发展，同时避免地方政府开展恶性财政竞争。

（3）考察财政竞争对企业税负、企业税负粘性和企业税负不平等的异质性影响，有利于设计差异化的财政竞争政策、转移支付制度、土地出让制度和债务融资平台政策。

在财政竞争、预算软约束与企业税负的实证研究一章中，分地区、分产权性质、分行业考察了财政竞争和预算软约束对企业税负的异质性影响。一方面，财政竞争和预算软约束对企业税负的影响存在显著的地区异质性，这不仅根源于不同地区的财政状况和经济发展水平存在差异，也取决于不同地区对转移支付的反应、不同地区的土地出让制度、不同地区的融资平台政策。因此，研究结论有利于中央政府因城施策，根据不同地区的实际情况设计差异化的财政政策。另一方面，财政竞争和预算软约束对企业税负的影响存在显著的企业性质异质性，包括产权性质异质性和行业异质性，这表明地方政府针对不同性质企业的税收竞争和财政支出竞争存在显著差异，针对不同性质企业的政策并非一视同仁。

在财政竞争、税收努力与企业税负不平等的实证研究一章中，分企业融资约束水平、企业所有制性质和分税种考察了财政竞争对企业税负不平等的异质性影响。

在财政竞争对企业税负粘性的实证研究一章中，分地区市场化水平、企业所有制性质、企业成长性三个方面研究财政竞争对企业税负粘性的异质性作用。

考察财政竞争对企业税负、企业税负粘性和企业税负不平等的异质性影响，既有助于中央政府从制度层面和政策实施层面消除企业所有制差异和行业差异，打造公开透明的营商环境，也有利于政府根据地区特征和企业性质设计差异化的财政竞争政策、转移支付制度、土地出让制度和债务融资平台政策，进而助力企业转型升级，推动经济高质量和可持续发展。

二、文献综述

近年来，我国持续推进减税降费政策。然而，减税降费给企业带来的获得感不强，企业依然存在明显的税负痛感，对此学术界和实务界进行了广泛讨论和深入研究。部分学者对企业税负的研究不仅局限于企业税收负担，也开始从企业税负不平等和企业税负粘性的角度探究企业税负痛感的原因。在中国式分权管理体制下，中国建立了财政分权体制和垂直政治管理体制，由此产生了地方政府财政竞争和预算软约束问题（Alesina et al.，2008）。财政竞争和预算软约束对于企业税收负担、企业税负不平等、企业税负粘性都产生了重要影响。

基于此，本书结合研究内容和研究目的，对财政竞争和预算软约束与企业税负的相关研究进行了梳理和总结。

（一）财政竞争影响企业税负的基础理论的相关研究

在中国式分权的体制下，财政分权制度在一定程度上导致财政纵向失衡，使得地方政府承受着财权与事权不匹配所产生的财政压力；垂直政治管理体制则使得地方政府官员面临着以 GDP 为核心的政治晋升竞赛。这两者共同迫使地方政府参与以提高地方 GDP 为目标的财政支出竞争和税收竞争，并且在不断上升的财政压力作用下导致地方政府突破预算软约束。以上因素都会影响地方政府的税收努力，进而对企业税负产生影响。

基于财政分权视角，现有文献分别从收入分权、支出分权的角度研究财政分权对企业税负的影响。财政收入分权主要通过两条渠道影响企业税负。第一，在当前财政收入分权体制下，增值税、企业所得税和个人所得税均属于中央和地方共享税，这些主要税种的税收征管权和税收收益权存在不匹配的问题。因此，地方政府有着降低税收努力的激励，并将税收不努力的成本转嫁给中央政府。崔志坤等（2016）指出，地方政府财政努力和税收努力程度与其税收分成比例呈显著正相关关系，企业所得税分成比例会降低地方政府的税收努力，与此同时会刺激企业的逃税行为。第二，财政收入分权会激发地方政府主动开展策略性税收竞争。贾俊雪和应世为（2016）指出，在以 GDP 为核心的政治考核机制激励下，地方政府具有较强的动机开展税收竞争以吸引资本进入本辖区，而税收竞争会在一定程度上扭曲地方政府的征税行为，并迫使其采取低税负的税收征管策略，最终提高了企业的税收激励，并降低了企业税负。财政支出分权对企业所得税的影响主要来源于财政压力。在我国，非对称的财政分权体制使得地方政府承担了较多的支出责任，面临着较大的财政压力，从而增强了地方政府对企业税收的依赖，促使地方政府加强征管力度，提高企业税负水平（马光荣和李力行，2012）。同时，支出分权下地方政府运用高支出竞争策略，也会增大财政压力，削弱企业的税收激励（贾俊雪和应世为，2016）。

基于预算软约束视角，地方政府会在面临较大财政压力时向中央政府寻求支援或扩大预算外资金来源，以此形成的预算软约束将作用于税收努力，进而影响辖区企业税负。预算软约束的表现形式主要包括转移支付、土地财政和融资平台债务。在积极财政政策背景下，各级地方政府持续扩大基础设施投资规模，这使得地方政府的财力缺口也随之扩大，因此不得不寻求其他预算外资金为财政支出筹资（何杨和满燕云，2012），而预算外的土地财政和制度外的融资平台债务成为补充资金来源的重要渠道（郑华，2011）。周雪光（2005）指出，由于中国财政分权制度和垂直政治管理体制影响深远，分税制改革后财权不断向中央集中而事权不断向地方集中，这弱化了地方政府的财政激励，也使得地方政府不断扩大债务规模。中国式财政分权和政治晋升激励共同加深地方政府预算软约束程度，加重地方政府债务（李永友和沈坤荣，2008）。方红生和张军（2009）指出，预算约束问题一直存在，无论地方政府处于衰退期还是繁荣期。由于预算软约束的存在，各级地方政府债台高筑，引发地方政府超规模支出，对地方经济可持续性造成巨大负面冲击（伏润民等，2008），进一步也对地方政府的税收努力和经济主体的行为产生影响。财政预算软约束会影响地方经济主体的市场化行为，进而降低市场对资源配置的有效性（林毅夫等，2004；龚强和徐朝阳，2008）。由于政府垄断了对公共财政资源的自由裁量权，地方政府的财政收支行为遭到了破坏（郑华，2011；赵永亮和杨子晖，2012）。

基于政绩考核制度视角，2013 年的政绩考核新标准发布后，对干部的政绩考核不再偏重于经济增长等经济方面的指标，而加大了对新增债务、环境损害等指标的考核权重。在此背景下，学者围绕着多维度政绩考核制度展开研究，分别探究了 2013 年的政绩考核新标准对宏观层面地方经济发展或地方政府行为的影响，微观层面企业环保投资、企业 ESG 表现等行为的影响。张军等（2020）研究发现，各级地方政府 GDP 和固定资产投资的目标增速开始大幅下降。程仲鸣等（2020）研究发现，2013 年的政绩考核新标准显著改善了基于GDP 增长的官员晋升压力对企业技术创新的抑制作用。石凡和王克明（2023）研究表明，2013 年政绩考核新标准发布后，地方政府官员环保考核压力越大，辖区公司 ESG 表现越好，即地方政府官员环保考核制度显著提升了上市公司ESG 表现。进一步的异质性分析发现，地方政府官员环保考核压力对公司

ESG 表现的提升效应在地区经济发展水平较高、公司为国有企业、公司高管有政治关联、公司获得政府补助多的情况下更显著。王文甫和方也（2024）研究发现，在多元化政绩考核机制下，地方政府短期目标导向能够缓解经济发展质量的负面影响，其中营商环境的优化有利于经济高质量的发展，但由于地区竞争与市场分割的存在，缓解作用并不能得到很好地释放。在经济高质量发展不断推进阶段，应尽快落实多元化考核机制，引导地方政府优化营商环境。周慧珺等（2024）研究表明，在多元化政绩考核制度下，地方政府有动机开展对公共支出和人力资本的竞争，地区间竞争的机制将可以传导和放大整体经济波动。

（二）财政竞争影响企业税负的制度背景与机理分析的相关研究

政府分权具有丰富的内涵，按照世界银行标准划分为政治分权、行政分权、财政分权和经济分权四个维度。坦布拉西和卡尤尼（Tambulasi and Kayuni，2007）将政府分权划分为政治、行政和财政三个维度。政治分权指的是在建立中央政府的基础上，创建一个与中央相分离的机构，由依照法律选举出的议员决定地方的公共管理模式和内容；行政分权指的是将行政管理的职能从中央纵向分配到各级地方政府；财政分权包含着行政分权和政治分权的内容，最主要的特点是将中央政府的财政责任和权力分权给各级地方政府。目前国内研究主要将政府分权划分为财政分权和行政分权两个维度。

在中国式分权管理体制下，相关实证研究不仅探讨了财政分权制度的经济增长效应，也开始研究财政分权影响地区经济发展的作用机制。国内研究普遍认为，财政分权导致地方政府间财政竞争，进而对地区经济发展产生影响。在财政竞争机制中，财政支出竞争和税收竞争的作用机制存在较大差异。财政支出竞争具有空间溢出效应和"马太效应"。在空间溢出效应方面，地方政府会积极开展财政支出竞争，通过提高财政支出规模和提高财政支出效率的方式吸引投资、技术和劳动力等重要生产要素，以此促进地区经济增长。财政分权通过财政支出竞争这一作用机制对地区经济增长产生溢出效应（刘小勇，2016；刘江会和王功宇，2017；庞伟和孙玉栋，2018）。在地区经济发展的"马太效应"方面，财政分权制度和垂直晋升体制产生的财政支出竞争会对地区财政支出结构产生扭曲效应，具体表现为财政支出结构的"重投资、轻民生"。财政支出竞争具有"马太效应"，使得地区之间在吸引生产要素方面存在差距，进而扩大了地区之间的居民收入差距和地区经济发展差距（傅勇，2007；范允奇和王文举，2010；朱军和许志伟，2018）。

地方政府间的税收竞争同样也产生于财政分权制度和垂直政治管理体制。蒂布特（Tiebout，1956）最早在其著作中提出税收竞争的成因，财政分权体制促使各地政府的经济利益相互独立，地方政府会采取降低税率的方式来获取选票。国内学者结合中国特色的经济制度和社会制度分析地方政府间税收竞争的成因。周克清（2005）指出，1994年分税制改革使得地方政府形成独立的经济利益体，并由此产生了税收竞争。值得注意的是，分税制改革产生的不规范的财政分权管理体制与不合理的政治绩效考核体系会加剧地方政府的税收竞争。刘晔和漆亮亮（2007）指出，我国地方政府的税收竞争有着无序的特点，这会带来一系列负面的经济后果。产生这一现象的根源在于我国财税体制下地方政府的财权和事权不匹配，财政转移支付制度不规范，政府官员的权力寻租以及法律监管的缺位。谢欣和李建军（2011）的研究表明，尽管我国的税率是由中央政府统一制定，地方政府无权调整法定税率，但是我国针对不同行业和地区采取差异化的税收优惠政策，并且由于央地政府间存在信息不对称问题，税务机关有较大的自由裁量权，地方政府的税收竞争空间较大。靳文辉（2015）认为，财政分权制度在一定程度上会激励地方政府的税收竞争行为，但是高度集权的政治制度是激励地方政府进行税收竞争的真正原因。

在我国垂直政治管理体制下，政绩考核制度成为地方官员行动的"指挥棒"。邵传林（2016）基于市场化的角度分析，自从1994年分税制改革实施以来，地方政府逐渐在经济发展领域发挥着重要的作用。在政绩考核制度和经济绩效考核的双重压力推动下，地方政府努力提高本地区的市场化水平，使中国分权事实上具有"市场维护型联邦制"的特征，这有力促进了本地区的经济发展。皮建才等（2014）别出心裁地从地方公共产品供给的视角出发，中央政府对地方政府产生的政治激励在制度层面推动地方政府致力于发展经济。当中央政府出台了有效合理的政治激励措施约束地方政府行为时，地方政府官员会在此激励下提高生产性公共产品供给，并有效减少在职消费；反之，在职消费会对生产性公共产品供给产生挤出作用。余绪鹏（2016）指出，中国式政府分权带来了中国经济高速增长的奇迹，最重要的原因在于成功激励地方政府官员由"为晋升而竞争"转变为"为增长而竞争"，这不仅给予地方政府充足的财政自主权，还激励了地方政府追求本地区的经济增长。

综上所述，目前国内外研究较为系统深入地探讨了政府分权问题，国内的政府分权研究主要集中在财政分权和政绩考核制度。国内外学者普遍采用财政竞争机制来解释财政分权效应，并以政绩考核制度解释中国式分权的作用机制。正是中国式政府分权背景下的财政分权制度和垂直晋升体制，共同产生了财政竞争和预算软约束问题。

（三）财政竞争、预算软约束与企业税负实证研究的相关研究

已有文献较少从中国式分权管理体制下的财政竞争和预算软约束角度出发对企业税负展开研究，但是分别就财政竞争、预算软约束对企业税负影响进行研究的文献较为丰富。博克等（Borck et al.，2007）和豪普特迈尔等（Hauptmeier et al.，2012）的研究表明，财政竞争往往表现为地方政府间的财政政策存在策略性互动。基恩和马钱德（Keen and Marchand，1997）指出，地方政府会采取降低企业税负和提供基础设施等生产性公共服务的方式吸引资本。

在税收竞争方面，不同国家的地方政府间普遍存在显著的税收竞争行为（Chirinko and Wilson，2010）。基于丰富的税收竞争实践，税收竞争已成为国外税收领域的研究热点和重要理论基础（杨得前和李捷，2019）。奇林科和威尔逊（Chirinko and Wilson，2010）分析了美国48个州1965～2006年的资本税互动情况，研究表明，各州资本税竞争表现出逐底竞争的特征，即各州都在主动降低资本税负水平以在资本税竞争中取得优势。雅内巴和奥斯特洛（Janeba and Osterloh，2013）构建的数理模型发现，税收竞争存在城市规模异质性，大城市与相邻城市以及距离较远的城市都存在明显的税收竞争，而小城市只与相邻城市存在税收竞争。这导致的结果是，大城市更为激烈的税收竞争使得大城市的资本税下降幅度更大，而且最终可能比小城市更低。马尼洛夫和曼宁（Maniloff and Manning，2017）指出，税收竞争实质是地方政府进行策略性博弈的一种重要手段，主要操纵的税收是个人所得税和资本税等流动性税收。一般而言，由于发

达国家具备更加厚实的财力进行税收竞争，税率水平通常较低，但并没有充分的实证结果证明，不同地区之间的税收收入和实际税率存在逐底竞争的特征。值得注意的是，以往研究没有完全校正实证过程中的内生性问题，进而产生高估地区间的税收竞争程度。伊森（Isen，2014）利用断点回归的方法研究美国俄亥俄州地方政府间的税收竞争行为，较好地校正了内生性问题。实证结果表明，所得税、财产税和销售税等税种都不存在税收竞争行为。国内研究一致认为，我国地方政府间税收竞争行为普遍存在，并且证实税收竞争会对地方宏观税负水平造成影响，但学术界对于税收竞争是呈现"正向竞争"还是"负向竞争"的特点存在争论。张忠任（2012）从理论上对税收竞争的特征进行分析，并将税收竞争划分为纵向税收竞争和横向税收竞争，其中，中央政府与地方政府之间的纵向税收竞争会提高地区整体税负水平；而央地政府间的横向税收竞争会降低地区整体税负水平。付文林和耿强（2011）、陈静和马小勇（2014）先后对中国地方政府之间的横向税收竞争进行存在性检验，并考察横向税收竞争的区域差异。相对中西部地区而言，东部地区的经济集聚能够产生一定的集聚租金，这使得东部地区地方政府间的税收竞争具有明显的差异化特征。杨龙见和尹恒（2014）、龙小宁等（2014）深入研究县级政府间税收竞争的特征，研究表明相邻县在税收政策上存在显著的策略互动，且地区整体税负水平表现为正向竞争特点。郭杰和李涛（2009）的研究发现，税收竞争存在税类异质性，地方政府在增值税、企业所得税和财产税等税种上表现为正向税收竞争特征，但在个人所得税上表现为负向税收竞争特征。唐飞鹏和叶柳儿（2020）指出，地方政府间税收竞争会产生效率冲击，主要体现在企业所得税竞争而非增值税竞争方面。

在财政支出竞争方面，博克等（Borck et al.，2007）以德国县级政府间财政支出竞争为研究对象，发现地方政府对不同类别的财政支出选择不同的竞争行为模式——基础设施支出和公共安全支出主要表现为策略互补模式；而社会福利支出则表现为策略替代模式。豪普特迈尔等（Hauptmeier et al.，2012）对包含税收竞争和财政支出竞争的数理模型进行分析，其他地区降低税率会导致地方政府通过降低税负和增加财政支出的方式来吸引资本；其他地区增加基础设施领域的财政支出会导致地方政府主动加大财政支出力度。菲舍尔和威格

（Fischer and Wigger，2016）对德国各个州的高等教育财政支出展开研究发现，各州会通过增加高等教育财政支出的方式来吸引更多大学毕业生，而不是传统"搭便车"行为。王（Wang，2018）分析了中国 31 个省份的财政支出竞争行为，发现各个省份采取策略互补型的财政支出竞争行为，表现为各省财政支出的正向空间集聚。随着国内涌现大量关于财政竞争的研究，学术界对财政竞争的存在性达成共识。郑尚植（2012）从理论上分析，在中国式财政分权背景下，地方政府在财政支出规模和结构上采取竞相模仿的策略，进而导致财政支出规模不断扩张，以及财政支出结构日渐趋同。李永友（2015）认为，地方政府间同时存在财政支出竞争和税收竞争行为，并且中央财政转移支付会对这两种行为产生强化作用。冷毅和杨琦（2014）进一步研究发现，地方政府间的财政支出竞争主要表现在基础设施建设领域，而且会降低本地区民生性财政支出水平。王术华（2017）指出，省级政府间财政支出竞争具有正向特征，且财政支出竞争会显著扩大地方政府债务规模。周亚虹（2013）指出，地方政府在教育财政支出方面存在正向竞争行为。王丽娟（2011）发现，地方政府间财政支出竞争行为具有地区异质性，东部省份之间的财政支出竞争较为显著；中西部省份之间的财政支出竞争强度则要低很多。

在预算软约束方面，已有研究认为地方政府会对其产生过度依赖因而导致地方政府过度负债和财政支出效率低下（Goodspeed，2002；Ong，2012）。现有研究普遍认为，转移支付对地方税收努力存在替代效应和激励效应。胡祖铨等（2013）构建的转移支付征税努力模型表明，均等性质转移支付和总量性质转移支付对税收努力存在替代作用，而配套性质转移支付对税收努力具有激励作用，总体上替代作用强于激励作用。付文林和赵永辉（2016）的研究表明，转移支付总体上对地方政府征税努力具有抑制作用，税收优惠竞争是最主要的财政竞争策略。现有研究发现了土地出让收入与企业税负之间的"租税替代"现象。黄少安等（2012）最早关注到"租税替代"现象，其研究发现，房价上涨将导致企业税收和企业利润均显著下降。王雪婷和胡奕明（2018）指出，地方政府对土地出让收入产生较大依赖，居高不下的房价将通过推高企业的经营成本、挤压企业的投资空间、给予企业财税支持的方式降低企业税收负担。目前关于地方债务对企业税负影响的文章较少。

少部分研究关注了财政竞争和预算软约束的交互作用。钱海刚（2009）指出，预算软约束为地方政府进行财政竞争提供了资金来源。李永友（2015）利用空间系统估计方法，对转移支付融资和分配机制与相邻县之间财政竞争关系进行的实证研究表明，转移支付整体上对地方政府间税收竞争具有强化效应，转移支付中一般性转移支付对地方政府间税收竞争有显著的弱化效果。唐飞鹏和叶柳儿（2020）构建了一个嵌入转移支付的税收竞争理论模型，理论分析和实证分析均表明：公共投资配套型、税收贡献奖励型和平衡地方财力型的转移支付都会激化税收竞争行为，进而降低企业实际税率。杜彤伟等（2020）则将财政竞争、预算软约束和地方财政可持续性纳入同一框架，发现地方政府不断突破预算软约束会强化地方政府间财政竞争，并恶化地方财政可持续性状况。

（四）财政竞争、税收努力与企业税负不平等的实证研究的相关研究

在全球性减税大背景下，国内外学者开始热烈讨论企业税负不平等问题。文献主要集中于以下三个方面：第一，企业税负不平等存在性研究；第二，企业税负不平等测算方法的研究；第三，税收竞争对企业税负的异质性影响研究。

1. 企业税负不平等存在性研究。长期以来，我国存在企业税负不平等程度较高的问题，但直接以企业税负不平等为研究对象的文献较少。少部分文献关注企业增值税税负差异（蒋为，2016；刘柏惠等，2019）。大多文献发现不同所有制类型、不同产业、不同地区和不同行业的企业之间存在明显的实际税负差异，从而表明企业之间存在税负不平等问题。

不同所有制类型的企业存在税负不平等。刘骏和刘峰（2014）深入研究了沪深 A 股上市公司不同产权性质企业的税负，按照企业税负高低进行顺序：央企 > 地方国企 > 非国有企业。蔡昌和李蓓蕾（2017）进行了类似研究，发现企业实际税负高低排序为：中央企业 > 国有企业 > 地方国企 > 民营企业，其中民营企业税负要远低于国有企业。倪红福等（2020）直接使用基尼系数法测算企业税负不平等，结果显示，不同所有制类型的企业税负不平等基尼系数都高于 0.4，这反映出不同所有制类型的企业税负不平等程度都很高，其中私营企业的税负不平等程度最高。

　　三次产业的企业存在税负不平等。三次产业主要分为第一产业、第二产业和第三产业，其中，第一产业主要指农林牧渔，第二产业主要指工业和建筑，第三产业指除第一、二产业外的其他行业。孙玉栋和孟凡达（2016）研究2008～2012年小微企业财务数据后得出结论，三次产业的企业税负差异主要体现在第一产业与第二、三产业之间，而第二产业和第三产业之间并不存在明显的企业税负差异，主要原因是属于第一产业的农林牧渔行业享受较多的税收补贴。倪红福等（2020）直接利用基尼系数测算不同产业的企业税负不平等程度，第一产业企业之间的税负不平等程度大于第二产业，而第二产业又大于第三产业，税负不平等基尼系数都高于0.4。

　　不同地区的企业存在税负不平等。王延明（2003）通过研究A股上市公司企业税负情况，得出不同地区企业平均税负顺序为：东部地区≈中部地区>西部地区>经济特区>上海，经济特区和上海的企业税负要远低于前三个地区。此外，除中部地区企业外，其他四个地区的企业税负均有所上升。刘尚希（2016）研究了2013～2015年企业税负，得出不同地区企业税负的顺序为：西部地区>东北地区>东部地区>中部地区。汪德华和李琼（2015）利用2007年工业企业数据，得出结论：不同省份之间的企业存在税负不平等现象，整体来看，东部发达地区、云南和贵州等特殊省份的企业税负相对较高，而中西部欠发达地区的企业税负会更低。倪红福等（2020）指出，企业税负不平等程度与地区经济发达程度呈显著正相关关系。

　　不同行业的企业存在税负不平等。刘尚希（2016）研究发现，在所有行业中，企业税负最低的行业是农林牧渔业，第二低是批发零售业，企业税负最高的行业是房地产业、租赁和商务服务业、金融业。倪红福等（2020）使用基尼系数法测算了制造业中五个细分行业的税负不平等程度，研究发现各行业企业税负不平等程度较高。

　　2. 企业税负不平等测算方法的研究。不平等测算方法最早用于收入不平等领域。李嘉图提出要素收入分配理论；帕累托使用统计方法（密度或分布函数）测算收入不平等；基尼提出了现在广泛使用的基尼系数法。在此基础上，不断有学者提出新的测度方法，如随机占优分析方法、广义熵方法（Theil，1967）、基于社会福利函数的Atkinson指数（Atkinson，1970）等。国内，万广华（2008）对不平等的度量方法和分解方法进行了系统梳理。蒋为（2016）等构建了一个理论模型来研究增值税实际税负差异如何影响生产率分布和资源误配，同时计算行业内企业增值税实际税负的基尼系数来精确度量企业增值税实际税负的不平等程度。

3. 税收竞争对企业税负的异质性影响。税收竞争相关研究大部分基于同质化的地区竞争假设，较少关注税收竞争的异质性影响。杨龙见和尹恒（2014）基于中国式财政分权背景，从地方政府异质性约束角度解释企业实际税负的分化水平，不同地区会根据自身发展定位、经济发展水平选择不同的税收竞争策略，最终导致企业实际承担的税负不同。邵明伟等（2015）研究了空间集聚程度与税负水平的关系，在空间集聚程度较高的东部地区，具有税负高位模仿特征的税收竞争使得企业税负处于较高水平；在空间集聚程度较低的中部地区，具有税负低位模仿特征的税收竞争使得企业税负处于较低水平。唐飞鹏和应世为（2016）指出，较大的财政收入自主权将激励地方政府开展降低税负的税收竞争，进而降低企业有效平均税率，但是不同所有制企业受到的影响存在显著差异。田彬彬等（2017）使用断点回归方法研究发现，2002年后新成立企业的企业所得税税负比2002年前成立企业的企业所得税税负高，这是因为地方政府能够通过降低地方税务局的税收努力来参加税收竞争，进而达到降低企业税负的目的。吴斌等（2019）的研究指出，地方政府间税收竞争受到产业集聚所处发展阶段的影响，在产业集聚发展前期，企业处于产业集聚度越高地区，其实际税负相应更低；而在产业集聚发展后期，企业处于产业集聚度越高地区，其实际税负也相应更高。

（五）财政竞争对企业税负粘性实证研究的相关研究

国内外最早关注的是企业成本管理会计中存在的粘性特征，目前已经形成了丰硕的研究成果。根据传统的成本模型，成本的变化幅度仅与产出水平的变化幅度有关，与产出水平的变化方向无关（Anderson et al.，2003）。然而，诺琳和索德斯特伦（Noreen and Soderstrom，1997）指出，成本随产出减少的幅度会小于其随产出增加的幅度。安德森等（Anderson et al.，2003）以美国上市公司为研究样本的实证结果表明，销售、一般及管理费用随收入增减变动的幅度呈现出"非对称性"变化的特征，这种现象即为"粘性"，起因于管理层对未来不确定性的判断和调整成本。班克等（Banker et al.，2010）等认为，成本（费用）粘性起因于代理问题、成本调整和管理者对企业经营的乐观预期。国外缺少直接对企业税费粘性进行研究的文献。在国内，孙铮和刘浩（2004）最早讨论我国上市公司存在的成本费用粘性问题，研究指出中国上市公司的费用粘性程度高于美国上市公司。

近年来，部分学者将这一概念迁移到税收领域，发现企业税负同样存在粘性特征，并基于税负粘性的角度分析企业税负痛感的来源。税负粘性指的是，企业税收支出增加幅度随应税收入增加的幅度对于其随应税收入减少的幅度。刘行（2012）利用所得税改革验证了税率粘性的存在，并指出两点影响企业税负粘性的因素：企业所有制性质和所在地区税收征管强度。丛屹和周怡君（2017）认为，制造业企业利润下降而税负水平却明显上升，是因为我国以流转税为主的税制结构存在"税负刚性"的特征。程宏伟和吴晓娟（2018）研究发现，制造业上市公司的企业税负变动存在粘性，且2009年税制改革后税负粘性程度明显下降，国有企业税负粘性程度低于非国有企业。程宏伟（2019）指出，在税制结构、稳定性经营和税收转嫁困境的共同作用下，企业税负相对于业绩表现出粘性特征。杜剑等（2020）从税务稽查的角度指出，上市公司存在明显的税负粘性现象。

现有研究认为，企业税负粘性主要受到外界环境的影响，不同于成本费用粘性主要源于企业管理层的盈余管理。程宏伟（2019）指出，税负粘性程度受到市场地位、避税行为、产权性质和成长性等因素影响。孔墨奇等（2020）指出，管理者自利程度会影响企业税负粘性，并发现税负粘性与未来企业价值负相关。王百强等（2018）认为，企业税负粘性影响因素包括地方财政压力、政治周期和外部治理环境，较高的企业税负粘性会对企业未来经营状况造成负面影响。胡洪曙和武锶芪（2020）指出，企业所得税税负粘性会受到税收激进度、地方财政收入分权和税收努力的影响，但与企业产权性质无关，进一步发现企业所得税税负粘性会对产业结构升级造成负面作用。

已有文献主要借鉴会计研究领域中成本费用粘性的度量方法，以构建企业税负粘性的衡量指标，并形成了间接度量和直接度量这两种度量方法，目前学界采取间接度量方法的文献居多。间接度量方法指的是利用实证回归模型来间接测度税负粘性。这类方法最主要的参考文献是安德森（Anderson et al.，2003）发表的文章，具体做法是在实证回归模型中加入区别销售收入增减变化的虚拟变量，得到的回归系数即表明成本费用随销售收入增减变化的差异，也就是企业的成本费用粘性值。当前，这种粘性度量方法在学术界得到了广泛的使用，并开始用于度量企业税负粘性，但是这种间接测度方法得到的都是非企业层面的企业税负粘性指标。例如，王百强等（2018）得到的是省份－年度层面税负粘性指标；胡洪曙和武锶芪（2020）得到的是区域－年份层面税负粘性指标。尽管非企业层面税负粘性指标也能够间接反映出企业税负粘性特征，并且分析企业税负粘性的成因和影响后果，但是不利于进一步考察税负粘性特征的企业异质性，并且阻碍了进一步细致分析企业层面税负粘性的特征。为了弥补间接度量方法的不足，魏斯（Weiss，2010）提出了成本费用粘性的直接度量方法，使得获得企业层面粘性指标成为现实。具体度量方法分为两个步骤：第一步，计算企业某一个年度里最近出现销售收入下降季度的成本减少率；第二步，计算企业同一年度里最近出现销售收入上升季度的成本增加率，与第一步成本减少率相比的差额若为负数，则证明成本粘性特征存在，并且差额绝对值越大，则说明成本粘性越大。必须注意的是，成本费用粘性的直接度量方法也可能产生测量误差（Weiss，2010）。主要有两点原因：一方面，利用公式法直接度量成本费用粘性不一定完全遵循粘性度量的潜在前提，即销售收入上升或下降幅度的一致性；另一方面，使用公式法直接度量的结果可能在统计上不显著，不能直接作为粘性指标使用。

目前鲜有文章研究地方政府间财政关系对企业税负粘性的影响。仅有魏志华和卢沛（2021）、刘金东等（2023）直接研究税收竞争对企业税负粘性的影响。魏志华和卢沛（2021）的研究发现，地方政府间税收竞争显著降低企业税负粘性，且地方政府的税收努力会强化这一负向作用。异质性分析表明，税收竞争对税负粘性的负向作用在非国有企业和制造业企业表现得更为明显。随着地方政府间税收竞争空间缩小而财政支出竞争作用更大，应当注意到，地方政府间财政支出竞争和税收竞争均会影响地区税收努力，进而影响企业税负粘性。刘金东等（2023）构建数理模型来演示地方政府间完全对称的纯策略纳什均衡博弈，在多元绩效考核的视角下，地方政府同时存在税收逐底竞争和税收逐顶竞争，其中税收逐顶竞争会造成税负易升难降的税负粘性现象。基于 269 个城市 2005～2018 年面板数据进行空间计量分析，研究发现，地方政府间同时存在税收逐顶竞争和逐底竞争，且主要表现为税收逐顶竞争。进一步的研究发现，省内经济发展水平相近城市间的税收逐顶竞争会显著推高税负粘性。

（六）增值税分成对企业税负粘性的实证研究的相关研究

已有文献围绕税收分成和企业税负粘性展开研究，奠定了良好基础。与本书研究主题密切相关的文献主要集中于以下两个方面。

第一，税收分成产生的财政激励或压力对于地方政府行为和企业行为的影响。其一，税收分成会改变中央政府与各级地方政府间的财政关系，税收分成比例调整会产生财政激励或财政压力，进而对地方政府行为产生影响。温加斯特（Weingast，2009）研究指出，不同的政府间财政关系会影响地方政府的财政收入，由此产生的财政激励会影响地方政府的行为选择，进而会影响企业行为。吕冰洋等（2016）指出，税收分成是政府间财政关系的典型特征，而政府间实行税收弹性分成、企业面临着差异化税率是两个重要的典型事实。基于地级市数据的研究发现，如果税收分成率下降，税收增长给地方政府带来的好处减弱，地方政府征税积极性降低，从而导致实际税率下降。谢贞发等（2019）理论分析了市县级政府面临的增值税分成比例变化对工业用地和商住用地配置的影响效应，并基于市县级政府税收分成数据和地级市市辖区分类型土地使用数据进行实证检验。研究发现，增值税分成产生的财政利益效应显著促进了工业用地的配置。谢贞发和张佼雨（2021）构建了一套财政激励逻辑，基于 1997～2011 年各省市县级政府税收分成数据和地级市市辖区各类公共产品数据进行实证研究，发现税收分成激励会深刻影响地方政府的公共产品配置，主要促进"税基增进型"公共产品的配置，并抑制"非税基增进型"公共产品的配置。其二，税收分成会通过改变地方政府行为选择，进而对企业行为产生影响。席鹏辉等（2017）基于 2003～2011 年中国省级以下财政数据进行实证检验，研究发现，增值税分成比例降低会增加地方财政压力，进而显著提高地区工业污染水平。机制检验表明，地方财政压力会增加工业企业数量，并使得地方放松环境规制以吸引更多污染密集型企业。李建军和吴懿（2021）利用2016年"增值税分成"改革，构建强度DID模型，基于上市公司数据进行实证检验。研究发现，增值税分成改革提高了地方政府发展制造业的财政收益，这降低了企业税负，进而激发了制造业企业活力。李红霞等（2024）利用2016年增值税五五分成改革，构建强度双重差分模型实证检验财政激励对企业异地投资的影响。研究表明，基于留住税源的目的，增值税分成比例提高会激励地方政府扶持本地企业，并抑制企业异地投资。

第二，地方政府行为或企业行为对企业税负粘性的影响。其一，地方政府行为会对企业税负粘性产生影响。王百强等（2018）基于中国A股上市公司1999~2014年的数据进行实证检验，研究表明，纳税支出粘性现象在我国上市公司中普遍存在。进一步研究表明，地方财政压力、外部治理环境和政治周期均会显著强化地方政府的税收征管行为，进而提高企业税负粘性。胡洪曙和武锶芪（2020）基于2007~2018年上市公司财政税收、财务面板数据进行实证研究，发现地方政府财政收入分权程度越低或征税努力度越高，则企业所得税税负粘性越大。魏志华和卢沛（2021）实证研究了2010~2018年中国沪深A股上市公司，发现地方政府的税收竞争行为显著降低了企业税负粘性，且地方政府征税努力会强化这一作用，这一作用在非国有企业、制造业企业中表现更为明显。刘金东等（2023）研究发现，地方政府间同时存在税收逐顶竞争和税收逐底竞争，其中税收逐顶竞争会显著提升企业税负粘性。其二，企业自身行为也会对企业税负粘性产生影响。程宏伟和吴晓娟（2020）利用2002~2018年中国A股制造业上市公司的面板数据进行实证研究，发现企业议价能力能够显著降低企业增值税税负粘性，企业议价能力表现为产品竞争力和客户依赖度。胡洪曙和武锶芪（2020）研究发现，企业自身激进的涉税行为，如税收筹划行为，能有效降低企业所得税税负粘性，而国有企业和非国有企业之间企业所得税税负粘性无显著差异。

由此可见，现有文献关注到政府间税收分成引起的财政激励效应，尤其是企业所得税分成比例调整，并进一步揭示其对税收征管、土地出让等地方政府行为和企业逃税行为的影响，同时也分别从地方政府行为和企业行为角度探讨了企业税负粘性的成因，但是鲜有文献在探讨增值税分成对地方政府行为选择和企业行为影响的基础上，进一步探究增值税分成对企业税负粘性的影响及作用机制，没有将增值税分成产生的地区间财力差距问题纳入研究框架。然而，属于生产性税基的增值税在地方财政收入中占据最大比重，增值税分成比例会在很大程度上影响地方政府行为，进一步作用于企业行为，并最终传导到企业税负粘性。

（七）基于企业税负优化的财政竞争改革建议的相关研究

企业税负的优化不仅依赖于减税降费政策的出台，也需要从财政制度层面进行系统性改革。已有研究从财政体制、政绩考核机制、财政竞争和预算软约束四个角度提出了具体的政策建议。

1. 财政体制层面。1994 年以来，我国实行了分税制财政体制改革、所得税共享改革、"营改增"全面改革，这些改革逐渐形成了财权不断上移和事权不断下移的财政分权体制，并由此给地方政府带来了巨大的财政压力，这也是当前地方政府积极开展财政竞争的根源。当前不少研究从财政体制层面提出规范地方政府间财政竞争的政策建议。贾俊雪等（2016）指出，切实减轻企业税收负担不仅依赖于国家积极调整税收政策和推出积极的减税政策，更需要相应优化调整与减税目标相一致的财税体制安排，以及转变地方政府财政竞争行为，唯此才能真正减轻企业税收负担。具体而言，中央政府应当根据财政收支责任下放财权和上收事权，以形成一个财权和事权相匹配的财政分权格局，并以此引导地方政府改变"高投资高税收"的财政竞争策略，转而合理运用税收优惠政策降低企业税负和促进经济发展。杨灿明（2017）同样指出，当前企业税费负担居高不下是因为地方政府财权与支出责任存在失衡。因此，应当调整央地政府间财权和支出责任，这有助于弥补地方政府的财力缺口，更为减轻企业税费负担提供制度保障。储德银等（2019）认为，较高程度的财政纵向失衡是扭曲地方政府税收努力的重要原因，可以通过合理划分中央政府和地方政府之间的事权和支出责任，达到降低财政纵向失衡程度的目的。唐飞鹏和叶柳儿（2020）认为，应当强化税收优惠在各级政府的分权管理，并以此构建具有权责清晰、区域均衡和财力协调特点的央地财政关系。储德银等（2020）在以上研究基础上指出，中国式收支分权会扭曲地方政府收支行为，造成地方财力缺口。减轻中国式收支分权副作用的举措主要包括改革中央转移支付制度，以及完善地方税体系。白云霞等（2019）指出，要提高减税降费政策带给企业的获得感，不仅要科学设计减税降费政策，还需要改革现行配套的税收征管体制。杜彤伟等（2019）认为，保证地方政府财政可持续性需要出台一系列举措，如不断对财税体制进行改革，建立健全事权和支出责任相匹配的财政分权制度，合理划分各级政府的事权和支出责任，健全现行的地方税体系。贾俊雪和梁煊（2020）认为，完善地方政府治理体系是规范地方政府间财政竞争的重要手段。具体来讲，应当优化财税管理体制，通过下放财权、上收事权和科学设计转移支付制度的方式来建立财权与事权相匹配的财政分权体系。

2. 政绩考核机制层面。已有研究普遍认为，当前不合理的政绩考核机制也是导致地方政府开展策略性财政竞争的重要原因。杜彤伟等（2019）认为，当前地方政府官员的晋升考核指标体系存在一些问题，应当改变当前以经济发展为核心的政绩考核体系，在财政压力不断增大的背景下应适当增加关于财政可持续性的指标，以减少地方政府财政支出的无序扩张，防止地方政府进行盲目的财政竞争。储德银等（2020）指出，地方政府官员绩效评价机制应当与我国步入工业化中期和注重民生的时代需求相吻合，进而规范地方政府间财政竞争。吕炜和邵娇（2020）认为，不合理的转移支付制度、绩效考核机制和政治晋升激励相互作用，进而共同导致地级市政府开展策略性财政竞争。因此应当基于提升经济发展水平，将长期性和质量型考核指标加入地方政府官员的绩效评价体系中，以提高地方政府的治理水平。贾俊雪和梁煊（2020）认为，应当深化改革官员晋升考核机制，增加关于社会民生和居民福利的考核指标和权重，引导政府官员建立以人民为中心的政绩观，着力提高社会民生和居民福利水平。

3. 财政竞争层面。企业税负的优化应当从引导地方政府开展合理的财政竞争着手，着力解决激化地方政府间财政竞争的体制问题，不少学者就此展开了大量研究，并取得了丰硕的研究成果。储德银等（2019）指出，由于地方政府税收努力和财政体制失衡是相互作用的关系，应当优化财政管理体制和建立长效激励机制以引导地方政府将税收努力程度调整至合理化水平，以达到降低地方政府税收竞争程度的目的。在此基础上，储德银等（2020）做了进一步研究，并指出，应当在制度层面规范地方政府间横向财政竞争，科学引导地方政府财政竞争模式由以税收竞争为主转变为以财政支出竞争为主，以发挥财政支出竞争提高经济发展水平和优化公共服务供给结构的积极作用。

4. 预算软约束层面。预算软约束是中国地方政府进行策略性财政竞争的重要原因之一，因此，现有研究普遍认为，强化地方政府财政预算和绩效管理是规范地方政府财政收支行为的重要手段。王小龙和余龙（2018）认为，真正减轻企业税负，不仅需要改革税收政策，更应进一步完善转移支付分配制度，以减轻转移支付波动和地方政府财政压力，进而降低企业税负。储德银等（2019）认为，应当从优化当前转移支付制度着手，以发挥其校正财政体制失衡，激励地方政府提高税收努力合理化水平的积极作用。具体来讲，应当科学设计转移支付制度，优化调整转移支付结构，发挥均衡性转移支付在提高地方政府社会治理能力和实现基本公共服务均等化方面的积极作用，同时应当限制专项转移支付的规模。杜彤伟等（2019）指出，转移支付是弥补地方政府财政收支缺口的重要机制，能够激励地方政府承担部分上级政府委托的事权，但要注意转移支付可能引起的道德风险和可能对地方政府财政行为产生的逆向激励作用，这要求中央政府在确定转移支付规模时考察地方政府遵守财政纪律的情况。地方政府在利用债务融资弥补地方财力缺口时，应当预防预算软约束问题和预算外举债现象的出现，这要求从严监管地方政府债务规模，强化地方政府自担债务的制度，建立和完善地方政府信用评级制度，使得地方政府的举债行为受到制度的约束。唐飞鹏和叶柳儿（2020）研究了中央转移支付对地方政府间税收竞争的影响，建议对当前的中央转移支付规模进行适当控制，并对专项转移支付资金及时进行绩效评估，科学设计一般性转移支付的分配标准。李水军（2020）指出，减税降费政策带给企业的获得感不仅受到宏观税负水平的影响，还与政府债务余额密切相关。因此，在适度降低宏观税负水平的同时，还应当着力拓宽政府收入来源、约束地方政府债务、完善地方税体系等，并持续优化财政支出结构以支持改善民生。贾俊雪和梁煊（2020）认为，规范财政竞争行为需要出台一系列措施，首先必须对转移支付结构进一步优化，其次是在央地政府间科学划拨资金，最后还需要通过转移支付资金来引导地方政府主动优化政府职能。邓力平和陈丽（2021）指出，在实施积极财政政策和保持财政稳定运行时，必须强化预算约束，达到有效规范地方政府财政行为的目的。

（八）文献评述

上述成果提供了良好的前期基础，充分研究了财政竞争的概念界定、存在性检验、经济效应，分别研究了税收竞争和财政支出竞争对企业税负的影响，分析了预算软约束的影响效应，也对财政竞争和预算软约束的相互作用有了初步研究。同时，国内外学者也开始聚焦研究企业税负不平等和企业税负粘性的度量方法、影响因素和经济后果，为解释企业税负痛感提供新的研究视角。但是考虑到现实中，税收竞争与财政支出竞争存在互动关系，地方政府也会突破财政预算约束进行财政竞争，税收竞争的减税效应、财政支出竞争的溢出效应以及两者共同产生的要素流动效应存在异质性。基于理论分析，国外关于财政竞争对企业税负影响的相关研究大多基于联邦制财政分权理论，没有考虑中国特色的制度背景：政绩考核制度、财政纵向失衡、土地财政和地方融资平台债务等。故可知现有文献存在以下缺陷：鲜有将财政竞争、预算软约束和企业税负纳入统一理论框架下进行系统性研究，大多忽略了预算软约束条件下地方政府财政竞争对企业税负的影响。没有探讨财政竞争与预算软约束的交互作用对企业税负的影响，也没有考察财政竞争影响企业税负的异质性。同时从企业税负角度而言，现有文献鲜有从中国式分权管理体制下的财政竞争视角出发，深入研究地方政府间税收竞争和财政支出竞争行为对企业税收负担的影响，更缺乏对企业税负不平等和企业税负粘性作用及影响机制的探究。然而，企业税负痛感不仅来源于企业税收负担，也与企业税负的不平等、企业税负的粘性特征有重要关联。有鉴于此，主要做四个方面的工作。一是系统性分析税收竞争、财政支出竞争和不同预算软约束表现形式及其交互作用对企业税负的影响，并分地区、分产权性质和分行业考察这一影响的异质性。二是研究税收竞争和财政支出竞争对企业税负不平等的影响及作用机制，并分企业融资约束水平、分企业所有制性质和分税种考察这一影响的异质性。三是研究税收竞争和财政支出竞争对企业税负粘性的影响及作用机制，并分地区市场化水平、分企业所有制性质和分企业成长性考察这一影响的异质性。四是研究增值税分成对企业税负粘性的影响及作用机制，并分地区财政压力水平、企业所有制性质、分企业税收遵从度考察这一影响的异质性。

三、研究方法和文章框架

（一）研究方法

综合运用财政学、经济学、会计学和政治学的相关理论来研究：在中国式分权管理体制下，财政竞争如何影响企业税收负担、企业税负不平等和企业税负粘性，增值税分成如何影响制造业企业税负粘性，并且基于缓解企业税负痛感的目标提出完善财政竞争机制的政策建议。在理论分析环节，采用规范分析法。首先，始于理论分析，通过梳理现有研究对财政竞争、预算软约束、企业税负、企业税负不平等、企业税负粘性这五个核心概念的定义，提出相关概念的定义和内涵。通过对财政分权理论、政绩考核制度、政府竞争理论、税收效率与公平理论进行梳理和总结，为研究财政竞争对企业税负的影响提供理论依据。其次，从制度背景和相关理论出发，深入探讨税收竞争和财政支出竞争产生的制度背景，同时基于企业税负、企业税负不平等和企业税负粘性的成因分析财政竞争对企业税负的影响机制，分析增值税分成对企业税负粘性的影响机制。随后，在前文基础理论和机理分析的基础上，通过综合运用数据分析、描述性统计、面板固定效应模型、强度双重差分法等方法以开展具体深入的实证研究。从变量间可能存在的经济学关系出发，实证部分的每一章均遵循：提出假设→实证检验→结论分析的逻辑脉络行文。

在具体的实证分析环节，第三章中主要运用面板固定效应模型以检验财政竞争和预算软约束对企业税负的作用；在基准回归分析环节，先是实证检验税收竞争和财政支出竞争与不同预算软约束表现形式对企业税负的影响，然后实证分析税收竞争和财政支出竞争分别与不同预算软约束表现形式的交互作用。在第三章稳健性检验中：先更换了因变量企业税负的衡量方式，后更换了自变量财政竞争和预算软约束的衡量方式，以保证基础结论的可靠性。随后，在异质性分析部分，先后引入地区虚拟变量和产权性质虚拟变量交乘项考察财政竞争和预算软约束对不同地区和不同产权性质企业的差异性影响，并且按照是否高新技术企业将样本划分为高新技术企业和非高新技术企业两组，以考察财政竞争和预算软约束对不同行业企业税负的异质性影响。在第四章讨论财政竞争对企业税负不平等的影响，首先使用基尼系数法直接衡量各省份内部不同企业之间的税负不平等，再使用面板固定效应模型以检验财政竞争对企业税负不平等的影响，并解决可能存在的内生性问题，替换企业税负的衡量方式，替换税收竞争和财政支出竞争的衡量方式，使用母公司报表数据，加入更多的控制变量以进行稳健性检验。在异质性分析部分，使用分组回归、组间比较的方法来考察财政竞争对不同融资约束水平和不同所有制性质企业的税负不平等，以及对不同税种税负不平等的异质性影响。在作用机制分析部分，主要从税收努力角度分析财政竞争对企业税负不平等的作用机制。在第五章讨论财政竞争对企业税负粘性的影响，首先借助安德森等构建的成本粘性模型来间接衡量企业税负粘性，再借助面板固定效应模型研究财政竞争对企业税负粘性的作用，并使用直接法度量企业税负粘性、使用母公司数据、排除同期政策等的影响以进行稳健性检验。在异质性分析部分，按照地区市场化水平、企业所有制性质、企业成长性对样本进行分组回归，考察财政竞争对不同地区和不同类型企业税负粘性的影响。在作用机制分析部分，构建中介效应模型，检验税收竞争通过落实税收优惠和降低税收努力来降低企业税负粘性，并探究财政支出竞争会促进企业投融资行为、提高税收努力，进而影响企业税负粘性。在策略互动效应分析部分，探究税收竞争和财政支出竞争的相互作用对企业税负粘性的影响，以得到两者的策略互动效应。在第六章讨论增值税分成对企业税负粘性的影响，首先分析增值税分成的制度背景，再构建强度 DID 模型实证检验增值税分成对制造业企业税负粘性的作用，并采取平行趋势假设检验、安慰剂检验、使用直接法度量企业税负粘性、使用母公司数据、剔除"营改增"政策、排除"金税三期"工程的影响以进行稳健性检验。在异质性分析部分，根据地区财政压力、企业所有制性质、企业税收遵从度对样本进行分组回归，考察增值税分成对不同地区和不同类型企业税负粘性的影响。在作用机制分析部分，构建中介效应模型，检验增值税分成会产生财政援助效应和税收征管强化效应，进而影响企业税负粘性。在拓展分析部分，以2020年为分界点，实证检验转移支付显著增加及财政资金直达机制实施前后，增值税分成对不同财政压力地区企业税负粘性的影响差异。通过对各章基于理论分析所提出的假设进行实证检验、差异分析以及原因探寻，希望探究财政竞争对企业税负、企业税负不平等以及企业税负粘性的影响及作用机制，增值税分成对企业税负粘性的影响及作用机制，以期为后续优化企业税负提供实证证据和经验分析上的参考。

（二）文章框架

整体遵循以下研究脉络：导论→财政竞争影响企业税负的基础理论→财政竞争影响企业税负的制度背景与机理分析→财政竞争、预算软约束与企业税负的实证研究→财政竞争、税收努力与企业税负不平等的实证研究→财政竞争对企业税负粘性的实证研究→增值税分成对企业税负粘性的实证研究→基于企业税负优化的财政竞争改革建议。具体而言，在实证部分主要解决了四个方面的问题。第一，在中国式分权管理体制下，财政竞争对企业实际税负的作用效果如何？财政竞争和不同预算软约束表现形式的交互作用会对企业税负产生什么影响？财政竞争、预算软约束及两者的交互作用对企业税负的影响是否存在异质性？第二，税收竞争和财政支出竞争对企业税负不平等的实际作用如何？两者是通过何种机制影响企业税负不平等？税收竞争和财政支出竞争对企业税负不平等的影响是否存在异质性？第三，税收竞争和财政支出竞争对企业税负粘性的作用效果如何？两者是通过何种机制影响企业税负粘性？税收竞争和财政支出竞争对企业税负粘性的影响是否存在异质性？税收竞争和财政支出竞争的相互作用对企业税负粘性的作用效果如何？第四，增值税分成对企业税负粘性的作用效果如何？增值税分成是通过何种机制影响企业税负粘性？增值税分成对企业税负粘性的影响是否存在异质性？2020年转移支付显著增加及财政资金直达机制实施前后，增值税分成对不同财政压力地区企业税负粘性的影响是否存在差异？整体的研究思路以及拟采用的研究方法如图2所示。

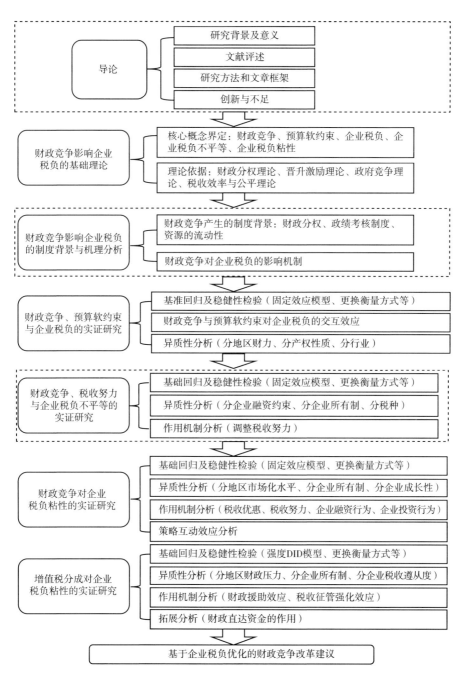

图 2　财政竞争影响企业税负的研究思路

具体章节安排如下：

导论阐述了研究背景及意义，在梳理现有文献的基础上评析已有研究的贡献和不足，介绍研究方法和文章框架，并介绍可能创新点与不足之处。

第一章，财政竞争影响企业税负的基础理论。首先，对核心概念财政竞争、预算软约束、企业税负、企业税负不平等、企业税负粘性进行界定，准确定义这些概念在论文中的含义。其次，从理论脉络上梳理和总结相关理论：财政分权理论、晋升激励理论、政府竞争理论、税收效率与公平理论、企业税负粘性理论，为研究财政竞争对企业实际税负、企业税负不平等、企业税负粘性提供理论依据，并有助于构建理论分析框架。

第二章，财政竞争影响企业税负的制度背景与机理分析。首先，基于中国式分权管理体制深入探究了税收竞争和财政支出竞争产生的制度背景，主要包含财政分权制度、政绩考核制度和资源的流动性，并指出了我国税收竞争和财政支出竞争的形成原因和特点。其次，深入分析了财政竞争对企业税负的影响机制，具体包括财政竞争对企业税负的影响机制分析、财政竞争对企业税负不平等的影响机制分析、财政竞争对企业税负粘性的影响机制分析，进一步夯实理论基础。

第三章，财政竞争、预算软约束与企业税负的实证研究。基于 2009～2018 年沪深主板上市公司的面板数据和 30 个省份（不包括西藏和港澳台地区）省级财政税收数据，研究财政竞争和预算软约束对企业实际税负的影响。实证分析结果表明，税收竞争显著降低企业税负，而财政支出竞争显著提升企业税负，税收竞争的影响力度和显著性大于财政支出竞争。转移支付对企业税负的影响具有不确定性，而土地出让收入和融资平台债务能够显著降低企业税负。交互效应显示，转移支付会弱化地方政府的财政竞争行为，而土地财政和融资平台债务会强化地方政府的财政竞争行为。异质性分析还发现，东部发达地区偏好财政支出竞争，而中西部地区偏好税收竞争，转移支付、土地出让收入和融资平台债务及其与财政竞争的交互效应对企业税负的影响也存在较大的地区差异。地方政府间财政竞争对不同产权性质和不同行业企业税负的影响存在差异。本章研究对于规范地方政府财政竞争行为，出台公平合理的税收政策，设计差异化的财政政策具有借鉴意义。

第四章，财政竞争、税收努力与企业税负不平等的实证研究。基于 2008 ～ 2020 年 A 股上市公司数据和 30 个省份（不包括西藏和港澳台地区）省级层面财政税收数据，研究财政竞争对企业税负不平等的影响。实证分析结果表明，地方政府间税收竞争会显著降低企业税负不平等，而财政支出竞争会显著扩大企业税负不平等，作用效果在高融资约束企业、国有企业和企业所得税中更为显著。其作用机制在于，税收竞争会降低税收努力，进而缩小不同企业间的税收征管差异，最终导致企业税负不平等程度降低；财政支出竞争会提高税收努力，进而扩大不同企业间的税收征管差异，最终导致企业税负不平等程度提升。本章研究丰富了企业税负不平等成因的研究，也从企业税负不平等的视角解释了企业税负痛感高这一现象。

第五章，财政竞争对企业税负粘性的实证研究。基于 2008 ～ 2020 年 A 股上市公司数据和 294 个地级市财政税收数据，研究财政竞争对企业税负粘性的影响及作用机制。实证分析结果表明，税收竞争能够缓解企业税负粘性，且这一作用在国有企业和高成长性企业中表现得更为明显；财政支出竞争会缓解企业税负粘性，且这一作用在高市场化水平地区、国有企业、高成长性企业中表现得更为明显。作用机制发现，地方政府间税收竞争会通过给予企业税收优惠和降低税收努力的方式降低企业税负粘性，地方政府间财政支出竞争会通过促进企业融资行为和企业投资行为的方式降低企业税负粘性。本章从地方政府间财政竞争角度研究企业税负粘性成因，有助于改革现行财政制度以缓解企业税负粘性。

第六章，增值税分成对企业税负粘性的实证研究。利用 2016 年增值税 "五五分成" 改革，构造强度 DID 模型，基于 2012 ～ 2022 年中国 A 股制造业上市公司数据和 294 个地级市财政税收数据，研究增值税分成对企业税负粘性的影响及作用机制。实证分析结果表明，增值税分成改革会同时产生财政援助效应和税收征管强化效应，最终能够缓解企业税负粘性，这一结论在平行趋势假设检验、安慰剂检验、使用直接法度量企业税负粘性、使用母公司数据、剔除 "营改增" 政策、排除 "金税三期" 工程的影响后依然成立。异质性分析发现，增值税分成缓解企业税负粘性的作用在财政压力较小地区、外资企业和高税收遵从度企业中表现得更为明显。作用机制发现，增值税分成产生的财政援助效应通过增加企业获得的政府补助，从而缓解企业税负粘性；税收征管强化效应则通过提高地区税收征管强度，从而提高企业税负粘性。拓展分析表明，2020年转移支付显著增加和财政资金直达机制的实施一定程度上缓解了地方财政压力，从而强化了增值税分成缓解企业税负粘性的积极作用。

第七章，基于企业税负优化的财政竞争改革建议。针对财政竞争对企业税负影响及作用机制的理论分析和实证回归结果，并结合中国式分权管理体制，提出了四点政策建议：构建央地政府间财权与事权相匹配的财政体制；完善多元化的政绩考核制度；规范地方政府间财政竞争行为；压缩地方政府突破预算约束的空间。

四、创新与不足

（一）可能的创新

考虑到现有文献主要研究的是税收竞争对企业税负的影响，没有同时考虑财政支出竞争的影响，更忽略了预算软约束情形下税收竞争和财政支出竞争对企业税负的影响。主要创新是尝试运用新古典经济学分析工具以及使用计量分析方法，从中国式分权管理体制出发，先后建立税收竞争、财政支出竞争对企业税负、企业税负不平等和企业税负粘性的理论分析框架，利用整理过的地区层面财政税收数据和企业层面财务数据，研究两种财政竞争形式和不同预算软约束表现形式对企业实际税负、两种财政竞争形式对企业税负不平等，以及两种财政竞争形式对企业税负粘性的作用及影响机制，并在此基础上结合中国式分权管理体制的特征，提出优化企业税负的政策建议。具体有以下四点：

第一，从垂直政治管理体制和财政制度出发，构建一个包含财政竞争、预算软约束、企业税负、企业税负不平等和企业税负粘性的理论分析框架。依次研究财政竞争和预算软约束对企业税负的影响及作用机制，财政竞争对企业税负不平等的影响及作用机制，财政竞争对企业税负粘性的影响及作用机制。该理论分析的创新之处在于：国外关于财政竞争的研究主要基于联邦制财政分权理论，不适用于中国的国情，因而本书研究嵌入中国垂直政治管理体制、中国式财政分权体制、预算软约束等本土化条件，全面考察中国式分权管理体制下财政竞争对企业税负、企业税负不平等和企业税负粘性的影响效应及作用机制。相较于通过出台减税降费政策来减轻企业税收负担的研究，本书着重从优化现行财税制度和规范地方政府间财政竞争行为出发，提出降低企业税收负担和缓解企业税负痛感的政策建议，切实保障研究结论和政策建议具有广泛适用性和全面性。

第二，分地区和企业特征考察了财政竞争对企业税负、企业税负不平等和企业税负粘性的异质性影响。由于不同地区、不同产权性质、不同行业、不同融资约束水平和不同成长性的企业受到地方政府行为的影响不同，不同税种的特征也天然存在差别，税收竞争和财政支出竞争产生的影响必然存在差异，全面考察这些差异有助于设计差异化的财政政策。该处理方法的创新之处在于：以往研究过于强调财税政策的统一性，忽视了对基于结果公平的差异化财税政策进行理论分析和实证分析，然而现实中，税收竞争的减税效应和财政支出竞争的溢出效应并非均等化，因而特别关注税收竞争和财政支出竞争微观传递的地区和企业特征异质性，这是对以往研究的深入和细化。

第三，拓展了企业税负的内涵，企业税负痛感来源不仅来自企业实际税收负担，也来源于企业之间的税负不平等、企业税负的粘性特征，从税负不平等和税负粘性两个新视角解释"宏观税负较轻，而企业税负痛感较重"这一现象，这丰富了关于企业税负痛感的理论研究。同时，采用了更为科学合理和精准的度量方法，使用基尼系数直接度量 A 股上市公司的税负不平等程度，使用直接法和间接法度量 A 股上市公司的税负粘性程度，能够反映减税降费前后时期企业税负不平等和企业税负粘性的整体水平和变化情况。该研究视角的创新之处在于：丰富了企业税负的概念内涵，同时包括企业实际税负、企业税负不平等、企业税负粘性这三层含义，不仅增强了研究体系的完整性、逻辑严密性和影响机制的全面性，也丰富了税收竞争和财政支出竞争对企业税负影响的相关研究。

第四，对增值税分成改革的微观影响后果进行更为全面、充分的研究，从增值税分成视角考察企业税负粘性的影响。在财政压力日趋严峻的背景下，调整央地政府间税收分成比例已成为提高地方政府财力和激发企业活力的重要手段。从央地政府间增值税分成比例调整的角度出发，揭示了增值税下移式改革对企业税负粘性的影响及作用机制，并发现这一作用会因地区财政压力和企业特征不同而存在差异。不仅丰富了企业税负粘性影响因素的研究，对于提高减税降费实效和缓解企业税负痛感具有积极意义；还有助于观察调整税收分成比例所产生的地方政府策略效果，为进一步优化央地政府间税收分成改革提供参考。

（二）不足之处

本书研究财政竞争对企业税负产生的影响及作用机制，尽管已经收集了丰富的数据，并进行了可靠的实证分析，但受到客观条件局限，仍然存在以下两点有待进一步完善的地方：

第一，基于数据的可获取性、可靠性和连续性，衡量企业税负选取的研究样本为上市公司的财务数据，未能涵盖中、小、微企业的数据，故利用上市公司税收数据研究税收竞争和财政支出竞争对企业税负的影响，可能无法全面反映中、小、微企业税负受到的影响。中、小、微企业数量庞大，在国民经济中的重要性日益突出。中国中小企业的数量超过了 3000 万家，个体工商户数量超过 7000 万户，贡献 50% 税收、60% GDP、70% 技术创新、80% 城镇劳动就业、90% 的企业数量。但在实证研究中，由于中小微企业的财务数据难以查询并缺乏可信度，故被剔除在研究范围之外。考虑到地方政府行为对于上市公司的影响更为明显，因此该类企业样本的缺失，不会对基础结论的普适性造成显著影响。当然，在可行条件下，若能扩大企业样本数量，可以全面反映税收竞争和财政支出竞争对研究结果的影响。

第二，为了尽可能减少除税收竞争和财政支出竞争外的其他因素对企业税负、企业税负不平等以及企业税负粘性测量结果的干扰，尽可能地将影响企业税负、企业税负不平等以及企业税负粘性的控制变量纳入实证模型。但是，由于影响实证结果的干扰变量难以穷尽，无法完全纳入实证模型。对于这一问题，有待后来研究者进一步完善。

第一章 财政竞争影响企业税负的基础理论

第一节 核心概念界定

一、财政竞争

我国政府竞争大体可分为以下三种：强调吸引稀缺资源的财政竞争，强调信息外部性的标尺竞争和强调福利外部性的福利政策竞争。其中，财政竞争通常指地方政府采取财政手段来发展地区经济和吸引外部投资。本书将从财政竞争的定义和财政竞争的划分来界定财政竞争这一核心概念。

在财政竞争的定义方面，国内外学者对财政竞争的定义存在较大差异，通常从自身研究出发定义财政竞争。关于财政竞争的研究最早可追溯到蒂布特（Tiebout，1956），蒂布特（Tiebout，1956）基于居民的完全流动性等前提假设，指出居民会采取"用脚投票"的方式迁移到财政收支结构更具有吸引力的地区，这会迫使地方政府努力提供更能让当地居民满意的公共产品。在此基础上，奥茨（Oates，1972）指出，政府间财政竞争的前提是多级财政管理体制下各级政府拥有相对独立的利益。政府间财政竞争的源头在于财政分权体制下各级政府采取不同的税收和公共支出组合，这会深刻影响着劳动力、资本和技术等资源流向，因此地方政府间财政竞争的基本手段包括税收和财政支出。戈登和威尔逊（Gordon and Wilson，2001）、布鲁克纳和萨维德拉（Brueckner and Saavedra，2001）认为，财政竞争是政府竞争的手段之一，并将其定义为地方政府采取不同的财政政策以竞争各类生产要素的策略性行为。国内关于财政竞争的研究起步较晚，对于财政竞争的定义也存在较大差异，主要差别在于财政竞争的目的不同。一部分学者认为，地方政府采取财政竞争行为是为了营造公平竞争的市场环境；另一部分学者认为，地方政府采取财政竞争行为是为了自身利益最大化。具体而言，钟晓敏（2004）较早指出，财政竞争是指各国之间或者各个地区之间采取税收和财政支出等手段来改善本国或本地区的政策环境，进而吸引资源流入本地区。杨志勇（2005）认为，作为政府竞争的重要内容之一，财政竞争是指地方政府采取降低地区宏观税负和增加财政支出等改变地方财政收支的行为，以达到吸引资本和居民进入本地区的目的。郭庆旺和赵志耘（2006）认为，财政竞争是指地方政府采取财政手段争夺能够促进本地社会进步和经济发展的稀缺资源的竞争性行为，并将财政竞争归为政府竞争的一种表现形式。由以上研究可知，财政竞争是指财政分权制度下地方政府调整财政收支结构和规模来争夺资源的政府竞争行为。

在财政竞争的划分方面，财政竞争可以划分为多种类别。其一，按照财政竞争的具体方式进行划分，财政竞争可以划分为税收竞争和财政支出竞争。税收竞争是指地方政府通过降低税收努力和实施税收优惠的方式来降低地区宏观税负，从而吸引经济资源要素和促进地区经济发展的竞争行为。地方政府降低税收努力和实施税收优惠的代价是放弃自身的税收收入，因此地方政府间税收竞争行为属于收入竞争的一种。财政支出竞争是指地方政府通过提高公共支出水平，提高财政支出效率，扩大优质公共产品和服务供给的方式来吸引资本、劳动和技术等生产要素进入的行为。地方政府间财政支出竞争要求地方政府提高公共支出水平，因此属于支出竞争的一种。其二，按照财政竞争的主体进行划分，财政竞争可以划分为横向财政竞争和纵向财政竞争。横向财政竞争指的是同级地方政府间采取税收竞争和财政支出竞争的手段进行财政竞争。纵向财政竞争指的是上下级政府间开展的财政竞争行为。在纵向财政竞争中，一般上级政府处于优势地位，相比下级政府能够争夺更多的经济资源和财政资源。

综合上述研究基础，并基于中国式财政分权体制和垂直的政治管理体制，财政竞争定义为：中国式财政分权体制会导致财政纵向失衡问题，垂直的政治管理体制导致以经济绩效考核为主的政治晋升锦标赛，这两者会带来财政激励和政治晋升激励，从而导致中国地方政府间财政竞争。是地方政府间横向财政竞争，划分为税收竞争和财政支出竞争。其中，税收竞争指的是地方政府通过降低税收努力和实施税收优惠的方式来吸引资本、劳动和技术等生产要素的竞争行为；财政支出竞争指的是地方政府通过加大公共支出水平、扩大公共产品和服务供给、提高财政支出效率和改善地区投融资环境等方式来争夺流动资本和促进企业投资的竞争行为。税收竞争和财政支出竞争的最终目的都是推动地区经济发展和获得政治晋升。随着中国经济体制和政治体制改革不断深化，中国地方政府间财政竞争同时存在税收竞争和财政支出竞争，且财政支出竞争日益激烈。

二、预算软约束

预算软约束这一概念由匈牙利经济学家科尔奈于 1980 年提出，研究的对象是政府对国有企业的救助行为。研究的主要内容是，在社会主义国家中，政府通常会采取提供财政补贴、增加信用贷款和减免税收等方式对发生亏损或面临破产的国有企业实施救助行为。随着预算软约束理论的不断发展，不同国家的学者结合本国国情对预算软约束问题展开研究，并指出预算软约束的成因主要包括政府的父爱主义（Kornai，1986）、官员的行为偏好（Shleifer and Vishiny，1994）、动态承诺不一致（Dewatripont and Maskin，1995）、国有企业的政策性负担（林毅夫和李志赟，2004）和预算制度不完善（谭志武，2006）。随着第一代财政分权理论和第二代财政分权理论的快速发展，预算软约束理论逐渐置于财政分权理论框架之下，应用于研究年度预算安排能否约束中央政府与地方政府的作用关系上，能够较好地解释地方政府突破预算约束扩大地方政府债务、提高财政支出规模等行为。施莱弗和维什尼（Shleifer and Vishiny，1994）认为，正是由于社会主义国家中普遍存在着预算软约束，经济才会出现周期性扩张和衰退。钱颖一和罗兰（Qian and Roland，1998）指出，集权体制下预算软约束会使政府救助一些恶劣的项目，进而降低资源配置的效率和造成社会福利的损失。博德韦和特朗布莱（Boadway and Tremblay，2005）认为，预算软约束是地方政府举债动机的重要原因之一。赵永亮和杨子晖（2012）认为，财政预算软约束是指由于纳税人无法对财政资金流向和用途进行有效的民主监督，政府会使用垄断的财政资源裁量权进行超规模和不合理的财政支出和举债行为。陈志勇和陈思霞（2014）认为，财政预算软约束指的是外部约束机制无法对政府的财政收支行为加以约束，从而使得政府支配财政资源的行为缺乏有效控制，政府能够突破预算约束以扩大财政支出和进行不合理的举债行为等。李尚蒲等（2015）指出，预算软约束能够在一定程度上解释地方政府的债务规模膨胀，而预算软约束的资金基础主要由土地出让收入和信贷资金两部分构成。张曾莲和江帆（2017）认为，财政分权、晋升激励和预算软约束三个变量均能够正向提高地方政府债务规模。

基于已有研究对于财政预算软约束的定义，财政预算软约束是：地方政府突破财政收入预算约束和地区经济发展水平的制约，通过向上级政府争取转移支付资金、增加土地出让收入和超额举债等方式扩大财政支出规模的行为。在以财政分权体制和政绩考核制度为主要内容的中国式分权管理体制下，地方政府在财政激励和政治激励的驱动下将主要精力用于发展经济。从财政分权的角度看，1994年分税制改革以后，财权不断上移而事权和支出责任不断下移，由此导致了严重的财政纵向失衡。在此财政分权体制下，地方政府以较少的财力承担着较多的事权和支出责任，致使地方政府面临着严峻的"天然型财力缺口"。从政绩考核制度角度看，地方政府面临着经济发展水平与效益、城乡居民收入、基础教育、城镇就业、医疗卫生等诸多政绩考核指标，致使地方政府采取税收和财政支出等手段开展财政竞争，以争夺财政资源和促进地区经济增长。在地方政府日益激烈的财政竞争下，地方财政支出规模持续扩大，大规模的财政资金用于基础设施建设等经济性财政支出领域，进而形成了地方政府有限财政预算收入与财政竞争造成的大规模财政资金需求之间的"竞争型财力缺口"（洪源等，2018）。由以上分析可知，地方政府同时面临着财政纵向失衡导致的"天然型财力缺口"和激烈的财政竞争导致的"竞争型财力缺口"。为了弥补财力缺口，地方政府会通过努力争取上级政府的转移支付、扩大土地出让收入规模和利用政府融资平台进行债务融资等方式来增加财政资金的来源，这三者是地方政府财政预算软约束的表现形式（周飞舟，2006；汪冲，2014；姜子叶和胡育蓉，2016；吕炜和王伟同，2021）。需要说明的是，尽管我国在2014年实施了新的《预算法》，对地方政府的财政收支行为加以规范，但是地方政府的非规范性收入①仍然以土地出让收入和城投债等形式存在，没有完全被纳入预算管理（吕炜和王伟同，2021）。

三、企业税负

企业税收负担在客观上体现了税收负担在政府与企业之间的分配结果，反映了公共部门与市场主体的利益分配格局。清晰界定企业税负的内涵、类型和度量方法，有助于系统全面地理解企业税收负担概念，并为下文分税种研究财政竞争对企业税负的异质性作用奠定基本概念基础。

在企业税负的内涵方面，企业税负通常是指在一定时期内，企业因为国家征税而减少的现金资源。企业税收负担既包括由企业最终承担的税收负担，例如企业所得税；也包括企业经营环节中经过企业的税收负担，例如增值税。对于前者而言，税收负担的最终归宿是企业，成为企业必须全额承担的资金负担，会对企业日常经营活动产生较大的现金流压力，是企业直接感受到的税负痛感来源。对于后者而言，在理想化的税制设计下，经过企业的税收负担应当能够全部转嫁给下游企业或者消费者，仅仅在企业内部作短暂的停留。但是受到企业固有的议价能力差异和增值税抵扣链条不完善等因素影响，增值税在现实中较难实现全部转嫁，这使得企业必须承担经过企业的部分税收负担，形成了企业间接感受到的税负痛感来源。此外，经过企业的税收支出在一定程度上会占用企业现金流，拉高企业承担的资金成本。

在企业税负的类型方面，企业税负可以划分为直接税税负和间接税税负两大核心组成部分。其中，企业直接税税负主要包括企业所得税、契税、房产税、城镇土地使用税、土地增值税等；间接税税负则主要包括增值税、消费税和关税等。本书研究的是企业在日常经营活动中实际缴纳的税收，这些税收负担会引起企业现金流出，进而产生税负痛感。在分税种研究中，主要关注企业承担的企业所得税、增值税，因此，有必要分税种对企业日常经营活动中承担的税收负担进行阐述。其一，企业所得税税负。企业所得税税负指的是企业实际缴纳的企业所得税

---

① 非规范性收入主要包括一般公共预算外收入和制度外收入。

与企业经营成果之比，以此测度企业各项收入所得上缴税务机关的比例。企业所得税以企业应纳税所得额为计税依据，具体计算过程为企业在同一个纳税年度内的收入总额依次减去税法规定的免税收入、不征税收入、各项税前扣除以及允许弥补的以前年度亏损。企业所得税作为直接税，其纳税人与负税人完全一致，不会发生税负转嫁，因此会直接减少相应份额的企业收益，削弱企业的盈利能力。企业所得税税负的影响因素主要包括企业纳税年度内的营业收入总额、免税收入、不征税收入、各项税前扣除、允许弥补的以前年度亏损、名义税率、税收优惠的范围和力度以及税收努力的程度等。其二，增值税税负。增值税的计税依据是企业在商品制造和流通过程中的增值额。作为流转税的一种，企业增值税税负具有转嫁性，这意味着理论上增值税税负在企业这一环节只做短暂停留，最终归宿应当是货物和劳务的消费者，但是流转环节的税收支出会挤占企业的现金流，对企业的生产经营产生明显的负面影响。增值税的转嫁程度受到多种因素影响，包括增值税征税范围、增值税税率水平、企业外购商品和劳务的抵扣程度、抵扣链条的完整程度、出售商品和劳务的供求弹性等。其三，其他税收负担。企业除了承担企业所得税和增值税两大税种之外，同时还承担消费税、房产税、契税、资源税、城镇土地使用税、耕地占用税、城建税、教育费附加、印花税、烟叶税、车辆购置税等税种。其中，消费税属于流转税类；资源税、城镇土地使用税和耕地占用税属于资源税类；房产税和契税属于财产税类。

在企业税负的度量方法方面，国内外学者主要使用两种不同的度量方法来衡量企业税收负担，即名义税负和实际税负。名义税负是指在一个纳税年度内，纳税人按照税法规定应当按时缴纳的税款，使用名义税率计算出税收负担。实际税负是指在一个纳税年度内，纳税人向税务机关实际缴纳的税款，使用实际税率计算出税收负担。作为衡量企业税收负担的两种主流方法，名义税负和实际税负最终计算出的税收负担有着较大的差异，一般情况下企业的实际税负会比名义税负更低，原因在于，税收征管实践中通常需要经过税基调整、税收征管和税收优惠等步骤才能计算得出企业实际税负。与名义税负相比，实际税负能够准确反映企业实际税收负担情况，体现了税收政策与税收征管行为对微观企业的实际作用。考虑到目前学术界广泛采用的度量方法是实际税率法，因此进行实证研究时使用实际税负衡量企业税负。实际税率法可以进一步划分为边际实际税率法和平均实际税率法。在边际实际税率法下，实际税率是扣税前后投资回报率之差与税前投资回报率的比值。边际实际税率体现了税制的效率，反映了税收政策对企业边际投资行为①的影响。在平均实际税率法下，实际税率是实际缴纳税款与企业所得之间的比率。平均实际税率反映了税收政策对企业投资行为②的影响，是衡量企业税负的主流方法。由于研究对象是企业实际承担的税收负担，而不是企业边际投资行为，因而采取平均实际税率来衡量企业税负。

四、企业税负不平等

现有国内外学者对于企业税负不平等的研究较少，对于企业税负不平等概念和测度方法均未形成一致的观点，企业税负不平等的概念也随着具体的研究对象而存在差异，主要有以下三个观点：第一，企业税负不平等是与税收公平相反的概念，即企业税负不平等违背了税收公平原则。公平税负是现代税收制度设计应当遵循的基本原则，亚当·斯密将其列为四大税收原则的首位。具体而言，公平税负是指税收负担应当由各纳税人公平地承担，即纳税人承担的税收应当与其经济状况相适应，并保证各纳税人的税收负担处于平衡状态。1994年我国实施分税制改革时即明确提出"统一税法、公平税负、简化税制和合理分权"的税制改革原则，前两者"统一税法和公平税负"强调了公平原则，后两者"简化税制和合理分权"强调了效率原则。企业税负不平等能够从反面反映企业的公平税负程度。尽管一些必要的税收政策在推动经济发展方面发挥了重要作用，但是不合理的税收优惠政策导致了企业税负不平等问题，进而造成税收扭曲和经济效率损失。第二，企业税负不平等指的是不同企业享受的税收优惠政策不平等，这会影响企业竞争力，甚至进一步对企业的生存产生破坏性影响。例如，研发费用加计扣除政策规定，除烟草制造业以外的制造业企业③

---

①　边际投资行为指的是企业连续性投资行为，即企业在日常经营的地区追加投资，此时企业投资项目的经济租金为0。

②　投资行为指的是企业离散型投资行为，即企业决定进入某地进行投资，此时企业投资项目存在经济租金。

③　制造业企业是以制造业业务为主营业务，享受优惠当年主营业务收入占收入总额的比例达到50%以上的企业。

的研发费用加计扣除比例为100%，而除制造业、住宿和餐饮业、批发和零售业、房地产业、租赁和商务服务业、娱乐业以外的其他企业的研发费用加计扣除比例为75%，致使其他企业创新激励相对较弱，从而消磨了这些企业的创新动力，不利于激发各类企业的创新活力。第三，企业税负不平等指的是不同地区的宏观税负存在差异，这会导致不同地区之间无法实现均衡和可持续发展。按照量能负担原则，经济总量较大的发达地区应当比经济总量较小的欠发达地区上缴更多的税收。如果地区宏观税负出现税负不平等的现象，即发达地区承担的税收负担低于欠发达地区，欠发达地区的经济发展将因此受到制约，进而致使欠发达地区缺乏充足的税收来源，加剧地区之间的税负不平等。

综上所述，不同学者对于企业税负不平等这一概念的认识存在一些共性，即企业税负不平等的存在使得税负较重的企业产生了强烈对比心理，"不患贫，而患不均"，企业税负不平等增强了高税负企业的税负痛感。基于以往研究，提出企业税负不平等的概念为：在经济发展水平相同地区，由于地方政府税收征管强度和企业税收遵从度不同而造成的企业之间承担的不合理的税负差异。企业税负不平等违背了税收效率与公平原则，导致了企业承担着与其经济能力或者纳税能力不相匹配的税收负担，进而对经济活动产生了影响。企业税负不平等一般可以划分为横向税负不平等和纵向税负不平等。横向不平等是指经营利润相同的企业承担着不同的税收负担。纵向税负不平等是指对于经营利润不同的企业，企业承担的税收负担与各自承担的经营利润不成正比，即经营利润较低的企业承担着相对较重的税收负担，而经营利润较高的企业承担着相对较轻的税收负担。

五、企业税负粘性

企业税负粘性概念来自管理会计领域对于成本费用粘性的关注。粘性最初在经济学领域中用于描述价格随着市场供求缓慢变化这一现象。随后，管理会计领域开始关注到成本费用的变动具有粘性特征，即企业成本费用随着企业业务量变动时在上升和下降两个方向上具有非对称性，这一特点与传统的成本费用线性变化假设相悖，引发了学术界和业界的广泛关注，推动了企业成本费用管理相关研究。在此基础上，税收领域学者关注到企业税负也存在粘性特征。

国内学者中，丛屹和周怡君（2017）首次指出企业税负具有刚性特征，但是仅仅分析了经济下滑时期企业税负具有"税负刚性"特征，并没有深入分析经济增长时期企业税负的特征，因此严格意义上不能归结为企业税负粘性现象，也没有提出企业税负粘性的定义。王百强等（2018）研究发现，企业税前利润增减变动与所得税的变动程度具有不对称性，将这一现象归纳总结后首次提出"纳税支出粘性"概念。程宏伟和吴晓娟等（2018）研究指出，企业营业收入下降时税收负担的下降幅度要小于企业营业收入同比例上升时税收负担的上升幅度，并将这一现象总结为"税负粘性"。干胜道等（2019）研究指出，我国上市公司在营业收入下降时税费的减少幅度要小于营业收入同比例上升时税费的增加幅度，并将此称之为"企业税费粘性"。由此可以看出，已有研究关注到了企业税负粘性这一现象，但在概念用词和定义上存在一些差异，主要表述有"纳税支出粘性""税负粘性""税费粘性"。

基于以上研究成果，将企业税负粘性定义为：在营业收入下降时税负下降幅度小于营业收入等额上升时税负上升幅度。例如，当企业营业收入上升1%时，企业税负上升a%；当企业营业收入下降1%时，企业税负下降幅度却小于a%。税费粘性描述的是企业税费变动与企业营业收入变动不对称的现象，反映了我国企业在经济下滑时期税费下降幅度较为有限，是一个能够诠释我国企业税费痛感的新角度。企业税负粘性会受到业务调整成本和税负转嫁困境等企业层面因素，以及税制结构和外部治理环境等政府层面因素的影响。

第二节　财政竞争影响企业税负的理论依据

一、财政分权：财政竞争的制度根源

财政分权理论的开山之作是蒂布特（Tiebout）在1956年发表的《地方财政支出的纯理论》，这篇财政分权理论的经典论文开启了后世对于财政分权的深入研究。后续研究表明，适度的财政分权赋予了地方政府一定的财政自主权，促使地方政府为了争夺税源和发展经济而开展财政竞争，各辖区居民能够通过

跨辖区迁移①的方式来促使地方政府降低地区宏观税负和扩大地区财政支出规模。在这种机制的作用下，地方政府会同时开展税收竞争和财政支出竞争，进而改变地方政府的征税行为和企业税收遵从行为等，最终对企业税负产生作用。因此，财政分权是地方政府开展财政竞争的制度根源，探究财政竞争对企业税负的影响，有必要梳理出财政分权理论中关于财政竞争及其对企业税负影响的表述。财政分权理论一般划分为第一代财政分权理论和第二代财政分权理论，均有涉及财政分权对财政竞争的影响研究。

第一代财政分权理论②主要有以下三点核心观点：第一，从政府间纵向关系角度阐述了中央政府主要承担经济稳定职能与收入再分配职能，而地方政府主要承担资源配置职能，并且应当给地方政府配置税权（Musgrave，1959；Oates，1972）。第二，从竞争机制角度阐述了地方政府间竞争有利于居民获得符合偏好的税收与公共产品的组合，进而提高了社会整体福利水平（Tiebout，1956；Oates，1972）。第三，从信息论角度阐述了地方政府在了解居民偏好方面天然具有信息优势，这使得地方政府提供地方性公共产品比中央政府统一提供公共产品更有效率（Hayek，1949；Stigler，1957；Tresch，1981；Oates，1999）。其中，关于财政分权会产生地方政府间财政竞争的代表性理论主要有：蒂布特在1956年提出的"用手投票"和"用脚投票"理论，马斯格雷夫在1959年提出的分税制理论，奥茨（Oates）在1972年提出的分权定理，特雷斯克在1981年提出的偏好误识理论。蒂布特（Tiebout，1956）指出在财政分权体制下，居民能够通过"用手投票"和"以脚投票"的方式来表达对公共产品的偏好，即居民在选择居住地时会精心挑选出契合其偏好的辖区，并从公共产品与税收组合不能满足其偏好的辖区迁移到公共产品与税收组合最能契合其意愿的辖区居住。如果每位居民都能够迁移到契合其意愿的辖区定居，居民就能在不同辖区均衡分布，从而达到最佳资源配置状态。从地方政府间竞争的角度来看，居民的"用手投票"和"用脚投票"行为在一定程度上促进了地方政府之间的竞争，促使地方政府努力提供最合意的公共产品与税收组合来满足辖区居

---

① 居民扩区域迁移就是"用脚投票"机制。
② 第一代财政分权理论也被称作传统财政分权理论，主要关注公共产品供给效率问题。

民的偏好，从而避免居民离开本辖区，同时达到吸引资本、劳动力和技术等要素流入本辖区的目的，最终实现经济资源的集聚。马斯格雷夫（Musgrave，1959）提出分税制思想，用于解释财政分权对各级政府职能关系的影响。他的主要观点为：中央政府主要承担宏观经济稳定和收入分配职能，而地方政府主要承担资源配置职能。原因在于，一国内部的各种经济要素会在不同地区之间自由流动，只有中央政府能够操作政策工具来执行维持宏观经济稳定和实现收入分配职能，因此宏观经济稳定职能、收入分配职能和全国性公共产品应当由中央政府来承担。由于地方政府距离辖区居民较近，使得其更为了解辖区居民对于公共产品的偏好，因此地方政府更能高效率执行资源配置职能。此外，中央政府与各级地方政府之间应当实现固定分配的税收划分模式，因此中央政府应当向地方政府下放相对独立的税权。奥茨（Oates，1972）认为，地方政府会采取降低税率的方式吸引资本进入本辖区，致使依靠税收进行筹资的地方政府面临财力缺口，无法筹集到足量的资金来提供最优的公共产品，此时地方财政支出面临边际收益低于边际成本的困境，这说明，税收竞争可能会造成公共产品短缺的负面影响。特雷斯克（Tresch，1981）从信息比较优势的视角提出偏好误识理论。该理论主要内容为：社会中信息完全且经济活动完全确定的情况下，中央政府和地方政府提供的公共产品是同等有效的。然而，现实中由于中央政府与居民之间的距离较远，信息传递过程中会出现信息失真或阻隔问题，进而导致中央政府提供的公共产品极有可能存在偏差，这极大提高了中央政府决策失误的可能性，即偏好误识问题。基于以上分析逻辑，在多级政府体制下，更加接近辖区居民的地方政府更能了解居民的偏好和需求，能够为居民供给符合其需要的公共产品。提供公共产品的职能下放到地方政府，使得地方政府能够通过提供不同规模和结构的公共产品来进行财政竞争。

第二代财政分权理论①进一步揭示财政分权的作用机制，并指出政府与有效市场之间存在的互动关系。一方面，市场的高效运行需要与之相协调的政府结构；另一方面，政府行为必须受到约束，在构建政府治理结构时必须制定相

---

① 第二代财政分权理论在第一代财政分权理论的基础上，引入机制设计与激励相容等微观经济学理论，建立了一个以市场维护为核心的财政分权理论。

应的激励相容机制，以确保政治系统能够维护市场效率，中央政府和各级地方政府能够分工明确、各尽职责。钱颖一和许成钢（Qian and Xu，1993）深入研究中国的财政分权情况后指出，有效的财政激励应当能够帮助地方政府推动地区市场化水平和提高地区经济发展水平，将此总结为"市场维护性财政联邦主义"。钱颖一和温加斯特（Qian and Weingast，1997）认为，财政分权是一种政府治理机制，其有助于减弱地方政府对于预算软约束的依赖，激励地方政府通过发展经济来提高财政收入。钱颖一和罗兰（Qian and Roland，1998）指出，所谓有效的政府结构，应当是能够提高辖区居民的福利水平和激励地方政府官员积极有为。在高效率的市场经济下，地方政府的行为一方面应当是高效率，同时受到制度的制约。财政分权会引发地方政府之间开展税收竞争，从而激励地方政府采取实现经济高速增长和维护市场秩序的积极政策。基于以上分析，建立健全预算约束机制后的财政分权一方面能够约束政府行为，从而减少权力寻租和政治保护行为，形成了一种制衡政府间权力的常态化机制；另一方面也有助于促进地方政府提供更为优质的公共产品，激励地方政府努力提高财政收入汲取能力。联系到财政竞争，加入制度约束后的财政分权制度能够促进地方政府开展合理的财政竞争，包括以降低税率为主的税收竞争和以提供优质公共产品为主的财政支出竞争。

国内学者结合中国国情提出了中国式财政分权，开始从重点关注财政分权对经济增长的影响，转变为重点关注财政分权对地方政府行为的影响，以及中国财政分权制度的特殊性。普遍观点认为，财政分权在要素充分流动的前提下能够促进地方政府间竞争，从而有利于经济增长（Buchanan，1995；林毅夫和刘志强，2000）。在当前分权财政体制下，由于地方财政收入主要依赖于地方经济总量的增长，地方政府会将精力主要放到地区经济总量和财政收入的增加上。为了招商引资，地方政府会开展财政竞争以争夺财政资源和经济资源，从而促进经济增长。

二、政绩考核制度：财政竞争的政治激励

中央政府与各级地方政府之间的经济管理权限和行政权力一直处于动态调

整之中,财政分权体制下财权、事权和支出责任划分也不是一直有利于地方政府,即行政分权与财政分权不能保证地方政府始终受到发展经济的强激励。但是现实中,地方政府一直具有推动经济增长和进行财政竞争的强劲动力,这是因为除了行政分权和财政分权之外,地方政府行为还会受到政绩考核制度的激励。垂直政治管理体制产生的政绩考核制度构成了财政竞争的政治激励,并对地方政府征税行为产生了直接或间接的影响。对此,国内学者开展了深入研究,并取得了丰硕的研究成果。

2013 年中共中央组织部发布《关于改进地方党政领导班子和领导干部政绩考核工作的通知》,标志着我国政绩考核制度正式由以 GDP 增长为核心的评价准则转向包含可持续经济、社会和谐进步、文化建设、生态文明建设等多方面在内的多维政绩考核制度①。2014 年颁布的《党政领导干部选拔任用工作条例》,明确党政官员工作实绩的重点内容包括经济发展和民生改善、社会和谐进步、文化建设、生态文明建设、党的建设等,这些重点内容又被细化为劳动就业、居民收入、科技创新、教育文化、社会保障、卫生健康,以及资源消耗、环境保护、消化产能过剩、安全生产、债务状况等具体指标②。目前针对地方官员的政绩考核制度严格依据中央文件精神,多维度可量化的政绩考核指标共同指挥着地方官员的行为。一些学者聚焦于研究政绩考核制度对地区经济增长的影响。吴敏和周黎安(2018)研究发现,政绩考核制度会产生同级政府间的竞争,因此上级可能的实地考察监督加强了对当地"面子工程"的建设,而对非可视性公共品的投入则相对不足。王(Wang)等(2020)研究发现,在中国城市化的进程中,政府官员的激励也起到了关键作用,刺激措施将促进城市的空间扩张。张军等(2020)研究发现,2013 年的政绩考核新标准发布后,各级地方政府 GDP 和固定资产投资的目标增速开始大幅下降。程仲鸣等(2020)研究发现,2013 年的政绩考核新标准显著改善了基于 GDP 增长的官员晋升压力对企业技术创新的抑制作用。王文甫和方也(2024)研究发现,在多元化政绩考核机制下,地方政府短期目标导向能够缓解经济发展质量的负面影响,其中营

---

① 详见中国政府网《关于改进地方党政领导班子和领导干部政绩考核工作的通知》,https://www.gov.cn/jrzg/2013/12/09/content_2545183.htm.
② 详见《党政领导干部选拔任用工作条例》,《人民日报》,2014 年 1 月 16 日。

商环境的优化有利于经济高质量的发展，但由于地区竞争与市场分割的存在，缓解作用并不能得到很好的释放。在经济高质量发展不断推进阶段，应尽快落实多元化考核机制，引导地方政府优化营商环境。一些学者也关注到政绩考核制度对财政预算约束的影响。无论是原先以 GDP 为核心的政绩考核制度，还是目前不断完善的多维度政绩考核制度，都会在一定程度上致使地方政府突破预算约束，通过增加土地出让规模和扩大举债规模等方式来弥补财力缺口，这些行为可能会进一步影响地区的财政可持续性和经济发展水平。原因在于，截至目前，国有土地使用权出让收入仍是地方政府本级政府性基金收入中最重要和最主要的组成部分，在地方财政收入中扮演了重要角色，地方政府债务是地方政府提供基本公共服务和发展经济的主要财源之一。蒲丹琳和王善平（2014）在详细研究政绩考核制度对地区城投债融资行为及规模的影响后发现，地方官员面临的政绩考核指标越多，地方政府扩大融资规模的动力就越强，进而导致地区债务风险越大。缪小林和伏润民（2015）指出，政绩考核制度引致地方政府间横向竞争，周边地区的经济发展程度越高，地方政府会更加积极扩大债务规模。贾俊雪等（2017）则考察了不同类型的政绩考核指标对地方政府举债行为的异质性影响，经济增长考核指标会促使地方政府扩大举债规模，财政可持续考核指标在有效遏制地方政府债务规模无序扩张的同时会抑制地方政府发展经济的积极性，民生性公共服务考核指标对地方政府债务规模的影响不明显。冀云阳等（2019）研究表明，地方政府债务增加是被动的支出责任下移和主动的标尺竞争共同作用的结果。基于研究结果提出政策建议：控制地方政府的债务风险，规范政府间事权与支出责任划分近期对经济欠发达地区有积极作用，更重要的是应完善地方政府的政绩评价体系，强化对地方政府违规举债行为的问责机制。张兆强等（2023）的研究表明，地方政府固定资产投资目标对地方政府债务具有显著的正向影响，并且地方政府掌控的财政金融资源会显著增强这一正向影响。但在政绩考核改革后，投资目标对地方政府债务整体上不再具有显著影响；全面深化改革后，东部地区投资目标对地方政府债务没有显著影响，而中西部地区投资目标对地方政府债务依然具有较弱的显著影响。

三、政府竞争：财政竞争的渊源

在财政分权体制下，地方政府通常采取财政竞争的方式来开展政府竞争。财政竞争和政府竞争关系紧密，财政竞争是政府竞争的结果和重要手段之一，政府竞争则催生了财政竞争，成为财政竞争的重要渊源。政府竞争这一概念最早可追溯到德国学者布雷顿（Breton，1998）提出的"竞争性政府"，即各级政府会在自身利益最大化的驱使下开展竞争。布雷顿（Breton）指出政府竞争包含两个层面的内涵：一是争夺生产要素，主要表现为地方政府开展竞争以吸引投资和人才等生产要素的流入，进而促进本辖区经济增长。二是争夺上级政府的资源分配，主要表现为地方政府争夺中央政府分配的财政资源，进而提高政府绩效。

国内学者也关注到中国同样存在政府竞争。根据国内有关政府竞争的文献，总结归纳出我国政府竞争主要包括以下三个方面的内涵，具体如图 1-1 所示。

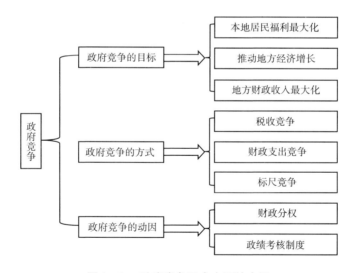

图 1-1　政府竞争三个方面的内涵

一是政府竞争的目标。在联邦制国家中，地方政府通常通过提供本辖区居民满意的公共产品和服务，以及优化资源配置等方式来吸引各种优质生产要素的流入。在这种情形下，地方政府竞争的压力主要来自辖区居民和市场主体，因此政府竞争的主要目标是本地居民福利最大化或推动地区经济增长。在我国五级纵向政府结构下，地方政府不仅要严格遵循中央政府制定的方针和政策，同时完成上级政府的目标考核。在此情形下，地方政府竞争的压力主要来自中央政府和同级其他地方政府，考虑到政绩考核的重要标准，包括地区经济增长、环境保护、科技创新等，因此政府竞争的主要目标是推动地区经济增长和地方财政收入最大化。综上，地方政府竞争目标主要包括本地居民福利最大化、推动地方经济增长和地方政府财政收入最大化等。

二是政府竞争的方式。中国式分权管理体制包含经济分权和政绩考核制度两大核心内容。经济分权会给地方政府带来财政激励，从而形成推动地方政府大力发展经济的经济激励；而政绩考核制度会给地方政府官员带来政治激励，从而要求地方政府官员完成绩效考核任务。在经济激励和政治激励形成的激励与约束机制下，政府竞争方式既包括由经济激励产生的税收竞争和财政支出竞争等，也包括由政治激励产生的标尺竞争。本书主要关注地方政府竞争下由经济激励产生的财政竞争，包括税收竞争和财政支出竞争。

三是政府竞争的动因。财政分权和政绩考核制度是地方政府竞争的重要来源，政绩考核制度下的地方政府官员面临着上级政府制定的多维度政绩考核任务，财政分权下的地方政府承担着地区经济发展的重任，在这两个因素的驱动下，地方政府不得不开展竞争。

四、税收效率与公平：税收负担的基本原则

税收效率与公平是现代税收制度设计的重要指导思想，也是设定企业税收负担应当遵循的基本原则，同时还是判断企业税负差异是否合理的重要标准。税收效率是指在征税过程中国家对资源配置或经济运行的影响程度，体现为税收分配环节的投入产出比例。税收效率原则要求征税行为产生的超额负担最小化，即实现税收中性，同时有效发挥税收的资源优化配置作用和促进经济增长作用，从而有效促进经济高质量发展。税收效率一般划分为税收经济效率和税收行政效率。税收经济效率是从税收征管经济效率的角度出发，判断政府征税行为是否提高了资源配置效率和促进经济增长。税收经济效率用经济收益与经济成本的比值衡量，比值越高反映税收经济效率值越高，表明资源实现了有效

配置。税收行政效率是从税收征管行政效率的角度出发，判断政府征税行为能否以相对较小的征管成本获取相对较多的税收收入。税收行政效率用入库税收收入与征税成本的比值衡量，比值越高反映税收行政效率越高，表明税收征管的行政成本低和税收征管技术水平高。在我国税收征管实践中，税务机关为了提高税收行政效率，会对不同类型的企业分配不同的税收征管资源，这导致大型企业尤其是大型国有企业承担着较重的税收负担，而中小型企业承担的税收负担较轻。由此可见，税收效率原则可能导致不同企业承担的税收负担存在明显差异，是企业税负不平等的形成原因。

税收公平是税收负担分配的基本原则。税收公平是指征税行为产生的税负应当在纳税人之间公平分配。根据对税收公平分配不同的理解，税收公平分配的原则一般划分为收益原则、最大效用原则和量能负担原则。基于社会契约论和税收交换学说，收益原则是指纳税人的纳税额应当与享受的公共产品数量相匹配。最大效用原则是指政府征税后社会效用应当实现最大化，此时税收是公平的。量能负担原则是指根据纳税人拥有的财产、收入和支出水平判断纳税人的实际纳税能力，并以此决定应纳税额。税收公平可以划分为横向公平和纵向公平。横向公平是指经济条件相同的纳税人缴纳相同数额的税收。纵向公平是指经济条件不同的纳税人缴纳不同数额的税收。

地方政府间财政竞争会对税务机关的征税行为产生直接或间接的影响，并在微观层面上进一步传导到企业税收负担，其中涉及税收效率与公平原则。地方政府间税收竞争越激烈，则税收努力水平越低，体现为针对企业的税收征管强度越弱，企业税收负担随之下降。然而不同企业税负的下降幅度可能存在差异，承担着高税负的大中型企业会相比低税负企业实现更大幅度的税负下降，企业税负不平等程度将随之降低。地方政府间财政支出竞争越激烈，则税收努力水平越高，体现为针对企业的税收征管强度越强，企业税收负担随之上升。不同企业税负的上升幅度存在差异，承担着高税负的大中型企业会比低税负企业实现更大幅度的税负上升，企业税负不平等程度将随之上升。企业税收负担的上升能够在一定程度上反映税收行政效率的提高，但会扭曲税收的资源配置作用，实质是降低了税收的经济效率。企业税负不平等从反面反映了企业公平税负的程度，违背了量能负担的税收公平原则。

第二章　财政竞争影响企业税负的 制度背景与机理分析

当期研究认为，中国式分权管理体制深刻影响着地方政府间税收竞争和财政支出竞争的形成机理和经济后果（贾俊雪和应世为，2016；杜彤伟等，2020）。本章将紧密结合相关理论和制度背景，分析中国式分权管理体制下地方政府间税收竞争和财政支出竞争行为的形成机理，探究财政竞争对企业税负、企业税负不平等和企业税负粘性的影响机制。

第一节　中国式分权管理体制与财政竞争

1994 年分税制改革实施以来，我国形成了以财政支出分权和财政收入集权为主要特点的财政分权体制。具有中国特色的财政分权制度和以 GDP 考核为核心的政绩考核制度相结合，形成了中国式分权管理体制，进而影响着地方政府间税收竞争和财政支出竞争。接下来，将详细介绍地方政府间税收竞争和财政支出竞争形成的财政激励和政治激励，以及资源流动性如何成为地方政府间财政竞争重要前提。

一、财政分权制度产生的财政激励

学者们围绕中国政府间财政关系展开研究，指出中国政府间财政关系属于市场维护性财政联邦主义，并形成了"中国特色财政联邦主义"理论（Montinola et al.，1995；Qian and Roland，1998；Jin et al.，2005）。根据中国特色财政联邦主义理论，中国地方政府大力发展经济的动力来源于行政分权和财政分权，这两方面的分权激励了地方政府保护市场和发展经济。一方面，行政分权下放了一定的经济管理权限，促使地方政府拥有更多的本地区事务自主决策权；另一方面，财政分权制度下放了一定财权，促使地方政府获得更多的财政收入。财政分权制度使得地方政府拥有较强的发展本地区经济的财政激励，对地方政府的财政收入和财政支出均产生了重要影响。在此背景下，中国式财政分权体制深刻影响着地方政府行为，给予了地方政府开展税收竞争和财政支出竞争的财政激励。

在税收竞争方面，税收是地方政府主要的财政收入来源[①]，税收竞争自然成为地方政府财政收入竞争的主要手段，地方政府间税收竞争主要体现在各地区的宏观税负水平上。中国式财政分权体制对地方政府间税收竞争的影响较为复杂。一方面，在中国特色财政分权制度和多维度政绩考核制度下，地方政府间税收竞争以逐底竞争为主要特征，即通过降低税收努力和实施税收优惠等方式来吸引资本、技术和劳动力等生产要素；另一方面，分税制改革以来，我国财政分权制度具有"财权不断上收，事权不断下放"的特点，地方政府承担着巨大的财政压力，这压缩了地方政府采取以逐底竞争为主要特征的税收竞争空间，可能会促使地方政府采取以逐顶竞争为主要特征的税收竞争。以往学者也关注到这方面的问题，贾俊雪（2014）指出财政收入分权和财政支出分权程度均会影响地方政府间税收竞争。一般而言，随着财政支出分权程度上升，地方政府的财政支出责任和面临的财政压力会越大，此时地方政府会面临着更紧张的财政预算约束，地方政府实施减税的能力和动力自然会减弱，即财政支出分权程度与地方政府间税收逐底竞争强度显著负相关。而财政收入分权尽管能够增加地方政府的财力，但与地方政府间税收竞争强度呈现不显著正相关关系。税收分权能够有效改善地方政府的财政状况，使得地方政府在税收分成中获得更大比例的税收收入，从而削弱了财政预算约束和财政压力，致使地方政府实

---

① 尽管地方政府能够通过行政事业性收费等非税收入来筹集资金，但是非税收入在一般公共预算收入中的占比较小，税收在财政收入中的占比最大，同时也是地方政府财政支出的重要资金来源。

施税收竞争的能力和动力增强。

在财政支出竞争方面，财政分权程度在分税制改革实施以后不断提高，地方政府的财政自主权不断提升。然而，随着财政分权改革的不断深入和基层政府的职能不断增多，财政分权逐渐形成了"财权不断上移，而事权不断下移"的特点，尽管地方政府财政收入处于较为稳定的状态，但是财政支出责任持续增多，地方政府面临着较为紧张的财政约束。为了获取更多的财政资金来弥补财力缺口，地方政府必须全力发展本地经济，想方设法地招商引资，从而增加稳定的税源以实现财政增收的目的。为此，地方政府采取的财政手段主要是税收竞争和财政支出竞争，从而吸引各类生产要素流入本辖区以促进本地区经济高质量发展。因此，财政分权是地方政府间税收竞争和财政支出竞争产生的重要制度背景，使得各级地方政府拥有了更多的财政自主权，进而提高了地方政府进行税收竞争和财政支出竞争的能力和动力。

二、政绩考核制度产生的政治激励

除了受到财政分权制度所产生的财政激励之外，地方政府间税收竞争和财政支出竞争行为会受到政绩考核制度所带来的政治激励，这能够作为中国式财政分权促使地方政府伸出"援助之手"的补充解释。学者们将政绩考核制度与财政分权制度相结合，根据两者间的逻辑路径构建了中国式分权管理体制（傅勇和张晏，2007；Xu，2011），并用之解释中国持续多年的经济高速增长。单就政绩考核制度而言，其使得地方政府全心全意地发展经济，提高了地方政府招商引资的积极性。

从地方政府官员的角度分析，作为"理性人"的地方官员有着实现自身效用最大化的强烈意愿。地方政府官员的效用水平主要受到工资待遇、社会声誉和政治地位等因素的影响，其中政治地位对地方政府官员效用水平的影响最为显著，即地方政府官员在任期内想要实现的个人目标主要是谋求政治晋升。由于中国地方政府官员主要采取自上而下的任命制，而不是自下而上的全民投票选举，为了实现个人政治晋升，下级政府官员会根据上级政府的考核重点进行表现，而上级政府的考核重点一般是地区经济发展水平和地区经济增长速度，这就使得同属一个地区的相邻行政区就 GDP 展开激烈的竞争。因此，为了实现个人效用最大化，地方政府官员会大力进行税收竞争和财政支出竞争以在政治晋升锦标赛中脱颖而出。

从地方财政支出的角度分析，改革开放以来地方政府同时承担着发展经济和改善民生的重要职责，其中经济发展水平是地方政府政治考核的重点内容。随着人们对于医疗卫生、教育和社会保障等民生性公共服务的需求不断提升，中央政府在政绩考核中要求地方政府进一步加大民生性公共服务供给规模和优化民生性公共服务质量。地方政府承担着持续增多的政绩考核任务，伴随而来的是不断加大的财政支出压力。由于中国不同地区间经济发展水平不平衡以及地区间税收规模差异较大，欠发达地区会比发达地区面临更大的财政支出压力。为了解决政绩考核任务增多所产生的财政支出压力，地方政府会为了经济增长而竞争，采取税收竞争和财政支出竞争的手段来吸引企业进入，进而对地方政府的策略性征税行为产生影响，最终反映到微观企业层面的税收负担。总体来说，无论是从地方政府官员的角度分析，还是从地方财政支出的角度分析，我国的政绩考核体制都会对地方政府的税收竞争和财政支出竞争行为产生政治激励，进一步会对地方政府的征税行为和企业行为产生重要影响。

三、资源流动性提供的重要前提

蒂布特（Tiebout，1959）指出，居民会采取"用脚投票"的方式自由迁移到能够提供合意公共产品与税收组合的辖区，前提是必须满足七项严格的假设，即同时存在多个社区提供不同的公共产品组合、个人能够通过在不同地区间迁移来表达公共产品偏好、人员能够在地区间自由流动、存在大量辖区政府、各辖区政府税收体制相同、各个辖区提供的公共产品不会产生外部性、人员能够获取完备信息等一系列假设条件。伴随着我国经济体制和行政管理体制改革不断深化、社会主义市场经济体制的日臻完善，以及经济全球化背景下各国业务展开的分工合作，劳动力、资本和技术等资源要素得以在不同国家和不同地区间自由流动。充分流动的资源要素和完善的制度环境使得中国各个地区的外部条件与蒂布特世界相近，进而促使地方政府能够对各类资源要素开展公平的竞争以提高地区的经济发展水平。

从各类资源要素流动性偏好的角度来看，资本的逐利性决定着劳动力、资本和技术等资源要素偏好流向经济收益更高的地区。地方政府官员在政治晋升目标的驱动下会着力发展地区经济，以获得更多的财政收入，必然会同时采取税收竞争和财政支出竞争的手段来吸引资源要素进入本辖区。因此，地方政府有着强烈的政治激励和经济激励对资源要素展开竞争，资源流动性则是地方政府间税收竞争和财政支出竞争得以实现的重要前提。

第二节　财政竞争对企业税负的影响机制

如导论所述，地方政府会开展财政竞争以吸引资本、劳动力等生产要素进入本辖区，主要包括税收竞争和财政支出竞争两种形式。在当前减税降费大背景下，部分企业仍然承担着较重的税负痛感，这是因为企业税收负担来源于企业税收负担、企业税负不平等和企业税负粘性三个方面。地方政府间财政竞争会改变地方政府的征税行为和企业的纳税行为，进而对企业税负产生复杂的影响。正如许多文献所指出，我国地方政府间税收竞争和财政支出竞争非常激烈，这使得不同地区的企业承担着差异化的实际税收负担，进而对企业税负、企业税负不平等和企业税负粘性产生显著影响。基于此，将深入分析地方政府间财政竞争对企业税负的影响机制，如图 2－1 所示。

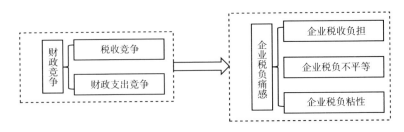

图 2－1　财政竞争对企业税负的影响机制

一、财政竞争对企业税负的影响机制分析

财政分权制度和政治管理体制分别会产生财政激励和政治激励，地方政府会同时运用税收手段和财政支出手段来开展财政竞争，目的是争夺资本、技术和人才等经济资源。地方政府间良性财政竞争能够有效提高公共部门的效率和促进公共资源的合理配置。一方面，地方政府会采取以税收手段为主的税收竞争。蒂布特构建的理论体系在一定程度上解释了税收竞争对资本流动的影响，他指出，在税基流动性等七条假设下，地方政府会采取以降低税率为主的方式争夺税源，进而优化本地区福利。国内外学者在此基础上深入研究税收竞争，并将税收竞争策略划分为以下两种类型："逐底式"税收竞争和"逐顶式"税收竞争。其一，"逐底式"税收竞争。佐德罗（Zodrow）和米兹科夫斯基（Mieszkowski，1986）构建的税收竞争理论模型指出，地方政府会采取以降低征税努力为主要手段的税收竞争来吸引资本、劳动力等流动性生产要素，进而导致各地区宏观税负降低，表现为"逐底式"税收竞争（race to the bottom）。在"逐底式"税收竞争策略下，地方政府间税收竞争会导致企业税负下降。但值得注意的是，地方政府间"逐底式"税收竞争可能会陷入"囚徒困境"，税率"向下竞争"可能会导致地区税收下滑，进而降低本地区的公共福利水平。其二，"逐顶式"税收竞争。在不完全竞争假定下，经济集聚效应会带来聚集租金收益①，这会削弱资本、人力和技术等流动性生产要素对于地区税负的敏感度。基于此，具有经济集聚优势的地方政府会主动提高本辖区的宏观税负，以筹集税收收入来提高地区财政支出水平，强化企业集聚程度，表现为"逐顶式"税收竞争（race to the top）（Baldwin and Krugman，2004；Fréret and Maguain，2017）。在"逐顶式"税收竞争策略下，地方政府间税收竞争会导致企业税负上升。地方政府间税收竞争在我国普遍存在，且主要以"逐底式"税收竞争为主，具体表现为三种形式：税收优惠、税收返还和降低税收努力。另一方面，地方政府会

---

①　根据新经济地理学的经济集聚理论，当一个地方是原材料产地、劳动力聚集地或交通中心时，大批企业会在此集聚，由此产生聚集租金收益。

采取财政支出手段进行财政支出竞争。财政支出竞争以提供合意的公共产品为主要特征，地方政府会尽可能大规模增加优质公共产品以吸引流动性资本。在财政支出规模受限的条件下，地方政府可能会采取减少科教文卫等民生性公共产品，增加产业投资、房地产开发和城市建设等经济性公共产品的方式来进行财政支出竞争。地方政府间财政支出竞争会加剧财政支出压力。基于此，地方政府会通过提高税收努力的方式筹集财政资金，进而提高企业税收负担。

在我国财政分权制度和政治管理体制下，地方政府往往会突破预算约束来获取财政资金，以缓解财政竞争产生的财政压力。因此，在研究财政竞争对企业税负的影响时，应当充分考虑预算软约束，以及财政竞争与预算软约束的交互作用对企业税负的影响。地方政府突破预算约束的表现形式主要包括转移支付、土地出让收入和融资平台债务。已有研究也指出，地方政府除了实施税收优惠和降低税收努力等方式来进行显性税收竞争，给予财政补贴和采取信息隐瞒①来进行隐形税收竞争之外，还会借助土地收入及制度外收入灵活调整地区实际税负。

二、财政竞争对企业税负不平等的影响机制分析

地方政府间财政竞争对企业税负不平等的影响较为复杂，需要系统梳理关于企业税负不平等成因的研究。已有研究从税收理论和税收征管实践的角度探究企业税负不平等的成因，并指出，我国企业税负不平等的成因主要包括税收制度不完善、各地税收征管能力不同和宏观经济政策变动。展开分析，其一，不完善的税收制度会导致企业税负不平等。尽管法律规定我国税收制度由中央政府统一制定，地方政府一般没有制定税种和确定税率的自主权，但由于我国税收制度不完善，税务机关在税收征管过程中具有较大的自由裁量权，即能够在一定程度上制定差异化的税收优惠政策和弹性决策税收努力程度。基于此，地方政府给予不同企业的税收优惠和税收努力程度存在差异，进而产生了企业税负不平等。其二，各地不同的税收征管能力会导致企业税负不平等。各地区

---

① 信息隐瞒指的是通过平滑不同年度的税收来降低企业某一年度的实际税收负担。

有限的税收征管资源决定着各地区拥有的税收征管能力也是有限的。在税收征管实践中，部分企业会通过政治游说、寻租活动和盈余管理等行为来逃避税，这些行为能够降低企业承担的税收负担，进而形成企业税负不平等。为遏制企业逃避税行为和营造公平纳税的市场环境，税务部门会合理调配税收征管资源，加强税收征管强度和加大对企业逃避税行为的查处力度，进而使得企业的实际纳税额接近于真实纳税额，从而缩小企业税负不平等程度。然而，由于不同地区的税收征管能力存在差异，不同地区的企业税负不平等程度也存在差异。其三，宏观经济政策变动会导致企业税负不平等。倪红福等（2021）从时间变化趋势角度分析了我国企业税负不平等程度，2007～2008年企业税负不平等程度下降；而2008～2009年企业税负不平等程度上升。原因在于，我国出台了"一揽子"刺激经济的宏观政策，包括4万亿元投资、积极的财政政策和宽松的货币政策，进而在短期内造成了一定程度的通货膨胀，由此可能提高企业税负不平等程度。2009～2011年企业税负不平等程度下降。原因在于，我国出台了一系列结构性减税降费政策，有效降低了高税负企业的税收负担，2008年实施的内外资企业所得税合并改革有效缩小了不同所有制类型企业的企业所得税税负。

基于不完善的税收制度和各地不同的税收征管能力，地方政府间财政竞争一般会通过给予不同企业差异化的税收优惠政策、调节税收努力程度等方式对企业税负产生作用，进而对企业税负不平等产生影响。

三、财政竞争对企业税负粘性的影响机制分析

已有研究主要从税制结构和税收征管行为等企业外部影响因素，或者是企业业务调整等企业内部影响因素分析企业税负粘性的成因。第一，我国实行流转税和所得税并重的双主体税制结构模式。近年来，企业所得税收入在税收收入中的比重有所上升，增值税收入在税收收入中的比重有所下降，但是增值税收入占比仍然较高，企业所得税收入占比则始终较低。作为直接税的企业所得税税负不易转嫁，且会随着企业利润上下变动而等比例变动，对企业税负粘性的影响很弱。作为间接税的增值税在生产经营活动中表现为增加成本和资金占

用的特征，税负容易通过商品的价格转嫁给下游的厂商或者消费者，由于进项抵扣链条不完善而产生的留抵税费则会占用企业资金。当企业经营利润上升时，增值税税负能够通过价格通道顺利转嫁。而当企业经营利润下滑时，企业议价能力随之下降，进项抵扣链条不通畅，增值税税负难以转嫁，这提高了企业税负粘性程度。第二，我国仍然存在不规范的税收征管行为，"以计划为中心"的税收征管模式要求税务部门按计划向企业征税，在一定程度上弱化了依法征税的原则，进而可能弱化企业税负与企业经营状况之间的关系。同时，税收征管存在一定的弹性空间，可能会使得税务机关采取不同的税收征管强度以应对不同的经济形势，这会造成企业税负粘性。在经济形势上行期间，企业总体经营状况良好，各地区税源充足，税务机关会在保证完成税收计划的前提下降低税收征管强度，实现"放水养鱼"。而在经济形势下行时期，企业总体经营状况堪忧，税务部门会提高税收征管强度，提高纳税稽查力度，以实现增加税收和完成税收计划的目的。第三，企业无法在短期内及时做出业务调整，这使得企业在业务下滑时承担较高的税费支出。一方面，在生产经营环节中，企业会与供应商和需求方等签订长期契约来获取商品和劳务，以降低未来生产经营中不可预见的风险所带来的危害，同时降低经营成本。然而，长期契约限制了企业在短期内做出业务调整的能力，从而导致企业不能在营业收入下滑时及时减小业务规模。另一方面，在面临经济不确定性时，企业会主动减少固定资产投资和债务融资规模，前者会减少企业投资行为产生的税前扣除额度，后者会抑制企业投资行为和减少企业可用于税前扣除的利息支出，从而降低企业随利润下滑时税收支出减少的幅度，即提高了企业税负粘性程度。

作为地方政府进行财政竞争的两个重要手段，税收竞争和财政支出竞争一般会对税务机关的税收征管行为和企业经营行为产生影响，进而可能会对企业税负粘性产生作用。

第三章　财政竞争、预算软约束
与企业税负的实证研究

　　财政与财税体制作为国家治理体系和治理能力现代化的基础和重要支柱，在推动经济发展和经济体制改革进程中发挥着重要作用。在过去的"十三五"期间，我国实施了持续大规模的减税降费政策，为提升市场活力和促进企业快速成长作出了重要贡献。2020年4月，习近平总书记首次提出"构建以国内大循环为主体、国内国际双循环相互促进的新发展格局"。同时，2022年《政府工作报告》指出，各地也要结合实际，依法出台税费减免等有力措施，使减税降费力度只增不减，以稳定市场预期。在此背景下，减税降费政策作为供给侧结构性改革的重要组成部分，为减轻企业税收负担，助推企业科技创新，进而稳定产业链和经济运行具有重要意义。减轻企业税收负担不仅取决于减税降费政策的力度，同时也要求财税体制的不断优化，以及地方政府财政竞争的不断规范。与已有文献相比，本章主要的边际贡献在于以下三个方面：第一，从财政制度层面研究财政竞争和预算软约束对企业税收负担的影响，这对于完善财税制度体系以规范地方政府财政竞争行为，出台公平合理的税收政策以降低企业税收负担具有良好借鉴意义。第二，将财政竞争、预算软约束和企业税负纳入同一个理论框架进行系统研究，并从转移支付、土地财政和融资平台债务三种不同的预算软约束表现形式实证考察三者间的作用渠道与影响效应。这有助于在同一个理论框架内全面考察不同财政竞争方式与不同预算软约束表现形式及两者交互作用对企业税负的作用差异。第三，分地区和产权性质考察了财政竞争和预算软约束对企业税负影响的异质性。由于不同地区和不同产权性质的企业受到地方政府行为的影响不同，税收竞争和财政支出竞争产生的影响必然存在差异，在同一框架下全面考察这些差异有助于设计差异化的财政政策。

已有文献较少从中国式分权管理体制下的财政竞争和预算软约束角度出发对企业税负展开研究，但是分别就财政竞争、预算软约束对企业税负影响进行研究的文献较为丰富。在税收竞争对企业税负影响方面，不同国家的地方政府间普遍存在显著的税收竞争行为（Chirinko and Wilson，2010；胡洪曙和郭传义，2014），税收竞争存在显著的地区差异和税种差异（龙小宁等，2014；Maniloff et al.，2017），地方政府间税收竞争会降低企业税负（李明等，2016；范子英和田彬彬，2013）。在财政支出竞争对企业税负影响方面，财政支出竞争会弱化企业税收激励（贾俊雪和应世为，2016），地方政府以改变财政支出偏向为特征的竞争行为会提高区域技术创新水平（肖叶等，2019）。在预算软约束对企业税负影响方面，已有研究认为地方政府会对其产生过度依赖进而导致地方政府过度负债和财政支出效率低下（Goodspeed，2002；Ong，2012），其中转移支付对地方政府税收努力同时存在抑制作用和激励作用（胡祖铨等，2013；付文林和赵永辉，2016），土地出让收入会降低企业实际税负（王雪婷和胡奕明，2018）。少部分研究关注了财政竞争和预算软约束的交互作用，预算软约束为地方政府进行财政竞争提供了资金来源（钱海刚，2009），转移支付整体上对地方政府间税收竞争具有强化效应（李永友，2015），财政竞争与预算软约束会对地方财政可持续性造成影响（杜彤伟等，2020）。梳理现有国内外关于财政竞争对企业税负影响，预算软约束对企业税负影响的文献后发现，关于财政竞争对企业税负影响的相关研究大多基于联邦制财政分权理论，没有考虑中国特色的制度背景：多维度政绩考核制度、财政纵向失衡、土地财政和地方融资平台债务等。同时现有文献对如下领域或现象关注不够：地方政府可能突破财政预算约束进行财政竞争，税收竞争的减税效应、财政支出竞争的溢出效应以及两者共同产生的要素流动效应的异质性。

基于以上分析，利用2009~2018年30个省份（不包括西藏和港澳台地区）和沪深主板上市公司的面板数据，探究现行财政分权体制下地方政府财政竞争、不同预算软约束表现形式及两者之间的交互效应对微观企业税负的影响。实证结果发现，税收竞争显著降低企业税负，而财政支出竞争显著提升企业税负，税收竞争的影响力度和显著性大于财政支出竞争。转移支付对企业税负的影响具有不确定性，而土地出让收入和融资平台债务能够显著降低企业税负。交互效应显示，转移支付会弱化地方政府的财政竞争行为，而土地财政和融资平台债务会强化地方政府的财政竞争行为。异质性分析还发现，东部发达地区偏好财政支出竞争，而中西部地区偏好税收竞争，转移支付、土地出让收入和融资平台债务及其与财政竞争的交互效应对企业税负的影响也存在较大的地区差异。地方政府间财政竞争行为对不同产权性质和不同行业企业税负的影响存在差异。本章研究对于规范地方政府财政竞争行为，出台公平合理的税收政策，设计差异化的财政政策具有借鉴意义。

第一节　财政竞争和预算软约束影响企业税负的理论分析框架

一、预算软约束产生的制度背景

正如前文所述，地方政府采取的预算软约束表现形式主要包括转移支付、土地出让收入和融资平台债务。本节将详细介绍在中国式财政分权体制下，这三种预算软约束表现形式产生的制度背景和历史演变，为进一步研究财政竞争和预算软约束及两者交互作用对企业税负的影响奠定基础。

（一）转移支付相关制度演变

财政改革为经济改革的顺利开展提供了重要保障，充分发挥了财政在国家治理中的基础性和重要支柱作用。作为财政改革的重要内容，财政转移支付制度也一直在发生变化，大致分为以下三个阶段。第一阶段是1978年之前的计划经济时期，我国的集权式财政体制主要表现为"高度集中、统收统支"的特征，财力高度集中在中央政府，地方政府是中央政府统一计划的执行者，这一阶段转移支付以全额补助、体制补助和包干补助为主。第二阶段是1978~1993年的市场经济改革探索时期，我国对财政管理体制进行了多次改革，探索实行了多种形式的财政包干体制，使得地方政府在上缴固定比例财政收入后能够支配剩余财政收入，提高了地方政府发展经济和提高财政收入的积极性，但削弱了中央政府对宏观经济的调控能力。例如 1980 年实行了财政分级包干体制，1985 年实行了划分税种、核定收支、分级包干体制，1988 年实行了多种财政包干体制等。这一阶段转移支付主要以总额分成、定额补助和专项拨款为主。总体来看，这一阶段我国仍然没有建立起规范且合理的转移支付制度。第三阶段是 1994 年实施分税制改革后，财政收入按照税种进行划分，中央政府上划了大部分税基广、税源稳定且方便征收的税种，将税种划分为中央税、地方税和中央与地方共享税。分税制改革提高了两个比重①，同时也降低了地方财政收入占全国财政收入的比重，导致承担着较多财政支出责任的地方政府面临着较大的财政收支缺口。为了缓解财政纵向失衡问题，我国逐步建立起了中央与地方政府之间的转移支付制度。我国现有的财政转移支付分为三大类②——税收返还、一般性转移支付③和专项转移支付三大类。税收返还是一项特殊的转移支付，目的是照顾分税制改革前地方政府的既得利益，本质上是地方政府自有财力的一部分。在分税制改革的初期，转移支付的大部分是税收返还。一般性转移支付的作用是弥补地方政府的财政收支缺口和缩小地方政府间财力差距，促进区域间经济协调发展，一般采用因素法计算得到转移支付数额。专项转移支付是指地方政府用于承担中央政府委托事务或地方政府间共同事务的专项补助资金，具有指定用途，一般采用项目法、因素法或项目法与因素法相结合计算得到转移支付数额。由于专项转移支付一般需要地方政府向上级政府层层申请，而不是采取自上而下的分配方式，因此在现实中会受到人为因素的干扰。我国转移支付制度在不断发展和完善之中，2014 年新修订的《预算法》对转移支付制度进行了明确规范，2015 年出台的《国务院关于改革和完善中央对地方转移支付制度的意见》则全面部署了中央对地方转移支付制度的改革任务和完善方向。

---

① 两个比重是指全国财政收入占国内生产总值的比重和中央财政收入占全国财政收入的比重。

② 本书参考学术界的一般做法，将财政转移支付划分为三大类。需要说明的是，2014 年新修订的《预算法》将转移支付纳入政府预算管理，在法律上将转移支付划分为一般性转移支付和专项转移支付两大类。

③ 2009 年之前被称为财力性转移支付。

（二）土地出让收入相关制度演变

根据我国《宪法》[①] 和《土地管理法》[②] 规定，城镇土地所有权归属国家所有，并由国务院代表国家行使。在实践中，土地所有权和土地使用权一般是分离管理，国务院下属自然资源主管部门承担着全国范围内土地管理和监督职责，市县一级政府负责土地所有权和使用权登记、征收、补偿、管理和出让等工作，因此地方政府尤其是县级政府能够通过出让国有土地使用权来获取数额庞大的土地出让金。我国土地出让收入相关制度改革大致划分为以下几个阶段：第一阶段是1994年分税制改革以前，由于这一阶段的经济体制改革进展较慢，地方政府的土地出让收入较为有限。1986年全国人大通过的《土地管理法》最早在法律层面建立了国有土地有偿使用制度。1989年国务院发布的《关于加强国有土地使用权有偿出让收入管理的通知》明确规定，土地出让金按照40∶60的比例在中央政府和地方政府之间分成。后续财政部多次出台文件下调上缴中央财政比例，至1992年土地出让收入总额划归中央财政比例仅为5%[③]。这一阶段的土地出让收入具有分成的特点，总体规模较小。第二阶段是1994年分税制改革以后，由于分税制改革的实施，地方政府财政收入来源减少，甚至部分地方政府出现财政困难，为此中央政府出台了新的土地使用权规定，国有土地使用权收入和土地增值税等土地相关税收收入全部划归地方政府所有。在这项改革的初期，土地出让收入规模持续提高，与一般公共预算收入之比也逐年提高，但尚未构成地方政府的主要财政收入来源。1998年新修订的《土地管理法》，明确地方政府是国有土地供应的唯一主体。1998年国务院修订的新版《土地管理法实施条例》，明确指出我国市级政府和县级政府可以采取招标和拍卖等方式依法提供国有建设用地使用权，使得市和县两级地方政府拥有了出让土地的权力。2000年实施住房市场化改革。2002年在全国范围内推行土地招拍挂制度，在规范土地出让方式的基础上，使得地方政府的土地出让收入更加公

---

① 具体内容可见国务院官网，http：//www. gov. cn/guoqing/2018 - 03/22/content_5276318. htm.

② 具体内容可见中国人大官网，http：//www. npc. gov. cn/npc/c30834/201909/d1e6c1a1eec345eba 23796c6e8473347. shtml.

③ 详细内容见《关于国有土地使用权有偿使用征收管理的暂行办法》。

开透明。以上改革措施导致了房价攀升和地价上涨，并使得国有土地成为地方政府最重要的资产。第三阶段是 2007 年以后，土地出让收入开始纳入政府性基金预算，但由于没有明确规定土地出让收入的用途，中央政府对土地出让收入的监督作用依然比较弱。相比一般公共预算收入，纳入政府性基金的土地出让收入在使用方面也较为宽松。这一系列土地管理改革及出台的配套措施确立了地方政府在土地供应中的垄断地位，进而促使地方政府在经济活动中利用土地开展财政竞争，具体方式包括"土地引资""土地财政"和"土地金融"（刘元春和陈金至，2020）。展开而言，土地在地方政府发展经济活动中发挥着重要作用。第一，地方政府会为了招商引资而低价供应工业用地，即"土地引资"；第二，地方政府会为了获得数额庞大的土地出让收入而高价出让商业用地和居住用地，即"土地财政"；第三，地方政府会为了扩大融资平台债务等债务规模而抵押国有土地使用权，即"土地金融"。

（三）融资平台债务相关制度演变

地方政府举债行为受到《预算法》和国务院行政条例的制约，同时也涉及财政制度、金融制度和土地制度的联动。我国地方政府举债行为的制度变迁大致分为三个阶段。第一阶段，融资平台债务摸索阶段。1995 年《预算法》明确规定，地方政府没有权力发行地方债券。1996 年中国人民银行《贷款通则》明令禁止商业银行向地方政府发放贷款。尽管以上制度禁止了地方政府的自主举债行为，但是土地制度和金融政策为地方政府的融资平台债务大开后门（毛捷和徐军伟，2019）。首先，土地管理法在法律层面上允许地方政府通过划拨方式取得城市基础设施用地，使得地方政府能够以国有土地为资产向融资平台公司注入资本。其次，《国务院关于投资体制改革的决定》允许地方政府采用"代建制"与企业合作，公共投资建设基础设施等项目。再次，以《企业债券管理条例》为主的一系列金融政策允许融资平台公司按照相关规定发行城投债。第二阶段，融资平台债务高速增长阶段。在 2008 年金融危机背景下，中央政府出台了一系列财政刺激政策以恢复经济，同时地方政府组建了大量融资平台债务公司。地方政府主要利用财政拨款和国有土地等作为新设立融资平台公司的资产，以此获取大规模城投债，并将之投入基础设施建设中，在促进地区经济增

长的同时也拉高了隐性债务规模。第三阶段，融资平台债务规范阶段。2014 年
国务院出台《关于加强地方政府性债务管理的意见》，主要目的是规范地方政
府不正当的举债行为和明确融资平台公司的职能，并禁止融资平台公司利用国
有土地进行融资。2014 年新修订的《预算法》赋予了地方政府依法依规发行债
务的权力，此后出台了一系列整肃地方政府债务和防范化解系统性风险的文件，
例如 2015 年财政部发布《关于对地方政府债务实行限额管理的实施意见》；
2018 年国务院发布《中共中央 国务院关于防范化解地方政府隐性债务风险的意
见》。随着新预算法正式实施，债务预警系统和债务限额等地方政府债务治理工
具的广泛应用，显性债务[①]得到了有效管控，但以地方融资平台债务为主要代
表的隐性债务[②]仍然存在（向辉和俞乔，2020）。在财权不断上移，而事权不断
下放的体制背景下，地方政府会在财政竞争和政绩考核压力的驱动下借助融资
平台持续举债。

二、理论分析与研究假设

在中国式分权管理体制下，财政分权制度和垂直的政治管理体制分别导致
财政纵向失衡和以政绩考核制度，进而共同导致地方政府间的财政竞争和预算
软约束问题（Alesina et al.，2008；李永友和沈坤荣，2008），并对企业税负产
生影响。在财政竞争方面，地方政府采取税收竞争和财政支出竞争的方式展开
对财政资源和 GDP 增长的竞争，而这两种竞争将对企业税收负担造成不同的影
响。在税收竞争方面，地方政府主要通过竞相降低有效税率或实施税收优惠政
策等途径，以争夺财政资源和经济资源。在财政支出竞争方面，地方政府主要
通过扩大财政支出规模为辖区内居民提供合意的公共服务，进而吸引生产要素
和人员的流入。在预算软约束方面，地方政府会努力争取中央的财政转移支付
以弥补财政收支缺口，并通过增加土地出让收入和融资平台债务等方式增加自
有财力，这三种不同的预算软约束表现形式会影响地方政府税收努力进而影响

---

① 显性债务指的是已经纳入中央政府和地方政府预算的政府债务，典型代表是一般债券和专项债券。
② 隐性债务指的是在法律规定的债务限额之外，地方政府承诺以财政资金偿还或提供信誉担保的
债务，典型代表是融资平台债务。

企业税负。通常而言，这三种预算约束资金面临的约束越软，财政竞争的强度越大。具体而言，预算软约束表现形式主要包括三个方面的内容：一是中央财政转移支付。由于我国财政转移支付缺乏有效的管理机制，转移支付总规模的确定和资金分配具有较大随意性，地方政府会利用信息不对称或者采取"跑部钱进"策略，以获取更多的转移支付资金，因此现实中地方政府转移支付的预算约束相对软化。中央对地方转移支付分地区决算表[①]显示，绝大部分省份年度转移支付决算数大于预算数，这进一步印证了转移支付具有预算软约束的特征。二是预算外收入。预算外收入已成为地方政府公共支出的重要来源，其中最具代表性的是土地出让收入，地方政府追求自身利益最大化的"利维坦"特性会对预算外收入的使用情况产生扭曲作用，进而导致预算外收入难以受到制度约束。三是地方政府融资平台债务。地方政府组建投融资平台，并通过发行企业债、中期票据等融资工具为公共投资项目筹资。一方面，地方政府采取税收竞争和财政支出竞争手段争夺财政资源和经济资源；另一方面，地方政府会积极扩大预算软约束资金规模，从而弥补财政分权体制产生的"天然型财力缺口"和财政竞争产生的"竞争型财力缺口"。改革开放以来的经验证明，地方政府财政竞争和预算软约束为推动地区经济发展发挥了积极作用。然而，随着国内外经济形势日益复杂严峻、地方财政压力日益突出，地方政府突破预算框架参与过度财政竞争，并对预算软约束的依赖性日益增强，两者及其交互作用对企业税负产生了复杂影响。因此，在研究地方政府行为对企业税负的影响时，既要考虑财政竞争和不同预算软约束表现形式的作用，也要考虑财政竞争和预算软约束之间交互作用的影响。本章基于以下理论分析框架（见图 3-1），提出理论假设。

（一）财政竞争与企业税负

地方政府为增强本辖区经济实力、提高辖区内的经济福利，会采取不同的竞争策略和财税政策选择，以吸引财政资源流入本辖区。税收竞争和财政支出竞争这两种不同的竞争策略对企业税收负担的影响存在明显差异。当地方政府拥有较大财政收入自主权时，通常采取低税负的税收竞争策略来"招商引资"，

---

① 财政部预算司官网，http：//www.yss.mof.gov.cn/caizhengshuju/.

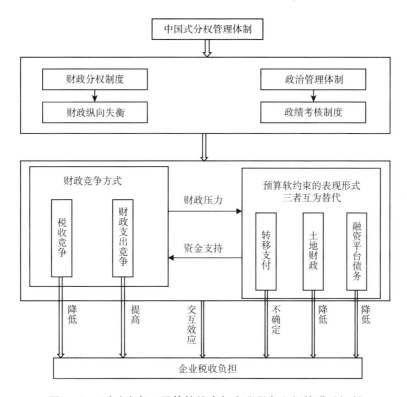

图 3 - 1　财政竞争、预算软约束与企业税负之间的联系机制

这必然带来企业税负下降。当地方政府拥有较大的财政支出自主权时，通常选择高支出的财政支出竞争策略以刺激经济增长，这迫使地方政府不得不增加税收收入为支出筹资，进而导致辖区内企业税负上升（贾俊雪和应世为，2016）。需要特别说明的是，尽管地方政府不能更改名义税率进而改变企业的名义税负，但是地方政府能够通过各种途径调整税收努力以改变企业的实际税负（吕冰洋等，2016），因此，调整税收努力程度经常成为地方政府进行税收竞争和财政支出竞争的重要手段。基于此，提出假设3.1。

假设3.1：地方政府间税收竞争会降低企业税负，而财政支出竞争会提高企业税负。

（二）预算软约束与企业税负

1. 转移支付与企业税负。作为调节财政纵向失衡的重要手段，转移支付一般通过影响税收努力进而影响企业税负。一方面，转移支付对税收努力具有税收替代效应。作为地方政府财力的重要补充，转移支付与地方本级税收收入具有一定的替代关系，转移支付收入的增加会减少地方政府税收努力程度（付文林和赵永辉，2016），进而导致辖区企业税负降低。另一方面，转移支付对税收努力存在激励作用。不同于总量性质转移支付和均等性质转移支付，配套性转移支付一般要求地方政府提供配套资金，以完成上级政府制定的政策目标，这将激励地方政府通过提高税收努力的方式筹集财政收入以补充公共支出项目上的财力（胡祖铨等，2013），进而导致辖区企业税负上升。另外，上级转移支付对地方财政开支具有一定激励效应，转移支付在增加地方财力的同时会激发地方政府提高地方公共服务供给的规模和质量的积极性，从而激励地方政府为了筹集更多财政资金而提升税收努力程度。由于转移支付对税收努力具有正反两个方向的作用，转移支付对企业税负的影响具有不确定性。

2. 土地财政、融资平台债务与企业税负。在预算内收入难以满足支出需求的现实制约下，地方政府会主动寻求以土地出让收入为主的预算外收入和以融资平台债务为主的制度外收入，这些收入有效缓解了地方政府财政收入不足的窘境，并为城市建设和政府投资带来了充裕的资金。与税收收入相比，土地出让收入具有边际成本较低和自由裁量权较高的优势，随着土地财政收入增加，地方政府会因此主动降低税收努力程度，进而导致企业税负下降。融资平台债务主要用于公共部门的投资性支出，在未来能够产生预期收入以偿还债务本息，同时能够起到推动产业结构优化升级、助推经济高质量发展的作用，进一步形成高质量税源，这将弥补地方政府的当期举债，并对税收收入起到替代作用，进而促使企业税负下降。值得注意的是，土地财政面临土地资源有限性的现实约束，融资平台债务迅速扩张导致地方政府面临巨大的偿债风险和还债压力，地方政府将税收收入压力转嫁给预算外和制度外收入的方式可能难以为继，上述问题也将对地方财政可持续性造成巨大冲击。基于此，提出研究假设 3.2。

假设 3.2：转移支付对企业税负的影响具有不确定性，土地财政和融资平台债务能够降低企业税负。

（三）财政竞争与预算软约束的交互效应

1. 不同财政竞争方式与转移支付对企业税负的交互效应。不同财政竞争方式对企业税负的影响会受到转移支付的影响。转移支付能够在一定程度缓解地方政府的财政压力，并减弱地方政府财政收入对本辖区经济状况的依赖，进而减弱了地方政府对经济资源和财政资源的竞争（Liu，2014；范子英，2015）。中国转移支付同时存在融资效应和分配效应，融资效应显著弱化地方政府的税收竞争，而分配效应显著弱化地方政府的财政支出竞争（李永友，2015）。就税收竞争而言，转移支付融资机制不仅产生资本流动的外部性，同时在平衡预算约束效应和共同池效应下产生财政收入跨区域流动的外部性，这两类外部性使得转移支付对税收竞争形成较强的替代效应，并降低了地方政府采取税收竞争方式吸引资本的内在激励（李永友，2015），最终表现为转移支付对税收竞争的弱化作用。相关研究也表明，转移支付中占主要比重的一般性转移支付在抑制地方发展经济积极性的同时会降低税收竞争强度（Liu，2014）。就财政支出竞争而言，由于转移支付分配机制具有收入效应，转移支付成为中央政府弱化地方政府财政支出竞争的重要手段（李永友，2015）。分类探讨一般性转移支付、专项转移支付和税收返还对财政支出竞争行为的影响，则会发现三者存在显著差异。由于税收返还的资金分配与地方政府财力正相关，这进一步强化了地方政府追求经济增长的动机，并强化了财政支出竞争。致力于财力均等化的一般性转移支付在资金分配上一般和财力负相关，这在一定程度上弱化了经济增长积极性，进而弱化了财政支出竞争。专项转移支付最大的特征在于规定了具体用途，这限制了地方政府的支出自主权，进而弱化了地方政府的财政支出竞争。由于一般性转移支付和专项转移支付在中央转移支付中所占比重较大，转移支付总体上对财政支出竞争起到弱化作用（贾俊雪等，2010）。随着地方政府面临的财政压力进一步加剧，地方政府会积极争取中央财政转移支付资金，这又进一步弱化了财政竞争行为。

2. 不同财政竞争方式与土地出让收入、融资平台债务对企业税负的交互效应。财政竞争对企业税负的影响会受到土地出让收入和融资平台债务的影响。作为预算外和制度外融资手段，土地出让收入和融资平台债务有效补充了地方政府的财力，也使得地方政府的财政收支行为拓展到了预算管理之外。土地出让收入和融资平台债务具有不规范和无约束性的特点，相比一般公共预算收入更容易激化地方政府的投资冲动，进而导致地方政府展开过度的财政竞争。就土地出让收入而言，一方面，地方政府可能会采取高价出让住宅用地和商业用地的方式来保障地方财力，这一预算软约束行为将促使土地出让收入过快增长，并进一步强化地方政府的税收竞争和财政支出竞争行为；另一方面，地方政府可能会采取低价出让工业用地的手段招商引资，这相当于变相给予企业财政补贴，是一种隐性的财政支出，从而强化了地方财政支出竞争行为。

就融资平台债务而言，地方政府降低税率进行税收竞争和提高公共支出进行财政支出竞争，往往会导致税收不足和财政支出超出最优水平，融资平台债务使得地方政府能够在不增税甚至减税的情况下筹措更多资金以满足不断扩张的资金需求，这激化了地方政府的税收竞争和财政支出竞争行为。随着地方政府财政压力加大，地方政府对土地出让收入和融资平台债务的依赖性会显著增加，从而进一步增大地方政府间的财政竞争强度。基于此，提出研究假设3.3。

假设3.3：财政竞争与不同形式的预算软约束之间会产生显著的交互效应。转移支付会弱化地方政府税收竞争和财政支出竞争，进而减弱税收竞争和财政支出竞争对企业税负的影响。土地出让收入和融资平台债务均会强化地方政府税收竞争和财政支出竞争，进而增强税收竞争和财政支出竞争对企业税负的影响。

（四）财政竞争、预算软约束对企业税负影响的异质性

由于不同地区的经济发展水平、财政状况等存在较大差异，且不同地区也面临着不同的财政压力，财政竞争、预算软约束及两者之间的交互效应对企业税负的影响存在地区异质性。一般而言，东部地区省份经济较发达、财力状况较好，拥有良好的市场经济环境、规模较大的企业和充足的税源，具有更强的动力增大财政支出规模以争夺流动性资本来发展本地经济（王文剑等，2007），并且适度增加税收努力不会对企业再投资等扩张性生产行为产生显著抑制作用（储德银等，2019）。与之相反，中西部地区经济发展程度较低、财力基础较为薄弱，并且享受更多的税收优惠政策，因而中西部地区更倾向于降低税收努力以进行税收竞争（肖叶和刘小兵，2018）。可以看出，不同地区会采取差异化的财政竞争策略，东部地区倾向于选择财政支出竞争手段，中西部地区倾向于选择税收竞争手段（李永友和沈坤荣，2008）。在预算软约束对企业税负作用方面，相对中西部地区，财力状况较好的东部地区对转移支付的依赖程度更低（杜彤伟等，2020），更有能力通过提高税收努力的方式筹集更多的财政配套资金以达到配套性转移支付的要求，这使得转移支付对税收努力的税收替代效应比激励效应更弱，从而导致东部地区税收努力和企业税负上升；更为严格的财政预算和监督制度则有效地引导和规范了东部地区的土地出让行为，进而降低了其对土地财政的依赖程度；由于在经济发展水平、产业结构、财政状况、房地产发展状况等方面占有优势，东部地区具有较高的债务耐受性（毛捷和黄春元，2018），并且形成了较为发达和规范的金融市场，融资平台债务对东部地区产生的财政压力相对较小，能够对税收收入起到替代作用进而有效降低企业税负。基于此，提出研究假设 3.4。

假设 3.4：财政竞争、预算软约束以及两者之间的交互作用对企业税负的影响可能存在地区异质性。相对中西部地区，东部地区税收竞争降低企业税负的作用相对较弱，而财政支出竞争提升企业税负的作用更为明显；转移支付降低企业税负的作用相对较弱，土地出让收入降低企业税负的作用相对较弱，而融资平台债务降低企业税负的作用更为显著。

就企业产权性质而言，国有企业的实际控制人是政府，其生产经营行为会受到政府影响。在税收竞争方面，由于地方政府更加关心国有企业经营状况和盈利能力，且国有企业为当地提供大量就业岗位，为当地经济发展和社会稳定作出重要贡献。因此在经济下行期，地方政府会通过降低税收征管力度的方式减轻国有企业税负，以保证国有企业长期稳定经营，而对民营企业和外资企业的这种激励动机较小（陈冬等，2016），最终表现为，税收竞争降低国有企业税负的作用更为明显。在财政支出竞争方面，国有企业承担起支持地方政府财政支出行为和协助地方政府完成税收征管目标的职能，因而地方政府可能会将财政支出压力传导给国有企业，进而导致国有企业税负较高。最终表现为，财政支出竞争提升国有企业税负的作用更为明显。在预算软约束对企业税负作用方面，由于预算软约束的三种表现形式（转移支付、土地出让收入和融资平台债务）是地方政府除税收收入外筹措财政资金的重要渠道，其筹资方式不会干扰地方政府对不同产权性质企业的征税行为，因而对企业税负的作用不存在产权异质性。基于此，提出研究假设3.5。

假设3.5：财政竞争和预算软约束对企业税负的影响可能存在产权异质性。相对民营企业和外资企业来说，税收竞争降低企业税负的作用在国有企业中表现更为明显，财政支出竞争提升企业税负的作用在国有企业中表现得更为明显。预算软约束对企业税负的影响不存在产权异质性。

由于不同行业在发展前景、贡献税收规模、提供就业岗位等方面具有明显差异，进而带来不同行业企业享受地方政府财政、税收、土地和融资等政策扶持的差异。相比于一般企业，高新技术企业创新投入和产出更大，对资金和人才等生产要素的需求也相应更多，因此更为依赖所在地区的公共服务和优惠政策。与此同时，无论是经济发展产生的财政激励，还是圆满完成政绩考核产生的政治晋升激励，都会提高地方政府大力发展高新技术企业的积极性。具体而言，一方面，高新技术企业能够为地方政府带来丰厚且稳定的税收收入，提供高端的就业岗位，吸引产业链上下游企业的进入；另一方面，大力发展高新技术企业响应了中央政府独立自主发展关键行业以突破国外技术封锁的号召，同时也促进了地区经济发展。因此，地方政府通常会通过税收竞争和财政支出竞争的方式，给予高新技术企业以税收、财政等方面的优惠和支持。在税收竞争方面，地方政府会采取降低税收努力和实施税收优惠的方式降低高新技术企业实际税收负担，从而促进高新技术企业的研发创新活动。在税收征管实践中，对于高新技术企业，地方政府往往会在15%的企业所得税税率的基础上给予其他税收优惠措施。无论是在研发费用加计扣除上，还是在固定资产加速折旧上，高新技术企业均能够更早享受到倾斜性的税收政策照顾。在财政支出竞争方面，地方政府会持续性扩大公共产品和服务供给，营造良好的科技创新氛围。相比于其他行业，高新技术企业享受到的政策扶持力度都是最大的，无论是用于促进研发投入的科技性财政支出，还是用于奖励科技创新的财政补贴。出于对高新技术企业的特殊照顾，地方政府间财政支出竞争提高企业税负的作用在高新技术企业上往往也是更弱的。以上分析表明，高新技术企业是地方政府间财政竞争致力于吸引的理想企业，因此在政策扶持和资源配套上具有比较优势。基于此，提出研究假设3.6。

假设 3.6：财政竞争和预算软约束对企业税负的影响可能存在行业异质性。相对非高新技术企业来说，税收竞争降低企业税负的作用在高新技术企业中表现得更为明显，而财政支出竞争提升企业税负的作用在高新技术企业中表现较弱。

三、样本选择和数据来源

考虑到数据可得性、统计口径变化和政策调整①，选取 2009～2018 年 30 个省份（不包括西藏和港澳台地区）和沪深主板上市公司的面板数据实证检验财政竞争和预算软约束对企业税负的影响。拟使用两个层面的数据：一是企业微观数据；二是省级层面数据。

企业微观数据主要来源于 CSMAR 数据库和 WIND 数据库，部分数据手工整理自上市公司财务年报。以 2009～2018 年沪深主板上市公司的数据为样本，主板上市公司大都为行业或者地区的龙头企业，财务信息公开透明，能够很好地反映各地区企业财务状况和实际税收负担。为减少原始数据中异常值的影响，借鉴企业税负相关研究成熟做法，对上市公司数据进行如下处理：（1）剔除实际缴纳企业所得税、利润总额、所得税费用有缺失的公司；（2）剔除所有者权益、实际缴纳企业所得税、利润总额、所得税费用和企业总体税负为负的公司；（3）剔除以前年度发生亏损，在本年尚未弥补完亏损的公司；（4）剔除计算得到的企业所得税税负、企业总体税负大于100%的公司；（5）剔除 ST 和 *ST 的上市公司。最终剩余 11980 个观测值。为消除样本离群值的影响，对所有连续变量进行了 1% 和 99% 分位数上的缩尾处理。

省级层面数据主要涉及财政支出竞争、税收竞争、转移支付、土地财政、融资平台债务和地方经济发展水平指标。税收相关指标来源于《中国税务年鉴》和各省税务统计年鉴，财政相关指标来源于《中国财政年鉴》和各省财政统计年鉴，部分手工整理自各省财政厅官网。土地出让收入数据来源于《中国国土资源年鉴》和中国土地市场网。融资平台债务主要包括银行贷款和城投债，由于银行贷款数据不可得，选择城投债代替，城投债数据来源于 Wind 数据库，

---

① 2007 年以后，财政部在编制预决算报表时，更换了新的统计口径。

并经过整理汇总到省级层面。在样本筛选时，由于西藏政治经济地位较为特殊且上市公司数量较少，故删除了西藏自治区的数据。

四、模型设定和变量说明

（一）计量模型

借鉴以往研究（吕冰洋等，2016；王小龙和余龙，2018；杜彤伟等，2020），为检验财政竞争、预算软约束对企业税负的影响，设定基准模型如式（3－1）所示：

$$ETR_{pit} = \alpha + \beta COMP_{pt} + \gamma SOFT_{pt} + \theta X_{it} + \mu_i + \eta_t + \varepsilon_{it} \qquad (3-1)$$

其中，被解释变量 ETR_{pit} 为省份 p 区域内上市公司 i 第 t 年的企业所得税税负；α 为截距项；核心解释变量 $COMP_{pt}$ 为省份 p 第 t 年的财政竞争指标，在实证回归中将同时考查财政支出竞争（$Expc$）和税收竞争（$Taxc$）的作用；$SOFT_{pt}$ 为省份 p 第 t 年的预算软约束指标；X_{it} 为一系列控制变量，包括公司层面控制变量和省级层面控制变量；μ_i 为公司个体固定效应，用于控制个体不随时间变化特征的影响；η_t 为年份固定效应，用于控制与时间相关的政策变化的影响；ε_{it} 为随机扰动项。

由于被解释变量为企业层面变量，核心解释变量为省级层面宏观变量，控制变量包含企业层面变量和省级层面变量，同一省份内企业的随机扰动项可能存在相关性，为避免待估系数标准误出现严重低估，后续回归将标准误聚类到省级层面。

为了考察财政竞争与预算软约束的交互效应，进一步设定模型如式（3－2）所示：

$$ETR_{pit} = \alpha + \beta COMP_{pt} + \gamma SOFT_{pt} + \omega COMP_{pt} \times SOFT_{pt} + \theta X_{it} + \mu_i + \eta_t + \varepsilon_{it}$$

$$(3-2)$$

为检验财政竞争、预算软约束以及两者之间的交互作用对企业税负的影响是否存在地区异质性，引入地区哑变量 R 与主要解释变量的交互项，构建模型如式（3－3）所示：

$$ETR_{pit} = \alpha + \beta COMP_{pt} + \gamma SOFT_{pt} + \omega COMP_{pt} \times SOFT_{pt} + \beta_1 COMP_{pt} \times R$$
$$+ \gamma_1 SOFT_{pt} \times R + \omega_1 COMP_{pt} \times SOFT_{pt} \times R + \theta X_{it} + \mu_i + \eta_t + \varepsilon_{it}$$

$$(3-3)$$

其中，地区哑变量的具体设置方式为将全国划分为东部、中部和西部地区。对于东部地区的省份，由于其经济发展水平较高且财政收入较为充裕，赋值 R 为 1；对于中部和西部地区的省份，由于其经济发展水平较低且财政状况一般较差，赋值 R 为 0。

此外，为检验财政竞争、预算软约束以及两者之间的交互作用对企业税负的影响是否存在产权性质异质性，引入企业产权性质哑变量 S 与主要解释变量的交互项，构建模型如式（3-4）所示：

$$ETR_{pit} = \alpha + \beta COMP_{pt} + \gamma SOFT_{pt} + \omega COMP_{pt} \times SOFT_{pt} + \beta_1 COMP_{pt} \times S$$
$$+ \gamma_1 SOFT_{pt} \times S + \omega_1 COMP_{pt} \times SOFT_{pt} \times S + \theta X_{it} + \mu_i + \eta_t + \varepsilon_{it}$$

$$(3-4)$$

其中，产权性质哑变量的具体设置方式按照产权性质将上市公司划分为国有企业、外资企业和民营企业。对于国有企业，由于其生产经营受到地方政府影响较大，赋值 S 为 1；对于外资企业和民营企业，由于其生产经营受到地方政府影响较小，赋值 S 为 0。

（二）变量定义

根据研究目的，并借鉴以往研究（李明等，2016；陈晓光，2016），被解释变量企业税负选取企业所得税税负为衡量指标。企业主要缴纳企业所得税和增值税，这两个税种也是地方政府税收收入的主要来源。增值税的征收建立在发票连环抵扣的基础上，其"征"与"不征"的界限较为明确，因此税收征管的宽严程度对企业增值税税负的影响相对有限。而企业所得税的税基往往以企业利润为基础，涉及各项收入和成本费用的确认，相对复杂，同时企业所得税的税收优惠规定众多，这导致企业所得税存在较多相对模糊之处，具有较大的操作空间，从而税收征管严格与否会对其造成较大影响。本章旨在研究财政竞争、预算软约束对企业税负的影响，故选取企业所得税税负作为企业税负的衡量指标较为合适。

核心解释变量为财政竞争（Comp），地方政府间的财政竞争包括税收竞争（Taxc）和财政支出竞争（Expc）两种方式。税收竞争用地方税收除以当地GDP作为税收竞争的计算依据。为方便解读实证结果，对税收竞争指标进行取负数处理，此时指标数值越大，说明地方政府间税收竞争程度越高。财政支出竞争用地方一般公共预算支出除以当地GDP作为财政支出竞争的计算依据。财政支出竞争指标越大，说明地方政府利用财政支出手段参与财政竞争的程度越高（贾俊雪等，2010；唐飞鹏，2016）。同时，核心解释变量还有预算软约束（Soft），后文也会考察预算软约束在财政竞争和企业税负之间的调节作用。预算软约束包括转移支付（Tra）、土地财政（Ltf）和融资平台债务（Ctz），分别是地方政府预算软约束在预算内、预算外和制度外的三种具体表现。借鉴储德银和费冒盛（2021）的做法，分别以人均转移支付、人均土地出让收入和人均城投债发行额来衡量转移支付、土地财政和融资平台债务规模。

在参考陈德球等（2016）、刘行和叶康涛（2013）、王小龙和余龙（2018）的基础上，引入企业层面控制变量和省级层面控制变量。企业层面控制变量包括资产规模、企业年龄、资产收益率、固定资产密集度、资产负债率、雇佣人数和资产周转率，省级层面控制变量包括人均GDP、财政自主率、第二产业增加值比重。在企业层面控制变量中，资产规模（lnasse）以企业资产总额的对数度量，代表企业的资产规模；企业年龄（Age）以样本年度减去企业开业时间度量，代表企业经营时间；资产收益率（Prr）以净利润与平均资产总额的比值度量，代表企业的盈利能力；固定资产密集度（PPE）以固定资产净值与资产总额的比值度量，一般固定资产密集度越高，税前扣除的折旧越多，则企业所得税税负越低；资产负债率（Lev）以负债总额与资产总额的比值度量，代表企业的资本结构或偿债能力；雇佣人数（Lemply）以雇佣人数的对数度量，代表企业的雇佣人数；总资产周转率（TAT）以营业收入与平均资产总额的比值度量，代表企业的营运能力。在省级层面控制变量中，人均GDP以滞后一期的人均地区生产总值取对数来衡量，代表所在省份经济发展水平对企业税负的影响；财政自主率以一般公共预算收入与一般公共预算支出的比值度量，刻画了地方政府自主筹集财政收入的能力；第二产业增加值比重以第二产业增加值与GDP的比值来度量，代表了所在省份工业发展水平。对模型中除比例变量之外的所有水平变量均做了自然对数处理，以增进数据的平稳性并缓解异方差，所有变量定义及说明如表3-1所示。

表3-1   变量定义及说明

变量类型	变量符号	变量名称	计算方法和说明
企业税负变量	ETR	企业所得税税负	实际缴纳的企业所得税/利润总额
稳健性检验因变量	ETR1	企业总体税负	（支付的各项税费 - 收到的税费返还）/营业收入
财政竞争变量	Taxc	税收竞争	税收收入/GDP（取负数）
	Expc	财政支出竞争	一般公共预算支出/GDP
稳健性检验自变量	Taxc1	税收竞争	（全国税收/全国GDP）/（本省税收收入/本省GDP）
	Expc1	财政支出竞争	（本省财政支出/本省GDP）/（全国财政支出/全国GDP）
预算软约束变量	Tra	人均转移支付	中央补助收入/年末常住人口
	Ltf	人均土地出让收入	土地出让收入/年末常住人口
	Ctz	人均融资平台债务	城投债发行额/年末常住人口
稳健性检验自变量	Tra1	转移支付比率	转移支付/地方财政收入
	Ltf1	土地出让收入	土地出让收入/地方财政收入
	Ctz1	融资平台债务	城投债发行额/地方财政收入
企业控制变量	lnasse	资产规模	Ln（年末资产总额）
	Age	企业年龄	样本年度 - 企业开业时间
	Prr	资产收益率	净利润/平均资产总额 其中，平均资产总额 =（资产期初余额 + 资产期末余额）/2
	PPE	固定资产密集度	固定资产净值/资产总额
	Lev	资产负债率	负债总额/资产总额
	Lemply	雇佣人数	Ln（雇佣人数）
	TAT	总资产周转率	营业收入/平均资产总额
省级控制变量	PerGDP	人均GDP	Ln（滞后一期的人均地区生产总值）
	Fzz	财政自主权	一般公共预算收入/一般公共预算支出
	Sec	第二产业增加值比重	第二产业增加值/GDP

第二节 财政竞争和预算软约束影响
企业税负的实证分析

一、描述性统计

主要变量的描述性统计结果如表 3 - 2 所示。从描述性统计结果来看，企业所得税税负的均值为 11.5%，与企业所得税名义税率 25% 存在明显差异。在企业所得税实际征收过程中，地方政府为了吸引资本、促进地方经济发展，往往给予企业税收优惠或降低税收征管强度，从而使地方政府对企业所得税的征管相对来说弹性更大，最终表现为企业所得税实际税负低于企业所得税名义税率[①]。企业所得税税负的最大值为 74%[②]，最小值为 0，标准差为 0.136，上市公司的企业所得税税负存在较大差异。企业所得税税负差异主要存在于不同行业、不同地区和不同产权性质的上市公司之间。

表 3 - 2　　　　　　　　　　变量的描述性统计结果

变量符号	数量	均值	标准差	最大值	最小值
ETR	11980	0.115	0.136	0.740	0
ETR1	11980	0.098	0.126	0.542	0
Taxc	300	− 0.098	0.038	− 0.045	− 0.181
Expc	300	0.205	0.072	0.450	0.110
Taxc1	300	0.679	0.406	1.745	0.413
Expc1	300	1.332	0.324	2.873	0.654

[①] 尽管 2018 年国地税改革后，企业所得税主要由地方税务局征管转变为由国家税务局征管，但这并不表明地方政府对企业所得税征管不存在干预。根据《深化党和国家机构改革方案》，国地税合并后地方上的税务局要接受地方政府与国家税务总局的双重领导，这意味着税收征管活动在改革后依然部分受到地方政府的干预。

[②] 企业所得税税基是应纳税所得额，应在会计利润的基础上，按照适用税收法规的规定进行调整而得。若直接除以企业利润总额则会高估企业所得税税负，出现计算结果高于法定税率的情况，尤其近年来经济下行、企业利润下降更易产生高估。

变量符号	数量	均值	标准差	最大值	最小值
Tra	300	0.309	0.200	1.867	0.001
Ltf	300	0.359	0.274	1.252	0.018
Ctz	300	0.133	0.149	0.807	0
*Tra*1	300	1.324	0.873	5.302	0.085
*Ltf*1	300	0.470	0.236	1.395	0.040
*Ctz*1	300	0.176	0.169	1.448	0
lnasse	11980	22.760	1.623	28.450	17.880
Age	11980	16.197	5.423	60	0
Prr	11980	0.036	0.052	0.203	-0.154
PPE	11980	0.326	0.189	0.982	0
Lev	11980	0.515	0.208	0.944	0.084
Lemply	11980	8.024	1.486	11.770	4.174
TAT	11980	4.136	3.791	18.394	0.360
PerGDP	300	10.93	0.533	11.940	9.289
Fzz	300	0.639	0.202	0.940	0.148
Sec	300	0.430	0.096	0.590	0.186

二、基础回归结果与分析

（一）基准回归分析

表3-3报告了财政竞争和三种预算软约束表现形式分别对企业税负影响的回归结果。由表中第（1）列至第（3）列的估计结果可知，税收竞争变量的系数均显著为负，财政支出竞争变量的系数均显著为正，证实了前文提出的核心理论假设：在现行财政分权体制下，地方政府主要采取税收竞争和财政支出竞争的方式以吸引财政资源和经济资源进入本辖区。地方政府会采用低税负竞争策略进行税收竞争，主动增大企业税收激励以吸引资本和企业进入，最终导致企业税负下降。而财政支出竞争会加剧地方政府的财政压力，从而迫使地方政府提高税收努力和税收征管强度为增加的财政支出筹措资金，最终表现为企业税负的上升。

表 3 - 3　　　　　　　　财政竞争、预算软约束对企业税负影响的基础回归

变量	(1)	(2)	(3)
	ETR	ETR	ETR
Taxc	-0.315*** (0.017)	-0.171*** (0.064)	-0.306*** (0.026)
Expc	0.159*** (0.041)	0.156*** (0.052)	0.167*** (0.048)
Tra	0.262 (0.098)		
Ltf		-0.132** (0.067)	
Ctz			-0.242** (0.109)
lnasse	0.018*** (0.005)	0.015*** (0.006)	0.018*** (0.005)
Age	0.075*** (0.023)	0.078** (0.032)	0.068** (0.034)
Prr	0.243*** (0.026)	0.202*** (0.030)	0.243*** (0.026)
PPE	-0.001 (0.001)	-0.002* (0.001)	-0.001 (0.001)
Lev	0.067*** (0.016)	0.066*** (0.017)	0.067*** (0.016)
Lemply	0.001 (0.004)	0.001 (0.004)	0.001 (0.004)
TAT	0.673** (0.332)	0.660* (0.362)	0.692** (0.292)
PerGDP	-0.083** (0.036)	-0.091** (0.036)	-0.081** (0.033)
Fzz	0.063 (0.066)	0.085 (0.063)	0.072 (0.060)
Sec	0.183** (0.087)	0.162* (0.093)	0.183** (0.086)

续表

变量	（1）	（2）	（3）
	ETR	ETR	ETR
常数项	0.714 （0.551）	0.734 （0.631）	0.612 （0.635）
企业固定效应	是	是	是
年份固定效应	是	是	是
N	11980	11980	11980
$Adj-R^2$	0.420	0.431	0.420

注：括号内数值为稳健标准误，所有标准误均聚类（Cluster）到省级层面；＊、＊＊、＊＊＊分别表示在10%、5%、1%水平上显著。

回归结果还显示，税收竞争变量的影响力度和显著性明显大于财政支出竞争。原因在于，财政分权不仅导致了财权不断向中央集中，也使现实经济中的预算约束不断被打破。当地方政府利用税收为财政支出筹资的压力不断增大时，地方政府会广泛利用以土地出让金为主的预算外手段和以融资平台债务为主的制度外手段为财政支出筹资，且普遍存在借助财政转移支付等公共池渠道进行支出成本转嫁的行为，这在一定程度上缓解了地方政府间财政支出竞争提升企业税负的作用。

另外，表中第（1）列至第（3）列的估计结果还分别显示，转移支付的回归系数并不显著为正，土地出让收入和城投债发行额的回归系数均显著为负。说明转移支付对企业税负的影响具有不确定性，而土地出让收入和融资平台债务能够显著降低企业税负，实证结果与理论分析是一致的。按照理论分析，转移支付对企业税负可能同时存在正负两个方向的作用，因此转移支付对企业税负的影响不确定。而土地出让收入和融资平台债务分别在预算外和制度外为地方政府开拓了充足财力资源，减轻了地方政府对税收收入的依赖，进而降低了地方政府的税收努力，最终导致企业税负显著下降。表中第（1）列至第（3）列的估计结果为研究假设3.1和假设3.2提供了证据。

（二）交互效应

财政竞争与不同预算软约束的表现形式之间会互相影响，进而影响企业税负。故本节在基准回归分析的基础上进一步引入财政竞争与不同预算软约束表现形式的交互项，考察它们的交互效应。估计结果如表3－4所示。结合表3－3基础回归结果分析，第（1）列和第（4）列的估计结果显示，转移支付与税收竞争交互项的系数显著为正，与支出竞争交互项的系数在10%水平上显著为负，说明转移支付会弱化财政竞争对企业税负的影响；第（2）列和第（5）列的估计结果显示，土地财政与税收竞争交互项的系数显著为负，与支出竞争交互项的系数在5%水平上显著为正，说明土地财政会强化财政竞争对企业税负的影响；第（3）列和第（6）列的估计结果显示，融资平台债务与税收竞争交互项的系数在5%水平上显著为负，与支出竞争交互项的系数显著为正，说明融资平台债务会强化财政竞争对企业税负的影响。上述结果充分表明，不同财政竞争方式与不同预算软约束表现形式之间的相互作用对企业税负的影响存在差异，这与理论分析和研究假设3.3一致。

表3－4　　　　　　　财政竞争、预算软约束对企业税负交互效应

变量	(1)	(2)	(3)	(4)	(5)	(6)
	ETR	ETR	ETR	ETR	ETR	ETR
Comp	Taxc	Taxc	Taxc	Expc	Expc	Expc
Soft	Tra	Ltf	Ctz	Tra	Ltf	Ctz
Comp	－0.606* (0.335)	－0.554* (0.298)	－0.565** (0.287)	0.322** (0.149)	0.136 (0.138)	0.246** (0.124)
Soft	－0.143** (0.061)	－0.498** (0.248)	－0.582** (0.288)	－0.817* (0.435)	－0.280 (0.251)	－0.522* (0.297)
Comp×Soft	0.369*** (0.124)	－0.817*** (0.124)	－0.484** (0.239)	－0.408* (0.239)	0.419** (0.183)	0.300*** (0.077)
lnasse	0.019*** (0.006)	0.017*** (0.005)	0.018*** (0.006)	0.021*** (0.007)	0.022*** (0.006)	0.020*** (0.006)
Age	0.135*** (0.033)	0.178** (0.031)	0.138** (0.034)	0.151*** (0.052)	0.157** (0.050)	0.158** (0.054)
Prr	0.219*** (0.046)	0.212*** (0.040)	0.213*** (0.046)	0.204*** (0.062)	0.207*** (0.061)	0.212*** (0.052)
PPE	－0.012 (0.009)	－0.014 (0.009)	－0.014* (0.008)	－0.011 (0.007)	－0.017* (0.009)	－0.013 (0.007)

续表

变量	（1）	（2）	（3）	（4）	（5）	（6）
	ETR	*ETR*	*ETR*	*ETR*	*ETR*	*ETR*
Lev	0.056 ***	0.056 ***	0.057 ***	0.063 ***	0.061 ***	0.063 ***
	（0.014）	（0.014）	（0.013）	（0.018）	（0.019）	（0.018）
Lemply	0.011	0.012	0.011	0.009	0.010	0.009
	（0.007）	（0.007）	（0.007）	（0.006）	（0.007）	（0.007）
TAT	0.487 **	0.461 **	0.459 **	0.631 **	0.640 *	0.651 **
	（0.212）	（0.232）	（0.231）	（0.312）	（0.315）	（0.323）
PerGDP	− 0.078 **	− 0.071 **	− 0.072 **	− 0.069 **	− 0.063 **	− 0.065 **
	（0.031）	（0.032）	（0.032）	（0.031）	（0.030）	（0.029）
Fzz	0.079	0.078	0.079	0.074	0.079	0.081
	（0.058）	（0.057）	（0.057）	（0.059）	（0.056）	（0.060）
Sec	0.213 **	0.216 **	0.213 **	0.179 **	0.165 **	0.168 **
	（0.094）	（0.092）	（0.093）	（0.079）	（0.075）	（0.081）
常数项	0.824 *	0.834 *	0.812 *	0.921 **	0.934 **	0.912 **
	（0.451）	（0.431）	（0.435）	（0.452）	（0.441）	（0.413）
企业固定效应	是	是	是	是	是	是
年份固定效应	是	是	是	是	是	是
N	11980	11980	11980	11980	11980	11980
$Adj - R^2$	0.018	0.017	0.018	0.018	0.017	0.018

注：括号内数值为稳健标准误，所有标准误均聚类（Cluster）到省级层面；*、**、***分别表示在10%、5%、1%水平上显著。

三、稳健性检验

为对前文结论进行稳健性检验，接下来更换因变量和自变量度量方式，以及使用工具变量法来开展辅助验证。

（一）更换因变量的衡量方式

为进一步验证结论的稳健性，借鉴刘骏和刘峰（2014）的做法，综合考虑各个税种以计算企业总体税负，衡量方式为：（支付的各项税费 − 收到的税费返还)/营业收入。从表 3 -5 稳健性检验的结果来看，财政竞争和三类预算软约束方式的系数符号及其显著性未发生明显改变，税收竞争能够有效降低企业税负，财政支出竞争会显著提高企业税负，转移支付对企业税负的影响不显著，土地财政和融资平台债务能够降低企业税负，充分说明我们前述基准回归的结论是稳健的。

表 3 -5　　　　　　　　　基础回归稳健性检验：替换因变量衡量方式

变量	(1)	(2)	(3)
	ETR	ETR	ETR
Taxc	- 0. 369 ***	- 0. 361 **	- 0. 345 **
	(0. 162)	(0. 180)	(0. 154)
Expc	0. 286 ***	0. 284 **	0. 248 ***
	(0. 103)	(0. 124)	(0. 091)
Tra	0. 109		
	(0. 109)		
Ltf		- 0. 315 **	
		(0. 147)	
Ctz			- 0. 302 **
			(0. 130)
lnasse	0. 130 **	0. 130 **	0. 130 **
	(0. 051)	(0. 051)	(0. 051)
Age	0. 071 ***	0. 073 **	0. 071 **
	(0. 026)	(0. 027)	(0. 031)
Prr	0. 863 ***	0. 862 ***	0. 859 ***
	(0. 097)	(0. 097)	(0. 097)
Ftar	- 0. 004 ***	- 0. 004 ***	- 0. 004 ***
	(0. 001)	(0. 001)	(0. 001)
Lev	0. 078 **	0. 076 **	0. 077 **
	(0. 037)	(0. 037)	(0. 037)
Lemply	0. 007	0. 007	0. 007
	(0. 008)	(0. 008)	(0. 008)
TAT	0. 673 **	0. 660 **	0. 692 **
	(0. 332)	(0. 323)	(0. 298)

续表

变量	(1)	(2)	(3)
	ETR	ETR	ETR
PerGDP	−0.061	−0.030	0.005
	(0.060)	(0.058)	(0.059)
Fzz	0.087	0.082	0.082
	(0.063)	(0.062)	(0.062)
Sec	0.132	0.151	0.148
	(0.094)	(0.093)	(0.093)
常数项	0.514	0.134	−0.212
	(0.661)	(0.631)	(0.635)
N	11980	11980	11980
$Adj-R^2$	0.029	0.028	0.029

注：括号内数值为稳健标准误，所有标准误均聚类（Cluster）到省级层面；＊、＊＊、＊＊＊分别表示在10%、5%、1%水平上显著。

从表3−6对交互项的稳健性检验结果来看，不同财政竞争方式与不同预算软约束表现形式之间的交互作用对企业税负的影响存在较大差异。转移支付能够明显弱化地区间的财政竞争，而土地财政和融资平台债务会强化财政竞争对企业税负的作用，这与前述交互效应回归结果是一致的。由此证明结论是稳健可靠的。

表3−6　　　　　　　　交互效应稳健性检验：替换因变量衡量方式

变量	(1)	(2)	(3)	(4)	(5)	(6)
	ETR	ETR	ETR	ETR	ETR	ETR
Comp	Taxc	Taxc	Taxc	Expc	Expc	Expc
Soft	Tra	Ltf	Ctz	Tra	Ltf	Ctz
Comp	−0.897＊＊	−0.667＊	0.723＊＊	0.486	0.496＊	0.333
	(0.351)	(0.402)	(0.307)	(0.352)	(0.266)	(0.280)
Soft	−0.874＊	−0.497	−0.790	0.596＊＊	−0.570＊	−0.696＊
	(0.419)	(0.477)	(0.653)	(0.302)	(0.346)	(0.437)
Comp × Soft	0.898＊＊＊	0.722＊＊	0.643＊＊	0.673＊＊	0.958＊＊	0.754＊
	(0.347)	(0.322)	(0.301)	(0.316)	(0.423)	(0.481)
lnasse	0.017＊＊＊	0.018＊＊＊	0.018＊＊＊	0.021＊＊＊	0.023＊＊＊	0.021＊＊＊
	(0.006)	(0.007)	(0.006)	(0.004)	(0.004)	(0.004)

续表

变量	（1） ETR	（2） ETR	（3） ETR	（4） ETR	（5） ETR	（6） ETR
Age	0.071 *** （0.031）	0.072 ** （0.037）	0.069 ** （0.034）	0.067 *** （0.025）	0.071 ** （0.026）	0.072 ** （0.027）
Prr	0.237 *** （0.063）	0.228 *** （0.060）	0.231 *** （0.059）	0.236 *** （0.056）	0.242 *** （0.050）	0.241 *** （0.053）
PPE	−0.003 （0.002）	−0.004 * （0.002）	−0.003 （0.002）	−0.003 （0.002）	−0.004 ** （0.002）	−0.004 ** （0.002）
Lev	0.063 *** （0.021）	0.061 *** （0.023）	0.064 *** （0.020）	0.063 *** （0.021）	0.065 *** （0.019）	0.061 *** （0.018）
Lemply	0.006 ** （0.003）	0.006 ** （0.003）	0.006 ** （0.003）	0.006 ** （0.003）	0.006 ** （0.003）	0.006 ** （0.003）
TAT	0.647 ** （0.319）	0.649 * （0.320）	0.651 ** （0.291）	0.631 ** （0.310）	0.645 * （0.312）	0.641 ** （0.291）
PerGDP	−0.079 ** （0.032）	−0.081 ** （0.032）	−0.081 ** （0.034）	−0.071 ** （0.032）	−0.079 *** （0.030）	−0.074 *** （0.025）
Fzz	0.071 （0.059）	0.073 （0.058）	0.073 （0.057）	0.079 （0.049）	0.085 （0.054）	0.072 （0.058）
Sec	0.179 ** （0.078）	0.172 * （0.075）	0.175 ** （0.076）	0.181 ** （0.087）	0.172 * （0.091）	0.178 ** （0.086）
常数项	0.724 （0.567）	0.731 （0.516）	0.727 （0.503）	0.891 * （0.467）	0.893 * （0.479）	0.816 * （0.433）
企业固定效应	是	是	是	是	是	是
年份固定效应	是	是	是	是	是	是
N	11980	11980	11980	11980	11980	11980
$Adj - R^2$	0.032	0.032	0.032	0.032	0.032	0.032

注：括号内数值为稳健标准误，所有标准误均聚类（Cluster）到省级层面；*、**、***分别表示在 10%、5%、1% 水平上显著。

（二）更换自变量的衡量方式

通过变换自变量的测度方法以验证结论的稳健性，首先更换了自变量税收竞争和财政支出竞争的测量方法（具体测算方法见表 3 − 1），同时借鉴范子英和张军（2010）的做法，将预算软约束变量转移支付、土地财政和融资平台债务的测量方法更换为转移支付、土地出让收入和城投债发行额与地方财政收入①的比重。通过同时变换财政竞争变量和预算软约束变量的测量方法，对实证模型式（3－1）和模型式（3－2）重新进行回归。结果表明，变换自变量测量方法不会引起实证结论的变化（如表3－7和表3－8所示）。

表 3 – 7　　　　　　　　基础回归稳健性检验：替换自变量衡量方式

变量	(1)	(2)	(3)
	ETR	ETR	ETR
Taxc	− 0. 629 ***	− 0. 701 **	− 0. 845 ***
	(0. 232)	(0. 330)	(0. 324)
Expc	0. 586 ***	0. 578 **	0. 698 **
	(0. 203)	(0. 214)	(0. 307)
Tra	0. 890		
	(0. 689)		
Ltf		− 0. 425 ***	
		(0. 137)	
Ctz			− 0. 622 ***
			(0. 252)
lnasse	0. 154 ***	0. 154 ***	0. 154 **
	(0. 058)	(0. 059)	(0. 061)
Age	0. 071 ***	0. 073 ***	0. 067 ***
	(0. 021)	(0. 022)	(0. 024)
Prr	0. 563 ***	0. 563 ***	0. 562 ***
	(0. 137)	(0. 137)	(0. 137)
Ftar	− 0. 003 ***	− 0. 003 ***	− 0. 003 ***
	(0. 001)	(0. 001)	(0. 001)
Lev	0. 062 **	0. 062 **	0. 063 **
	(0. 031)	(0. 031)	(0. 031)
Lemply	0. 008	0. 008	0. 008
	(0. 007)	(0. 007)	(0. 007)

① 财政收入是指一般公共预算收入总计。数据来源于《中国财政年鉴》各省一般公共预算收支决算总表。

续表

变量	(1)	(2)	(3)
	ETR	ETR	ETR
TAT	0.668 **	0.657 **	0.679 **
	(0.319)	(0.323)	(0.304)
PerGDP	−0.031	−0.041	0.035
	(0.020)	(0.031)	(0.039)
Fzz	0.092	0.093	0.092
	(0.082)	(0.082)	(0.082)
Sec	0.162 **	0.162 **	0.152 *
	(0.082)	(0.082)	(0.082)
常数项	0.542	0.673	0.512
	(0.783)	(0.522)	(0.435)
N	11980	11980	11980
$Adj - R^2$	0.032	0.032	0.032

注：括号内数值为稳健标准误，所有标准误均聚类（Cluster）到省级层面；*、**、***分别表示在10%、5%、1%水平上显著。

表 3 - 8　　　　　　　交互效应稳健性检验：替换自变量衡量方式

变量	(1)	(2)	(3)	(4)	(5)	(6)
	ETR	ETR	ETR	ETR	ETR	ETR
Comp	Taxc	Taxc	Taxc	Expc	Expc	Expc
Soft	Tra	Ltf	Ctz	Tra	Ltf	Ctz
Comp	−0.697 *	−0.627	−0.674 *	0.563	0.623 *	0.354 *
	(0.391)	(0.452)	(0.351)	(0.373)	(0.356)	(0.221)
Soft	−0.574	−0.469 *	−0.674	0.487	−0.617 *	−0.731 *
	(0.389)	(0.278)	(0.542)	(0.312)	(0.357)	(0.436)
Comp × Soft	0.798 ***	−0.692 **	−0.629 **	−0.752 ***	0.758 **	0.727 **
	(0.301)	(0.301)	(0.319)	(0.276)	(0.323)	(0.321)
lnasse	0.136 ***	0.153 ***	0.143 ***	0.136 ***	0.145 ***	0.146 ***
	(0.041)	(0.042)	(0.045)	(0.051)	(0.049)	(0.050)
Age	0.069 ***	0.073 **	0.062 **	0.068 ***	0.073 **	0.062 **
	(0.019)	(0.032)	(0.028)	(0.021)	(0.032)	(0.029)
Prr	0.539 ***	0.537 ***	0.529 ***	0.486 ***	0.483 ***	0.487 ***
	(0.121)	(0.123)	(0.120)	(0.149)	(0.148)	(0.147)

续表

变量	(1)	(2)	(3)	(4)	(5)	(6)
	ETR	ETR	ETR	ETR	ETR	ETR
Ftar	−0.004***	−0.004***	−0.004***	−0.003***	−0.003***	−0.003***
	(0.001)	(0.001)	(0.001)	(0.001)	(0.001)	(0.001)
Lev	0.058**	0.057**	0.060**	0.059**	0.060**	0.061**
	(0.027)	(0.026)	(0.028)	(0.030)	(0.031)	(0.031)
Lemply	0.005*	0.005*	0.005*	0.009*	0.010*	0.009*
	(0.003)	(0.003)	(0.003)	(0.005)	(0.006)	(0.005)
TAT	0.601**	0.609**	0.613**	0.667**	0.669**	0.681**
	(0.281)	(0.282)	(0.291)	(0.312)	(0.321)	(0.320)
PerGDP	−0.029*	−0.030	0.030*	−0.034	−0.036	0.035
	(0.017)	(0.019)	(0.018)	(0.023)	(0.024)	(0.022)
Fzz	0.089	0.083	0.082	0.102	0.099	0.101
	(0.061)	(0.062)	(0.062)	(0.072)	(0.072)	(0.074)
Sec	0.159**	0.157**	0.158**	0.159**	0.161**	0.162**
	(0.079)	(0.076)	(0.080)	(0.076)	(0.072)	(0.072)
常数项	0.801	0.831	0.821	0.901*	0.902*	0.916*
	(0.527)	(0.526)	(0.523)	(0.479)	(0.481)	(0.483)
企业固定效应	是	是	是	是	是	是
年份固定效应	是	是	是	是	是	是
N	11980	11980	11980	11980	11980	11980
$Adj-R^2$	0.034	0.034	0.034	0.034	0.034	0.034

注：括号内数值为稳健标准误，所有标准误均聚类（Cluster）到省级层面；*、**、***分别表示在10%、5%、1%水平上显著。

（三）内生性问题的处理

核心解释变量使用的是省级层面数据，被解释变量使用的是企业层面数据，能够在一定程度上缓解双向因果带来的内生性问题。为了进一步弱化这种潜在的内生性，使用工具变量两阶段最小二乘法（2SLS）对实证模型进行稳健性检验。由于地方政府间财政竞争行为具有策略模仿的特征，一个省份的财政竞争强度与邻近地区的财政竞争强度显著相关，而邻近地区的财政竞争强度并不会对该地区企业的实际税负产生直接影响，同时认为邻近地区的财政竞争强度与影响该地区企业实际税负的不可观测因素不相关。因此，借鉴李戎等（2018）构造工具变量的思路，选取该地区邻近地区税收占 GDP 比重的权重值作为该地区税收竞争的工具变量，并选取该地区邻近地区财政支出占 GDP 比重的权重值作为该地区财政支出竞争的工具变量。具体计算过程为：首先求得各地区税收占 GDP 比重（*Taxc*）和财政支出占 GDP 比重（*Expc*），再利用反距离矩阵（*wij*）①，核算某一地区邻近地区税收占 GDP 比重的权重值（*Taxc_weight*）和邻近地区财政支出占 GDP 比重的权重值（*Expc_weight*），计算如式（3 – 5）、式（3 – 6）所示：

$$Taxc\_weight = W \times Taxc \qquad (3-5)$$

$$Expc\_weight = W \times Expc \qquad (3-6)$$

表 3 – 9 中显示了两阶段最小二乘法第二阶段的估计结果，结果显示，税收竞争的系数均显著为负；财政支出竞争的系数均显著为正；转移支付的系数不显著为负；土地出让收入的系数显著为负；融资平台债务的系数显著为负，这与基础回归的实证结果一致，印证了研究假设 1 和研究假设 2。第一阶段回归结果在 1% 水平上显著，这说明工具变量与内生解释变量强相关，满足成为工具变量的条件。在此基础上，检验了工具变量的有效性。*Kleibergen – Paap LM* 统计量在 1% 的水平上显著，拒绝了"工具变量识别不足"的原假设。*Kleibergen – Paap Wald rk F* 统计量大于 10% 水平上的 *Stock – Yogo* 临界值，拒绝了"工具变量弱识别"的原假设。上述检验结果充分表明工具变量选取合理，不存在工具变量识别不足与工具变量弱识别的问题。

表 3 – 9   基础回归内生性检验

变量	(1)	(2)	(3)
	ETR	ETR	ETR
Taxc	− 0. 334 ***	− 0. 359 ***	− 0. 259 **
	(0. 125)	(0. 126)	(0. 125)
Expc	0. 229 **	0. 235 ***	0. 292 ***
	(0. 102)	(0. 077)	(0. 109)

① $w_{ij} = \begin{cases} \dfrac{1}{d_{ij}^2} \Big/ \displaystyle\sum_{j=1}^{N} \dfrac{1}{d_{ij}^2}, & j \neq j \\ 0, & i = j \end{cases}$ ，d_{ij} 表示两个地区之间的距离。

变量	(1)	(2)	(3)
	ETR	*ETR*	*ETR*
Tra	0.158		
	(0.112)		
Ltf		-0.198 *	
		(0.103)	
Ctz			-0.546 ***
			(0.131)
lnasse	0.151 ***	0.151 ***	0.153 ***
	(0.052)	(0.049)	(0.051)
Age	0.083 ***	0.081 ***	0.082 ***
	(0.031)	(0.031)	(0.032)
Prr	0.535 ***	0.534 ***	0.536 ***
	(0.127)	(0.127)	(0.128)
Ftar	-0.005 ***	-0.005 ***	-0.005 ***
	(0.001)	(0.001)	(0.001)
Lev	0.058 **	0.057 **	0.058 **
	(0.026)	(0.025)	(0.028)
Lemply	0.009	0.009	0.009
	(0.006)	(0.006)	(0.007)
TAT	0.638 **	0.631 **	0.632 **
	(0.302)	(0.307)	(0.299)
PerGDP	-0.036	-0.037	0.035
	(0.024)	(0.025)	(0.023)
Fzz	0.089	0.091	0.090
	(0.079)	(0.078)	(0.078)
Sec	0.162 *	0.162 *	0.161 *
	(0.085)	(0.085)	(0.084)
常数项	0.741	0.771	0.702
	(0.618)	(0.538)	(0.531)
Kleibergen-Paap LM 统计量	78.231 ***	67.364 ***	82.213 ***
	[0.000]	[0.000]	[0.000]

变量	(1)	(2)	(3)
	ETR	*ETR*	*ETR*
Kleibergen-Paap Wald rk F 统计量	42.397 {16.38}	37.382 {16.38}	47.231 {16.38}
企业固定效应	是	是	是
年份固定效应	是	是	是
N	11980	11980	11980
Adj − R²	0.036	0.033	0.035

注：〔 〕数值为 P 值；｛ ｝数值为 Stock-Yogo 弱识别检验 10% 水平上的临界值。

第三节　财政竞争和预算软约束影响
企业税负的异质性分析

为进一步考察财政竞争、预算软约束以及两者之间的交互作用对企业税负的影响是否存在异质性，划分不同地区、不同产权性质、是否为高新技术企业进行异质性分析。

一、基于地区财力的异质性分析

不同地区间财政竞争程度不尽相同，并且由于财政状况不同，因而不同地区面临的财政压力存在差异。通过观察各省份税收竞争和财政支出竞争数据，东部发达地区省份的税收竞争程度普遍低于中西部省份，而财政支出竞争程度普遍高于中西部省份。并且，东部地区绝大部分省份的财政压力普遍低于其他地区。由于东部地区经济发展水平较高且产业结构成熟，持续流入的人才和扎实积累的资本为当地政府提供了充足的资金来源。充足的财政收入降低了东部地区地方政府间税收竞争程度，同时促进了地方政府间财政支出竞争，以及有效减弱了地方政府对于预算软约束的依赖性，进而减少了财政竞争和预算软约束对企业税负的影响。按照企业注册地是否位于东部省份将样本划分为东部和中西部两组[①]，引入东部地区哑变量与主要解释变量的交互项，以考察财政竞争、预算软约束以及两者之间的交互作用对企业税负的影响是否存在地区异质性。估计结果如表3-10所示。

表3-10 财政竞争与预算软约束影响的地区异质性分析

变量	（1）	（2）	（3）
	ETR	ETR	ETR
Taxc	-0.593*** (0.194)	-0.424** (0.215)	-0.429** (0.202)
Expc	0.149*** (0.054)	0.138** (0.069)	0.121*** (0.041)
Taxc × R	0.620** (0.313)	0.854* (0.518)	0.730** (0.367)
Expc × R	0.547** (0.200)	0.418* (0.236)	0.376** (0.187)
Tra	-0.204 (0.356)		
Ltf		-0.130** (0.060)	
Ctz			-0.396** (0.199)
Tra × R	0.223** (0.104)		
Ltf × R		0.173* (0.103)	
Ctz × R			-0.241** (0.099)
lnasse	0.149*** (0.051)	0.151*** (0.048)	0.148*** (0.051)

① 参考其他学者及国家统计局2011年6月13日颁布的对中国区域的划分办法，本章中的东部省份是北京、天津、河北、辽宁、上海、江苏、浙江、福建、山东、广东、海南，中西部省份是山西、内蒙古、吉林、黑龙江、安徽、江西、河南、湖北、湖南、广西、四川、贵州、云南、西藏、陕西、甘肃、青海、宁夏和新疆。

变量	（1）	（2）	（3）
	ETR	ETR	ETR
Age	0. 069 ***	0. 071 ***	0. 068 **
	(0. 024)	(0. 023)	(0. 031)
Prr	0. 492 ***	0. 510 ***	0. 491 ***
	(0. 156)	(0. 157)	(0. 155)
Ftar	− 0. 004 ***	− 0. 004 ***	− 0. 004 ***
	(0. 001)	(0. 001)	(0. 001)
Lev	0. 066 **	0. 067 **	0. 068 **
	(0. 029)	(0. 030)	(0. 028)
Lemply	0. 008 **	0. 009 **	0. 008 **
	(0. 004)	(0. 004)	(0. 004)
TAT	0. 658 **	0. 663 **	0. 660 **
	(0. 310)	(0. 312)	(0. 309)
PerGDP	− 0. 038	− 0. 041	0. 041
	(0. 026)	(0. 030)	(0. 034)
Fzz	0. 102	0. 103	0. 099
	(0. 072)	(0. 072)	(0. 076)
Sec	0. 159 **	0. 167 **	0. 162 *
	(0. 078)	(0. 081)	(0. 083)
常数项	0. 624	0. 682	0. 710
	(0. 631)	(0. 515)	(0. 535)
企业固定效应	是	是	是
年份固定效应	是	是	是
N	11980	11980	11980
$Adj - R^2$	0. 023	0. 023	0. 023

注：括号内数值为稳健标准误，所有标准误均聚类（Cluster）到省级层面；＊、＊＊、＊＊＊分别表示在10%、5%、1%水平上显著。

表3－10报告了各财政竞争变量和预算软约束变量与地区哑变量交互项系数的估计结果。第（1）列至第（3）列的回归结果显示，税收竞争系数显著为负，财政支出竞争系数显著为正，转移支付系数不显著，土地出让收入系数显著为负，融资平台债务系数显著为负，这一结果与总样本相符。税收竞争变量与地区哑变量交互项的系数均显著为正，财政支出竞争变量与地区哑变量交互

项的系数均显著为正。这表明，在全国范围内，税收竞争和财政支出竞争对企业税负的影响是一致的。但是，在东部发达地区，地方政府间税收竞争降低企业税负的作用相对较弱，而地方政府间财政支出竞争提高企业税负的作用更为显著。原因在于，相比中西部欠发达地区，东部发达地区的经济基础较为厚实，拥有稳定可观的财政收入和充裕的税源，面临的财政压力相对较小，故相较于税收竞争，东部发达地区偏好于财政支出竞争方式进行财政竞争。另外，第（1）列至第（3）列的估计结果还分别显示，地区哑变量与转移支付的交互项系数显著为正，与土地财政的交互项系数显著为正，与城投债的交互项系数显著为负。这表明，相对中西部地区，转移支付降低企业税负的作用在东部发达地区相对较弱，土地出让收入减轻企业税负的作用也相对较弱，而融资平台债务减轻企业税负的作用更为明显。这是因为，一方面，东部省份经济发展水平较高、财力状况表现较好、财政压力相对较小，因而对转移支付资金的依赖性较低，进而削弱了转移支付对税收努力的税收替代效应；另一方面，由于专项转移支付要求地方政府提供配套资金，这将激励东部地区地方政府提高税收努力。在税收替代效应和税收激励效应的共同作用下，转移支付减轻企业税负的作用在东部发达地区相对较弱。相比中西部地区，东部发达地区有着相对发达的土地市场，并且形成了规范的土地出让制度，这意味着其能够合理利用土地出让收入为财政支出筹资，不会过度依赖土地出让收入，因而在税收收入充足的情况下不会盲目扩大土地出让规模，最终表现为土地出让收入减轻企业税负的作用相对较弱。东部地区往往金融发展水平相对较高，建立起了成熟的债券市场，地方政府具有更为良好的政府信用和较高的偿债能力从而降低融资平台债务的举债成本，融资平台债务能够对税收收入起到更为明显的替代作用，最终表现为融资平台债务减轻企业税负的作用更为明显。

表3－11报告了财政竞争与预算软约束交互效应的地区异质性回归结果。首先，第（1）列和第（4）列的估计结果显示，税收竞争、转移支付和地区哑变量交互项的系数显著为正，财政支出竞争、转移支付和地区哑变量交互项的系数不显著为正。结合表3－4的估计结果进行分析，转移支付对税收竞争的弱化作用在东部发达地区表现得更为明显；而转移支付对财政支出竞争的弱化作用不存在地区异质性。这是因为，中西部地区财力相对薄弱，因而偏好以税收

竞争方式为主的财政竞争方式；东部地区财力雄厚，因而偏好以财政支出竞争方式为主的财政竞争方式，并且其对转移支付的依赖性较低。中央转移支付资金能够有效缓解中西部省份的财政压力，并调整和优化其财政竞争行为，但是其对转移支付资金的依赖性较高。而税源充裕、财力状况较强的东部省份能够较为充分利用好中央财政资金的援助，其用转移支付替代地方税收收入的动机更为强烈，因而转移支付弱化东部省份税收竞争行为的作用更为明显。由于地方政府官员普遍存在政治激励和经济激励，难以受到转移支付的激励而主动削弱财政支出竞争，故而转移支付对财政支出竞争行为的弱化作用实际不存在地区异质性。其次，第（2）列和第（5）列的估计结果显示，税收竞争、土地财政和地区哑变量交互项的系数显著为正，财政支出竞争、土地财政和地区哑变量交互项的系数显著为负。结合表3－4的估计结果进行分析，土地出让收入对财政竞争的强化作用在中西部地区表现更为明显。这是因为，东部地区经济发展水平高，预算收入相对充足，地方政府对土地财政的依赖较小。2003年之后，中央政府收紧了东部地区的土地供应，并且对"招、拍、挂"等土地出让制度的监管更加严格①，而中西部地区的土地供应指标却相对放开，进而导致中西部地区更为依赖土地财政。最后，第（3）列和第（6）列的估计结果显示，税收竞争、融资平台债务和地区哑变量交互项的系数显著为负，财政支出竞争、融资平台债务和地区哑变量交互项的系数显著为正。结合表3－4的估计结果进行分析，融资平台债务对财政竞争的强化作用在东部地区表现得更为明显。这是因为，东部地区拥有更加庞大的地方政府债务规模和更加广泛的政府融资渠道，在面临较大财政支出竞争和税收竞争压力时能够通过发行城投债的方式减轻压力。截至2018年底，东部地区由融资平台发行的城投债占到了全国城投债发行总额的57.06%②，而中西部地区发行城投债的比例相对较低，有限的债务融资渠道使得中西部地区通过融资平台发行城投债减轻财政竞争压力的难度增大。这使得东部地区更为依赖融资平台进行债务融资，因而融资平台债务对财政竞争的强化作用在东部地区表现得更为明显。表3－10和表3－11的结果支持了研究假设3.4。

---

① 国务院办公厅《关于清理整顿各类开发区加强建设用地管理的通知》（国办发〔2003〕70号）。
② WIND数据库，经过计算加总而得。

表 3－11　　　　　财政竞争与预算软约束交互效应的地区异质性分析

变量	（1）	（2）	（3）	（4）	（5）	（6）
	ETR	ETR	ETR	ETR	ETR	ETR
Comp	Taxc	Taxc	Taxc	Expc	Expc	Expc
Soft	Tra	Ltf	Ctz	Tra	Ltf	Ctz
Comp	－0.581*	0.583**	－0.121	0.356**	0.293**	0.094
	（0.339）	（0.294）	（0.277）	（0.174）	（0.142）	（0.128）
Soft	－0.815**	0.575**	－0.324	－0.995*	－0.442*	－0.675*
	（0.389）	（0.288）	（0.440）	（0.519）	（0.262）	（0.360）
Comp×Soft	1.443*	－1.547*	0.924**	－2.035*	1.733*	0.426
	（0.867）	（0.837）	（0.440）	（1.118）	（1.072）	（1.237）
Comp×Soft×R	4.937***	1.697**	－2.415*	0.664	－0.551*	2.594**
	（1.737）	（0.853）	（1.324）	（0.919）	（0.290）	（1.051）
lnasse	0.171***	0.173***	0.172**	0.185***	0.182***	0.183**
	（0.061）	（0.057）	（0.063）	（0.071）	（0.068）	（0.074）
Age	0.062***	0.068**	0.064**	0.069***	0.072***	0.075**
	（0.030）	（0.030）	（0.031）	（0.021）	（0.022）	（0.020）
Prr	0.613***	0.623***	0.612***	0.533***	0.553***	0.519***
	（0.163）	（0.167）	（0.163）	（0.127）	（0.123）	（0.127）
Ftar	－0.004***	－0.004***	－0.004***	－0.003***	－0.003***	－0.003***
	（0.001）	（0.001）	（0.001）	（0.001）	（0.001）	（0.001）
Lev	0.058**	0.062**	0.060**	0.057*	0.067**	0.060**
	（0.028）	（0.029）	（0.027）	（0.032）	（0.030）	（0.029）
Lemply	0.011	0.010	0.010	0.009	0.010	0.0010
	（0.008）	（0.007）	（0.007）	（0.007）	（0.006）	（0.007）
TAT	0.658**	0.660**	0.652**	0.648**	0.689**	0.691**
	（0.310）	（0.321）	（0.289）	（0.310）	（0.312）	（0.309）
PerGDP	－0.043	－0.045	0.045	－0.035*	－0.040*	0.041*
	（0.028）	（0.029）	（0.032）	（0.019）	（0.023）	（0.024）
Fzz	0.109	0.110	0.102	0.089	0.091	0.090
	（0.071）	（0.072）	（0.070）	（0.070）	（0.072）	（0.071）

变量	(1)	(2)	(3)	(4)	(5)	(6)
	ETR	*ETR*	*ETR*	*ETR*	*ETR*	*ETR*
Sec	0.163 ** (0.079)	0.165 ** (0.081)	0.159 * (0.083)	0.187 ** (0.090)	0.189 ** (0.091)	0.182 * (0.094)
常数项	0.602 (0.571)	0.682 (0.532)	0.692 (0.539)	0.892 * (0.461)	0.891 * (0.468)	0.904 * (0.462)
企业固定效应	是	是	是	是	是	是
年份固定效应	是	是	是	是	是	是
N	11980	11980	11980	11980	11980	11980
$Adj - R^2$	0.023	0.021	0.022	0.022	0.021	0.022

注：括号内数值为稳健标准误，所有标准误均聚类（Cluster）到省级层面；*、**、*** 分别表示在 10%、5%、1% 水平上显著。

二、基于企业产权性质的异质性分析

相比民营企业和外资企业，国有企业具有特殊的属性。一方面，国有企业同时要承担创造就业和税收的经济职能，还要承担社会稳定和养老等社会职能。政府作为国有企业的实际控制人，当地方政府面临较大的财政压力时，地方政府会通过约谈辖区内较大规模国有企业的高管和向国有企业摊派更多税收任务的方式以增加财政收入（陈冬等，2016）。另一方面，国有企业高管同时面临着经营绩效考核和政治业绩考核。经营绩效考核在于提高企业经营绩效水平，政治业绩考核主要在于缴纳更多的税收和协助当地政府完成政策目标，但是国有企业高管的行政属性使其可能更加重视政治业绩。

为考察财政竞争、预算软约束以及两者之间的交互作用对企业税负的影响是否存在产权异质性，按企业产权性质将企业划分为国有企业和非国有企业，其中非国有企业包括民营企业、外资企业和其他企业。估计结果如表 3 - 12 所示。在控制一系列控制变量以及固定效应之后，税收竞争与产权性质虚拟变量交互项的系数均显著为负，财政支出竞争与产权性质虚拟变量交互项的系数均显著为正，转移支付、土地财政和融资平台债务与产权性质虚拟变量交互项的系数均不显著。结合表3-3的估计结果进行分析，相对非国有企业，地方政府间税收竞争降低国有企业税负的作用表现得更为明显，地方政府间财政支出竞争提高国有企业税负的作用也更为明显。而预算软约束对企业税负的作用不存在企业性质异质性。这说明，当地方政府间的税收竞争增强时，出于父爱主义，地方政府会给予国有企业更多税收优惠。当地方政府间的财政支出竞争增强时，地方政府会将增加的财政压力更多转移给国有企业，最终导致国有企业承担更高的实际税负。这与研究假设3.5的分析一致。

表3-12　　财政竞争与预算软约束影响的产权异质性分析

变量	(1)	(2)	(3)
	ETR	ETR	ETR
Taxc	-1.206 **	-1.311 ***	-1.535 ***
	(0.505)	(0.440)	(0.435)
Expc	0.624 **	0.381 **	0.360 **
	(0.244)	(0.186)	(0.186)
Taxc × S	-0.896 *	-0.935 **	-0.956 **
	(0.491)	(0.453)	(0.445)
Expc × S	0.361 *	0.431 **	0.372 **
	(0.213)	(0.186)	(0.186)
Tra	-0.645		
	(0.438)		
Ltf		-0.197 *	
		(0.117)	
Ctz			-0.371 **
			(0.186)
Tra × S	0.478		
	(0.360)		
Ltf × S		-0.040	
		(0.146)	
Ctz × S			-0.189
			(0.218)

续表

变量	(1)	(2)	(3)
	ETR	ETR	ETR
lnasse	0. 148 ***	0. 154 ***	0. 151 ***
	(0. 049)	(0. 049)	(0. 052)
Age	0. 071 ***	0. 073 **	0. 069 ***
	(0. 024)	(0. 023)	(0. 023)
Prr	0. 536 ***	0. 541 ***	0. 537 ***
	(0. 163)	(0. 167)	(0. 161)
Ftar	− 0. 004 ***	− 0. 004 ***	− 0. 004 ***
	(0. 001)	(0. 001)	(0. 001)
Lev	0. 067 **	0. 064 **	0. 061 **
	(0. 030)	(0. 029)	(0. 030)
Lemply	0. 010	0. 011	0. 010
	(0. 007)	(0. 007)	(0. 007)
TAT	0. 691 **	0. 694 *	0. 691 **
	(0. 321)	(0. 322)	(0. 320)
PerGDP	− 0. 040	− 0. 041	0. 040
	(0. 025)	(0. 025)	(0. 026)
Fzz	0. 103	0. 101	0. 100
	(0. 079)	(0. 078)	(0. 079)
Sec	0. 161 **	0. 165 **	0. 162 *
	(0. 079)	(0. 078)	(0. 081)
常数项	0. 589	0. 689	0. 482
	(0. 628)	(0. 542)	(0. 425)
企业固定效应	是	是	是
年份固定效应	是	是	是
N	11980	11980	11980
$Adj - R^2$	0. 022	0. 021	0. 022

注：括号内数值为稳健标准误，所有标准误均聚类（Cluster）到省级层面；* 、** 、*** 分别表示在 10% 、5% 、1% 水平上显著。

三、基于行业的异质性分析

财政竞争和预算软约束对企业税负的影响可能存在行业异质性，主要差异在于是否为高新技术企业。正如前文理论分析指出，高新技术企业相比非高新技术企业会受到更多的政策照顾。

为了考察财政竞争、预算软约束以及两者之间的交互作用对企业税负的作用是否存在行业异质性，按照是否为高新技术企业将样本划分为高新技术企业和非高新技术企业两组，采用分组回归的方法进行行业异质性分析，估计结果如表 3 - 13 所示。表 3 - 13 中第（1）列至第（3）列显示的是高新技术企业的回归结果，表 3 - 13 中第（4）列至第（6）列显示的是非高新技术企业的回归结果，主要关注税收竞争、财政支出竞争和预算软约束表现形式的系数和显著性情况。高新技术企业和非高新技术企业税收竞争系数显著为负，财政支出竞争显著为正。将表 3 - 13 中第（1）列与第（4）列进行比较，高新技术企业税收竞争系数为 -1.380，在 1% 水平上显著为负，非高新技术企业税收竞争系数为 -0.991，在 5% 水平上显著为负；高新技术企业财政支出竞争系数为 0.417，在 10% 水平上显著为正，非高新技术企业财政支出竞争系数为 0.571，在 5% 水平上显著为正；高新技术企业和非高新技术企业转移支付系数不显著。将表 3 - 13 中第（2）列与第（5）列进行比较，高新技术企业税收竞争系数为 -1.611，在 1% 水平上显著为负，非高新技术企业税收竞争系数为 -1.281，在 1% 水平上显著为负；高新技术企业财政支出竞争系数为 0.329，在 10% 水平上显著为正，非高新技术企业财政支出竞争系数为 0.392，在 5% 水平上显著为正；高新技术企业和非高新技术企业土地出让收入系数均显著为负。将表 3 - 13 中第（3）列与第（6）列进行比较，高新技术企业税收竞争系数为 -1.601，在 1% 水平上显著为负，非高新技术企业税收竞争系数为 -1.118，在 1% 水平上显著为负；高新技术企业财政支出竞争系数为 0.318，在 10% 水平上显著为正，非高新技术企业财政支出竞争系数为 0.358，在 5% 水平上显著为正；高新技术企业和非高新技术企业融资平台债务系数均显著为负。分组回归的结果表明，地方政府间税收竞争降低企业税负的作用在高新技术企业中表现得更为明显，而地方政府间财政支出竞争提高企业税负的作用在非高新技术企业中更为明显，与研究假设 3.6 的分析一致。

表 3 – 13　　　　　　　　　财政竞争与预算软约束影响的行业异质性分析

变量	高新技术企业			非高新技术企业		
	（1）	（2）	（3）	（4）	（5）	（6）
Taxc	− 1.380 ***	− 1.611 ***	− 1.601 ***	− 0.991 **	− 1.281 ***	− 1.118 ***
	（0.499）	（0.510）	（0.425）	（0.479）	（0.628）	（0.412）
Expc	0.417 *	0.329 *	0.318 *	0.571 **	0.392 **	0.358 **
	（0.219）	（0.176）	（0.172）	（0.228）	（0.169）	（0.171）
Tra	− 0.642			− 0.619		
	（0.432）			（0.421）		
Ltf		− 0.196 *			− 0.187 *	
		（0.110）			（0.108）	
Ctz			− 0.369 **			− 0.362 **
			（0.182）			（0.180）
lnasse	0.167 ***	0.162 ***	0.165 ***	0.157 ***	0.152 ***	0.151 ***
	（0.051）	（0.052）	（0.051）	（0.047）	（0.045）	（0.046）
Age	0.090 ***	0.089 **	0.087 ***	0.087 ***	0.082 **	0.079 ***
	（0.031）	（0.030）	（0.029）	（0.028）	（0.028）	（0.027）
Prr	0.490 ***	0.487 ***	0.480 ***	0.529 ***	0.523 ***	0.527 ***
	（0.159）	（0.157）	（0.149）	（0.147）	（0.141）	（0.141）
Ftar	− 0.004 ***	− 0.004 ***	− 0.004 ***	− 0.004 ***	− 0.004 ***	− 0.004 ***
	（0.001）	（0.001）	（0.001）	（0.001）	（0.001）	（0.001）
Lev	0.059 **	0.062 **	0.061 **	0.067 **	0.064 **	0.062 **
	（0.029）	（0.029）	（0.030）	（0.031）	（0.031）	（0.030）
Lemply	0.009	0.008	0.009	0.009	0.009	0.008
	（0.007）	（0.007）	（0.006）	（0.007）	（0.006）	（0.006）
TAT	0.679 **	0.624 *	0.621 **	0.681 **	0.684 *	0.681 **
	（0.314）	（0.332）	（0.310）	（0.336）	（0.332）	（0.323）
PerGDP	− 0.038	− 0.037	− 0.038	− 0.039	− 0.041	− 0.043
	（0.022）	（0.023）	（0.021）	（0.025）	（0.025）	（0.024）

续表

变量	高新技术企业			非高新技术企业		
	（1）	（2）	（3）	（4）	（5）	（6）
Fzz	0.110 （0.069）	0.109 （0.068）	0.110 （0.071）	0.110 （0.068）	0.109 （0.069）	0.110 （0.070）
Sec	0.158** （0.068）	0.163** （0.072）	0.163* （0.082）	0.151** （0.074）	0.169** （0.072）	0.165** （0.071）
常数项	0.782 （0.712）	0.698 （0.501）	0.481 （0.418）	0.589 （0.728）	0.620 （0.529）	0.490 （0.455）
企业固定效应	是	是	是	是	是	是
年份固定效应	是	是	是	是	是	是
N	11980	11980	11980	11980	11980	11980
$Adj - R^2$	0.028	0.029	0.028	0.027	0.029	0.028

注：括号内数值为稳健标准误，所有标准误均聚类（Cluster）到省级层面；*、**、***分别表示在10%、5%、1%水平上显著。

第四节 财政竞争和预算软约束影响企业税负的结论

减轻企业税收负担不仅取决于减税降费政策的力度，同时也要求财税体制的不断优化，以及地方政府财政竞争的不断规范。本章将财政竞争、预算软约束和企业税负纳入同一研究框架，从财政制度层面出发，探究现行财政分权体制下地方政府财政竞争、不同预算软约束表现形式及两者之间的交互效应对企业税负的影响。作为财政竞争的不同形式，税收竞争和财政支出竞争均对企业税负产生显著影响，但是不同财政竞争方式和不同预算软约束表现形式对企业税负的作用机理存在差异。

研究结果表明：（1）税收竞争显著降低企业税负，而财政支出竞争显著提升企业税负。税收竞争的影响力度和显著性明显大于财政支出竞争。（2）不同预算软约束表现形式对企业税负的影响存在差异。转移支付对企业税负的影响具有不确定性，而土地出让收入和融资平台债务能够显著降低企业税负。（3）财政竞争和预算软约束的交互效应对企业税负的影响存在明显差异。转移支付会弱化地方政府间财政竞争对企业税负的影响。具体表现为：转移支付会弱化税收竞争降低企业税负的作用，同时也会弱化财政支出竞争提高企业税负的作用。与之相反，土地出让收入和融资平台债务会强化地方政府间财政竞争对企业税负的影响。具体表现为：土地出让收入和融资平台债务均会强化税收竞争降低企业税负的作用，同时均会强化财政支出竞争提高企业税负的作用。（4）相比中西部地区，东部地区地方政府间税收竞争降低企业税负的作用相对较弱，地方政府间财政支出竞争提高企业税负的作用更为明显，土地出让收入减轻企业税负的作用相对较弱，而融资平台债务减轻企业税负的作用不存在地区异质性。转移支付弱化税收竞争降低企业税负的作用在东部发达地区更为明显，而转移支付弱化财政支出竞争提高企业税负的作用不存在地区异质性。土地出让收入强化财政竞争对企业税负的作用在中西部地区更为明显。融资平台债务强化财政竞争对企业税负的作用在东部地区更为明显。（5）地方政府间税收竞争降低企业税负的作用在国有企业中表现得更为明显，且地方政府间财政支出竞争提高企业税负的作用在国有企业中也表现得更为明显。预算软约束对企业税负的作用不存在企业产权性质异质性。（6）地方政府间税收竞争降低企业税负的作用在高新技术企业中表现得更为明显，而地方政府间财政支出竞争提高企业税负的作用在非高新技术企业中更为明显。

基于以上研究结果，得到以下政策启示：

第一，为了有效降低企业税负，地方政府会突破预算框架参与过度财政竞争，这起因于中国式财政分权体制下财政纵向失衡导致的财政压力和以经济绩效考核为主的政治晋升体制。因此，一方面，应当构建中央与地方财权事权统一的现代财政体制，完善事权和支出责任相适应的财政管理体制，并健全地方税体系，以实现区域间财力格局稳定，减轻地方政府财政压力；另一方面，应当将一些反映地方财政运行情况的指标纳入政绩考核评价体系中，防止地方政府过度进行财政竞争，从根本上改变政绩考核评价体系中经济绩效指标对地方政府行为的扭曲。

第二，优化转移支付拨付制度和标准，减少转移支付资金分配的随意性和临时性，同时应当健全财政转移支付中的问责、监督和惩罚机制等，严格把控转移支付资金用途，引导地方政府合理利用转移支付资金，避免转移支付引发的道德风险和逆向激励问题，最大化发挥转移支付弥补地方政府财政收支缺口和改善地方政府财政竞争行为的作用。

第三，财政竞争和预算软约束对企业税负的影响在不同地区存在明显差异，故必须在不同地区设计差异化的财政政策。因此，应加大对中西部欠发达地区财政转移支付的力度，发挥转移支付对地方政府行为的正向调节作用；出台相应政策监管和控制中西部地区的土地出让规模；加快发展中西部地区的金融市场，使之建立起高效的融资平台和地方债市场。同时，建立健全考核问责机制和地方政府信用评级制度，激励地方政府自觉规范财政行为。

第四，财政竞争对企业税负的影响在国有企业中表现得更为明显。因此，应当关注地方政府财政竞争行为会引起歧视性征税这一现象，着力解决企业产权性质异质性导致的税收扭曲。同时应当规范地方政府财政竞争行为，在推进减税降费政策时对各类产权性质企业一视同仁，以创造税负公平的营商环境。

第五，实施减税降费政策可能会加剧地方财政压力，并激化地方政府间财政竞争行为。因此，不应盲目加大减税降费政策力度进而加剧地方财政压力，应当科学设计财税体制以规范地方政府的财政竞争行为，同时应减少地方政府对预算软约束的操作空间和影响程度，唯此才能在保证地方财政规范性与可持续性的前提下有效降低企业税负。

第四章 财政竞争、税收努力与企业税负不平等的实证研究

近年来，我国出台了大规模的减税降费政策。2016～2021年减税降费累计超8.6万亿元，宏观税负由2012年的18.7%降至2021年的15.1%，降幅达到3.6个百分点①。与其他国家相比，我国宏观税负并不算高（吕冰洋，2017）。但从企业角度来看，我国企业税收负担处于较高水平。在近些年《福布斯》公布的全球税负痛苦指数排行榜中，我国税负痛苦指数排名一直居高不下，在世界上处于第二～四名，这反映了中国企业税负痛感较重。在减税降费大背景下，"宏观税负较轻，而企业税负痛感较重"这一现象引发了学术界和业界的热烈讨论。这一现象不仅源于宏观税负和微观企业税负的测度方法存在较大差异，以及我国税负主要由企业承担，也在于企业间税负不平等（倪红福等，2020）。尽管当前宏观层面的税负较轻，但是部分企业税收负担过重而另一部分企业税收负担过轻，税负加总的过程掩饰了企业税负不平等②问题。由此可以看出，微观企业税收负担确实存在较大差异，这一差异不仅存在于不同行业、不同产权性质、不同地区的企业之间，也存在于同一行业、同一产权性质、同一地区的企业之间。"不患寡，而患不均"，强烈的对比心理促使高税负企业感受到更大的税负痛感。在经济下行压力不断增大的背景下，企业税负不平等程度过大产生的负面作用会不断放大。从宏观层面来看，企业税负不平等程度较大会导

---

① 国家税务总局官网，http：//www.chinatax.gov.cn/chinatax/n810219/n810780/c5172260/content.html 和 http：//www.chinatax.gov.cn/chinatax/n810219/n810724/c5173324/content.html。

② 企业税负不平等是指企业之间不合理的税负差异。企业税负不平等违背了税收效率与公平原则，导致了企业承担着与其经济能力或者纳税能力不相匹配的税收负担，进而对经济活动产生了影响。

致相同行业内不同企业之间的加成率离散度增大，进而导致行业内部的资源错配（刘啟仁和黄建忠，2018），最终造成了社会总生产率无谓损失（Lerner，1934；Opp et al.，2014）；从微观层面来看，承担过重税收负担的企业面临着严格的融资约束（甄美荣和江晓壮，2021），导致企业的现金流压力进一步加剧，进而挤出企业的研发投入（李春涛等，2015），最终削弱企业的盈利能力、发展能力和竞争能力。高税负企业会参照低纳税遵从度企业，滥用税收优惠政策、进行盈余管理和内幕交易等手段来减轻实际税负，导致企业在纳税活动中出现"劣币驱逐良币"现象。

在经济增长动机的激励下，地方政府会采取税收竞争和财政支出竞争手段以吸引资本、劳动等生产要素进入辖区，而在此过程中，由于作为财政竞争主要手段的税收努力的方向和程度的差异，财政竞争将会改变企业的税负水平，从而影响企业的税负不平等状况。国内外鲜有直接研究财政竞争对企业税负不平等影响的文献，与本章主题相关的研究主要集中于以下三个方面：第一，企业税负不平等存在性及测度方法研究（蒋为，2016；倪红福等，2020）；第二，税收竞争对企业税负的影响（范子英和田彬彬，2013；杨龙见和尹恒，2014）；第三，财政支出竞争对企业税负的影响（贾俊雪和应世为，2016；胡洪曙和李捷，2022）。以往文献为企业税负不平等的研究奠定了一定的理论基础，但较少使用定量方法度量上市公司的企业税负不平等程度，没有深入研究企业税负不平等的形成机制以及如何缩小企业税负不平等，尤其是较少文献从财政竞争的角度探讨对企业税负不平等的影响。

基于以上分析，本章将深入研究地方政府间财政竞争对企业税负不平等的作用及影响机制。利用 2008～2020 年 A 股上市公司数据和 30 个省份（不含西藏和港澳台地区）财政数据，探究财政竞争对企业税负不平等的影响，并探寻财政竞争对企业税负不平等的作用机制。研究发现，税收竞争会缩小企业税负不平等，财政支出竞争会扩大企业税负不平等，作用效果在高融资约束企业和国有企业中更为显著，并且主要作用于企业所得税税负不平等。作用机制表明，税收竞争会通过实施税收优惠和降低税收努力来影响企业税负不平等，财政支出竞争会通过提高税收努力和提高企业税收遵从度来影响企业税负不平等。

第一节　财政竞争影响企业税负不平等的理论分析框架

一、理论分析与研究假设

在我国税制结构下，增值税和企业所得税占比较高，是企业缴纳税收较多的两个重要税种。出于促进中小企业发展的目的，中央政府制定了较多针对中小型企业的增值税和企业所得税税收优惠政策[①]，这使中小型企业相对大型企业总体税负较轻。同时，由于税收征管能力受到税收征管信息化水平和地方财力等客观因素的制约，在税收征管实践中，地方政府普遍重视重点税源建设以达到便捷获取税收收入的目的，这使税收遵从度较高的重点税源企业承担较大份额的税收负担（席鹏辉和周波，2021）。税务机关重视重点税源建设的原因主要有以下两点：第一，重点税源企业在数量上的占比较小，但能够在较长时期内提供充裕且稳定的税收收入。因此，地方政府只需要在重点税源企业上投入一定量的税收征管资源，便能够收获数额较大且稳定的税收收入。数据显示，2011~2020年，我国重点税源企业数量长期稳定在10万户左右，仅占市场主体数量的1‰以下，但重点税源企业贡献的税收收入总额超过50%[②]，为保证财政收入稳定增长作出了重要贡献。为压缩税收征管成本，税务部门会采取强化对重点税源企业税收征管力度的方式以实现在短期内快速增加财政收入的目的。第二，各级税务机关通过多年的税收征管工作建立起健全完备的重点税源企业数据库。重点税源建设工作是税务实践工作的重要内容之一，是国家税务总局

[①]　上述事实可由政府文件反映，具体内容详见《财政部、税务总局关于明确增值税小规模纳税人免征增值税政策的公告》（2021年第11号）和《财政部、税务总局关于实施小微企业和个体工商户所得税优惠政策的公告》（2021年第12号）。同时，国家税务总局新闻发布会也指出，中小微企业是新增减税降费及退税缓税缓费的受益主体，来源于 http://www.chinatax.gov.cn/chinatax/n810219/n810780/c5183925/content.html.

[②]　重点税源数据来自《中国税务年鉴》，法人企业数量来自国家统计局报告，来源于 http://www.gov.cn/xinwen/2022-06/29/content_5698436.htm.

高度关注的重点工程。2000 年开始实施的《重点企业税源监控数据库管理暂行办法》[①] 作出要求，全国税务系统应当建立重点企业税源监控数据库，以此来加强重点税源建设，并在税收征管实践中扎实做好做细重点税源监控工作。在此文件指引下，各级税务机关根据各辖区具体情况陆续出台了重点税源管理办法。例如，天津市税务局探索实行了重点税源企业"三级管理"[②]。因此，各级税务机关能够掌握重点税源企业的经营状况和财务信息，为强化对重点税源企业的税收征管力度奠定了良好的基础。综上可知，我国税制结构和重点税源建设，以及企业的逃税和盈余管理行为，在客观上造成了企业间税负差距。本章在此基础上进一步讨论税收竞争和财政支出竞争对企业税负不平等的影响及作用机制。

（一）税收竞争对企业税负不平等的影响

地方政府开展税收竞争的方式包括实施税收优惠和降低税收努力，进而对企业税负不平等产生影响。一方面，税收优惠会产生直接的节税效应。税收优惠方式通常指地方政府给予企业的税收返还或者享受的差别化税率政策（王延明，2003；刘骏和刘峰，2014）。由于重点税源企业相对来说更能够发挥招商引资、促进就业、带动地区经济发展的作用，这些企业也往往会受到地方政府的重点照顾，在地方政府经济政策制定和执行过程中拥有更强的议价能力。相比中小企业，重点税源企业能够争取更多的税收优惠以降低企业税负水平。此时，税收竞争缩小了同一地区企业的税负不平等。另一方面，降低税收努力会产生明显的节税效应，从而有效降低企业税负不平等程度。重点税源企业税收缴纳较多、税收遵从度较高，并在带动全产业链发展、提高本地经济活力方面贡献较大，一般会受到地方政府的特殊关照，能够在税收征管强度调整中获得更多收益。因此，地方政府采取降低税收努力方式进行税收竞争时，地方政府对重点税源企业的税收征管强度得到更大幅度的下降，而对非重点税源企业的税收征管强度下降幅度相对较小，进而缩小了企业税负不平等。现有研究认为，由

---

① https://code.fabao365.com/law_253402.html.

② http://www.chinatax.gov.cn/chinatax/n810219/n810739/c1138258/content.html.

于我国税收优惠政策一般统一由中央制定，主要包括全国人大及其常委会制定的法定税收优惠，以及国务院及其财税主管部门依法制定的政策性税收优惠，地方政府只具有税收执行权。同时，党的十八届三中全会后，中央对税收优惠政策进行全面清理规范①，这项政策有效抑制了地方政府采取不规范的税收优惠政策开展税收竞争的行为。由此可见，地方政府出台地区性税收优惠政策进行税收竞争的空间愈发有限，而改变税收努力的手段更为隐蔽，且难以被上级政府有效监管，因此地方政府主要采取降低税收努力的方式进行税收竞争（范子英和田彬彬，2013）。基于此，从税收努力的渠道检验税收竞争对企业税负不平等的作用机制。基于上述分析，提出研究假设4.1。

假设4.1：税收竞争会降低地方政府的税收努力，这会缩小企业间税收征管强度差异，从而在客观上缩小企业税负不平等。

（二）财政支出竞争对企业税负不平等的影响

地方政府开展财政支出竞争的方式包括提高税收努力和提高企业税收遵从度，进而对企业税负不平等产生影响。一方面，地方政府间财政支出竞争会扩张财政支出规模，从而导致地方政府在面临更大财政压力时增大税收努力程度。地方政府强化重点税源企业税收征管力度较为便利，且能够获取的税收规模较大。同时，当地方财政支出压力增大时，重点税源企业作为当地纳税大户一般会成为地方政府重点干预和游说的对象，其往往会面临着更大的税收征管强度，产生了"鞭打快牛"的现象。因此，地方政府采取提高税收努力方式以满足财政支出竞争的资金需求时，地方政府对重点税源企业的税收征管强度得到更大幅度的提升，而对非重点税源企业的税收征管强度提升幅度相对较小，进而扩大了企业税负不平等。另一方面，财政支出竞争会提高企业的税收遵从度，即能够提高企业依法纳税的程度。在中国式财政分权背景下，地方政府可能采取财政支出竞争的策略以吸引资本进入，具体举措包括完善地区基础设施，加大教育、医疗等民生类公共产品的供给，努力改善软性营商环境。由于地方公共产品的成本和收益的可观测性更强，上述措施会提高企业的主动税收遵从度，

---

① 《国务院关于清理规范税收等优惠政策的通知》（国发〔2014〕62号）。

而由于财政支出压力下税收稽查力度的加大也会提高企业的被动税收遵从度。相对非重点税源企业，重点税源企业税收遵从度较高，提升空间较为有限。因此，财政支出竞争提高企业税收遵从度的积极作用在非重点税源企业中表现得更为明显，这缩小了企业税负不平等。然而现有研究认为，随着地方政府税收征管能力明显提升和信息技术在税收征管中的大量运用，企业税收遵从对企业税负的影响显著降低（李艳等，2020），因此地方政府主要采取提高税收努力的方式进行财政支出竞争，总体上会扩大企业税负不平等。基于此，从税收努力的渠道检验财政支出竞争对企业税负不平等的作用机制。基于上述分析，提出研究假设4.2。

假设4.2：财政支出竞争会提高地方政府的税收努力，这会扩大企业间税收征管强度差异，从而在客观上扩大企业税负不平等。

（三）财政竞争对企业税负不平等影响的异质性分析

财政竞争对企业税负不平等的影响会因企业面临的融资约束不同而存在差异。企业的纳税遵从度与企业融资约束水平密切相关。当企业面临的融资约束水平较高时，企业现金持有量不足，企业日常经营活动、投资活动和筹资活动等行为将受到制约。在此情形下，企业会降低纳税遵从度，有强烈动机通过逃避税行为来减少税收支出和增加现金持有量，以达到缓解融资约束的目的。相比低融资约束企业，逃避税动机更为强烈的高融资约束企业的实际税负差异更大，从而具有更大的税负调节空间，因此当地方政府通过降低税收努力来进行税收竞争时高融资约束企业税负的整体差异收窄程度会更大。而且根据税收经济学的一般原理，税收竞争会降低企业的有效税率从而降低企业逃避税行为的边际收益，进而促使高融资约束企业减少逃避税行为，在此情形下高融资约束企业之间的税负不平等程度将会更大幅度地降低。同理可得，地方政府通过提高税收努力来进行财政支出竞争的行为会提高企业税负，高融资约束企业税负的上升幅度相较于低融资约束企业更为明显，这使高融资约束企业之间的税负不平等程度将会更大幅度地上升。基于上述分析，提出假设4.3。

假设4.3：与融资约束水平低的企业相比，税收竞争缩小企业税负不平等的作用在高融资约束企业中表现得更为明显，财政支出竞争扩大企业税负不平等的作用在高融资约束企业中表现得更为明显。

由于国有企业和非国有企业在政治关联、高管身份等方面均有所不同，财政竞争对企业税负不平等的作用在不同所有制企业中存在明显差异。首先，国有企业与政府间政治关联较为紧密，承担着稳定经济、解决就业和提供稳定税收收入的政治任务，这使国有企业不仅要实现利润最大化的经济目标，也要兼顾承担社会责任的非经济目标。其次，大多数国有企业高管由政府主管部门任命，具有相应的行政级别。国有企业高管的"准官员"身份使国有企业高管的经营决策受到当地政府的影响。与之相对，非国有企业的高管多为企业原始股东、职业经理人或家族成员，以实现经营利润最大化为目标。由于国有企业和政府具有特殊的政治关联及其高管一般由政府任命，地方政府调整税收努力时会优先考虑国有企业，也就是说，相比非国有企业，国有企业税负受到地方政府调整税收努力的影响更为显著。当地方政府降低税收努力来进行税收竞争时，在地方政府"父爱主义"的保护之下，国有企业税负的整体下降幅度相较于非国有企业更为明显，这使国有企业之间的税负不平等程度实现更大幅度的降低。当地方政府提高税收努力来进行财政支出竞争时，地方政府会将财政压力传导给存在政治关联的国有企业，尤其是税收贡献较多的大型国有企业，进而导致国有企业整体上升幅度相较于非国有企业更为明显，这使国有企业之间的税负不平等程度实现更大幅度的提高。

进一步地分析，财政竞争对企业税负不平等的影响在中央国有企业和地方国有企业中也可能存在差异。由于中央国有企业归属于国务院国资委直接管辖，企业高层领导一般由国资委直接任命和考核，因此企业日常经营活动一般不会受到地方政府的行政干预。而地方国有企业归属地方国资委直接管辖，企业高层领导一般由当地政府任命和考核，因此企业日常经营活动一般会较多地受到地方政府的行政干预。两相对比可以看出，地方政府间财政竞争在改变税收努力时，地方国有企业的税负受到更大的影响，最终体现为财政竞争对企业税负不平等的作用在地方国有企业中表现得更为显著。基于上述分析，提出研究假设4.4。

假设4.4：与非国有企业相比，税收竞争缩小企业税负不平等的作用在国有企业中表现更为明显，财政支出竞争扩大企业税负不平等的作用在国有企业中表现更为明显。与中央国有企业相比，财政竞争对企业税负不平等的作用在地方国有企业中更为显著。

企业承担的税负主要来自增值税和企业所得税这两大税种。主要针对增值税发票管理的金税一期、二期工程，加强了对虚开增值税发票等逃税行为的管理，并且通过"以票控税"的方式提高了企业增值税的税收遵从度。"金税三期"工程则进一步提高了税收遵从度和落实了税收优惠，从而有效降低了企业增值税税负。而企业所得税税收征管主要采用"查账征收"的方式，企业可能与税收征管人员合谋以调整费用扣除和资产损失等以降低企业实际缴纳的企业所得税税额。由此可见，增值税目前已经得到较为规范的监管，而企业所得税仍然存在较大的监管难度，这意味着地方政府调整税收努力的行为对企业所得税影响更为明显。因此，当地方政府降低税收努力来进行税收竞争时，企业承担的企业所得税税负整体下降幅度会大于增值税税负，从而使企业所得税税负不平等程度会更大幅度地降低。同理可得，当地方政府提高税收努力来进行财政支出竞争时，企业承担的企业所得税税负整体上升幅度会大于增值税税负，从而使企业所得税税负不平等程度会更大幅度地提高。基于上述分析，提出研究假设4.5。

假设4.5：与增值税相比，财政竞争对企业所得税税负不平等的作用更为明显。

二、样本选择和数据来源

本章主要使用省级层面财政数据和企业层面财务数据。企业层面数据来自国泰安数据库，以2008～2020年A股上市公司数据为样本。税收相关指标来源于2008～2020年《中国税务年鉴》和各省税务统计年鉴，财政相关指标来源于2008～2020年《中国财政年鉴》和各省财政统计年鉴，部分手工整理自各省2020年省级财政决算报告。市场化指数来自王小鲁等编制的《中国分省份市场化指数报告（2021）》，并与企业数据进行匹配。为减少原始数据中异常值的影响，对上市公司数据进行如下处理：（1）剔除ST、*ST企业；（2）剔除企业税负、营业收入为负的企业；（3）剔除数据存在缺失的企业；（4）对所有连续变量在1%和99%分位进行Winsorize处理以消除极端值影响。最终得到的样本数据包括390个观测值。

三、模型设定和变量选择

(一) 模型设定

1. 财政竞争与企业税负不平等。为了检验地方政府间税收竞争和财政支出竞争对企业税负不平等的影响，构建实证模型式（4-1）：

$$Inequl_{pt} = \beta_0 + \beta_1 Taxc_{pt} + \beta_2 Expc_{pt} + \gamma X_{pt} + \mu_p + \eta_t + \varepsilon_{pt} \qquad (4-1)$$

式（4-1）中，$Inequl_{pt}$ 表示 p 省份第 t 年企业之间的税负不平等程度，$Taxc_{pt}$ 表示 p 省份第 t 年的税收竞争，$Expc_{pt}$ 表示 p 省份第 t 年的财政支出竞争，X_{pt} 表示一系列控制变量，μ_p 表示地区固定效应，η_t 表示时间固定效应，ε_{pt} 表示扰动项。重点关注 β_1 和 β_2，β_1 衡量了税收竞争对企业税负不平等的边际影响，β_2 衡量了财政支出竞争对企业税负不平等的边际影响。

2. 财政竞争影响企业税负不平等的作用机制检验。为检验地方政府税收竞争和财政支出竞争通过税收努力影响企业税负不平等的作用机制，借鉴温忠麟等（2004）的研究，将税收努力作为中介变量，构建中介效应模型如式（4-2）、式（4-3）、式（4-4）所示：

$$Inequl_{pt} = b_0 + b_1 Comp_{pt} + b_2 X_{pt} + \mu_p + \eta_t + \varepsilon_{pt} \qquad (4-2)$$

$$TE_{pt} = c_0 + c_1 Comp_{pt} + c_2 X_{pt} + \mu_p + \eta_t + \varepsilon_{pt} \qquad (4-3)$$

$$Inequl_{pt} = d_0 + d_1 Comp_{pt} + d_2 TE_{pt} + d_3 X_{pt} + \mu_p + \eta_t + \varepsilon_{pt} \qquad (4-4)$$

其中，核心解释变量 $Comp_{pt}$ 为 p 省份（地区）第 t 年的财政竞争指标，在实证回归中将分别考察税收竞争（$Taxc$）和财政支出竞争（$Expc$）的作用；TE_{pt} 表示企业注册地 p 省份（地区）第 t 年的税收努力程度，其他变量定义与实证模型式（4-1）保持一致。

(二) 变量选取

1. 企业税负与企业税负不平等。税收竞争和财政支出竞争对增值税、企业所得税等各项税种的征收过程均有影响。因此，企业税负应当是综合考虑各项税种之后的企业实际税负，衡量方式为：（支付的各项税费 - 收到的税费返还）/营业收入（刘骏和刘峰，2014）。根据现行企业会计准则，企业现金流量表中"支付的各项税费"项目指的是企业按照税法规定应当缴纳的各项税费，"收到的税费返还"项目指的是企业从征税机关实际收到的全部税费返还。因此，可以用两者之差度量企业当期发生的税费净支出。根据定义，企业税费负担指的是实际缴纳的各项税费占计税依据的比重。由于企业所缴纳的增值税、企业所得税和消费税等税费的计税依据并不一致，考虑到营业收入是企业计税依据的主要来源，因此，选取营业收入作为税费负担变量的分母。

梳理现有国内外关于企业税负不平等存在性及测度方法的研究后发现，大多文献采用实证分析方法从企业异质性视角来分析不同所有制类型（刘骏和刘峰，2014；蔡昌和李蓓蕾，2017）、不同产业（孙玉栋和孟凡达，2016）、不同地区（汪德华和李琼，2015；刘尚希，2016）和不同行业（刘尚希，2016）的企业之间的税负存在差异，从而间接表明企业之间存在税负不平等。从国内外经典文献来看，目前企业税负不平等的测算方法主要包括数列分析法①、曲线图法②、税负差异系数法③、税收协调系数法④、税收弹性系数法⑤、变异系数法⑥、基尼系数⑦和泰尔指数（Theil Index）法⑧。比如，蒋为（2016）使用基

① 数列分析法通过计算同时期动态数列的绝对离差、相对离差和标准差等一系列统计指标，测度出整个国民经济整体、不同地区、不同行业之间的税负差异水平。数列分析法是最为基础的统计分析方法，但不能准确反映事物整体的税负差异程度。

② 曲线图法根据收入分配理论中洛伦兹曲线的思想，构建起税负差异测度图。税负差异曲线的弯曲度反映了不同地区或不同行业的税负差异程度。通过比较不同曲线的弯曲程度，可以看出不同国家地区间（或行业间）税负差异程度。

③ 税负差异系数法利用基尼系数计算出地区或行业内部的总体税负差异程度，在此基础上构建税负差异系数图。税负差异系数法能够简洁地利用一个数值反映税负差异的总体情况。

④ 税收协调系数法是指一定时期内地区税收比重与地区 GDP 比重之比，反映了地区税收收入所占份额与地区国内生产总值所占份额之间的协调程度，便于进行区域间分析和比较。

⑤ 税收弹性系数法是指一定时期内地区税收收入增长率与地区 GDP 增长率之比，反映了地区税收收入增长情况与经济总量增长情况之间的协调程度。

⑥ 变异系数法也称离差系数法，用样本标准差与样本均值之比来计算，反映了样本中各个数据值与样本均值之间的差异程度。变异系数值越大，则表明数据间存在的差异越大。

⑦ 基尼系数法由意大利经济学家基尼于 1912 年提出，定量测度某一国家或地区收入差距和财富差距的指标。基尼系数的取值范围是 0～1，越趋近于 0，则反映收入分配越平等。

⑧ 泰尔指数由荷兰经济学家泰尔于 1967 年提出，他巧妙地借助信息理论中的熵概念来直接计算收入不平等程度，后来被广泛应用于测度区域之间的差异。泰尔指数越大，则各区域之间的差异也越大。

尼系数法测度企业增值税税负差异，倪红福等（2020）采用基尼系数和泰尔指数测度企业税负不平等。基于现有关于企业税负不平等的理论和计算方法，并在测算出企业税负的基础上，选择基尼系数对企业税负不平等进行测算和分析。原因在于，相比较大部分相对指标，基尼系数的数值具有经济学含义（万广华，2009）；基尼系数的取值范围限定在［0，1］内，经过转换后的均等化指数类似于日常生活中的百分制，方便读者理解；基尼系数在度量不平等方面得到了广泛应用，能够快速简洁地测算不平等程度。借鉴蒋为（2016）等对增值税不平等程度的测算方法，构建企业税负不平等程度的测算模型如式（4－5）所示：

$$Inequl_{pt} = \frac{1}{2N_{pt}^2 u_{pt}} \sum_{a=1}^{N_{pt}} \sum_{b=1}^{N_{pt}} |\theta_{apt} - \theta_{bpt}| \qquad (4-5)$$

式（4－5）中，$Inequl_{pt}$ 表示 p 省份第 t 年企业之间的税负不平等程度，a 和 b 为 p 省份第 t 年任意两个企业 θ_{apt} 和 θ_{bpt} 分别表示 p 省份内的 a 企业和 b 企业第 t 年的企业税负，N_{pt} 表示 p 省份第 t 年企业总数，u_{pt} 表示 p 省份第 t 年企业税负均值。

2. 税收竞争和财政支出竞争。地方政府间的财政竞争包括税收竞争（$Taxc$）和财政支出竞争（$Expc$）两种方式。本章使用地方税收除以当地 GDP 度量税收竞争。为方便解读实证结果，对税收竞争指标进行取负数处理，此时指标数值越大，说明地方政府利用税收手段参与财政竞争的程度越高。使用地方一般公共预算支出除以当地 GDP 度量财政支出竞争。财政支出竞争指标越大，说明地方政府利用财政支出手段参与财政竞争的程度越高（唐飞鹏，2016）。

3. 税收努力。理论分析表明，税收竞争主要体现为降低税收努力，而财政支出竞争主要体现为提高税收努力，地方政府税收努力的变化会改变企业间税收征管强度，进而对企业税负不平等产生影响，因此需要对税收努力进行测算。参考主流文献的度量方法，采用"税柄法"测算潜在税收收入，采用实际税收收入与潜在的税收收入之比来测度税收努力（杨得前，2014），该值越大，意味着税收努力程度越高。由此，构建税收努力的测算模型如式（4－6）、式（4－7）所示：

$$\frac{tax_{pt}}{gdp_{pt}} = \alpha_0 + \alpha_1 pergdp_{pt} + \alpha_2 \frac{open_{pt}}{gdp_{pt}} + \alpha_3 popden_{pt} + \alpha_4 \frac{indus2_{pt}}{gdp_{pt}}$$

$$+ \alpha_5 \frac{indus3_{pt}}{gdp_{pt}} + \alpha_6 urban_{pt} \qquad (4-6)$$

$$TE_{pt} = \left(\frac{tax_{pt}}{gdp_{pt}}\right) \bigg/ \left(\frac{tax'_{pt}}{gdp_{pt}}\right) = \frac{tax_{pt}}{tax'_{pt}} \qquad (4-7)$$

式（4-6）和式（4-7）中，tax_{pt}、gdp_{pt}、$pergdp_{pt}$、$open_{pt}$、$popden_{pt}$、$indus2_{pt}$、$indus3_{pt}$、$urban_{pt}$、tax'_{pt} 分别表示 p 省份第 t 年税收收入、GDP、人均 GDP、进出口总额、人口密度（各地常住人口/土地面积）、第二产业产值、第三产业产值、城镇化率（城镇人口数/总人口）、潜在税收收入。首先对式（4-6）进行回归，计算出各变量的回归系数，再计算出潜在税收收入（tax'_{pt}）占地方 GDP（gdp_{pt}）的比重，最后根据式（4-7）测算出税收努力 TE_{pt}。

4. 控制变量 X_{pt}。在参考吴祖光和万迪昉（2012）、陈冬等（2016）以及邓晓兰和金博涵（2018）的基础上，引入反映地区特征和企业特征的控制变量。以往研究表明，财政压力和产业结构都是影响企业税负不平等的重要因素。企业所在地区的市场化水平也会对企业税负造成影响，采取市场化指数来衡量地区市场化水平，该指标能够较为全面地反映一个地区在政府干预、产品市场、非国有经济发展、要素市场以及法治环境等维度的总体状况，地区市场化指数越高意味着地区制度越完善，这能够有效规范企业行为，从而缩小企业税负不平等差距。对此，本章反映地区特征的控制变量包括财政压力、产业结构和市场化水平。已有大量文献研究企业自身特征对企业税收负担的影响，但没有形成一致的研究结论（吴祖光和万迪昉，2012）。企业资产规模、资产负债率等特征会对企业的避税行为和税务机关的征管行为产生直接或间接的影响。对此，本章反映企业特征的控制变量包括企业规模、资产负债率、资产收益率和雇员规模，并计算出各省份企业之间在企业特征方面的方差，用以刻画各省份（地区）企业在这些企业特征方面的差异状况。各变量定义及说明如表 4-1 所示。

表 4-1　　　　　　　　　　　　变量定义及说明

变量类型	变量名称	变量符号	含义及计算公式
被解释变量	企业税负不平等	$Inequl$	企业税负的基尼系数
核心解释变量	税收竞争	$Taxc$	税收收入/GDP（取负数）
	财政支出竞争	$Expc$	一般公共预算支出/GDP

续表

变量类型	变量名称	变量符号	含义及计算公式
控制变量	财政压力	Fiscal	(一般公共预算支出 − 一般公共预算收入)/一般公共预算收入
	产业结构	Indus	第二产业增加值/GDP
	市场化水平	Market	市场化指数
	企业规模差异	Size	年末资产总额对数的方差
	资产负债率差异	Lev	(年末负债总额/年末资产总额) 的方差
	资产收益率差异	Profit	(净利润/平均资产总额) 的方差 其中，平均资产总额＝(资产期初余额＋资产期末余额)/2
	雇员规模差异	Emply	雇佣人数对数的方差

第二节　财政竞争影响企业税负不平等的实证分析

一、描述性统计

各变量的描述性统计结果如表4－2所示。从描述性统计结果看，企业税负不平等最高为 0.909，最低为 0.122，平均值为 0.425，标准差为 0.076，企业税负不平等的平均值高于 0.4 的"警戒线"，由此可见我国企业税负不平等程度整体偏高。税收竞争的最大值为 − 0.043，最小值为 − 0.181，平均值为 − 0.087。财政支出竞争的最大值为 0.758，最小值为 0.110，平均值为 0.257。这说明我国不同地区之间税收竞争和财政支出竞争均存在较大差异。

表4－2　　　　　　　变量的描述性统计结果

变量符号	数量	平均值	标准差	最大值	最小值
Inequl	390	0.425	0.076	0.909	0.122
Taxc	390	− 0.087	0.028	− 0.043	− 0.181
Expc	390	0.257	0.114	0.758	0.110

续表

变量符号	数量	平均值	标准差	最大值	最小值
Fiscal	390	1.300	1.001	5.744	0.063
Indus	390	0.454	0.084	0.590	0.186
Market	390	6.422	1.906	10.83	2.330
Size	390	1.864	1.046	6.458	0.216
Lev	390	0.041	0.013	0.119	0.010
Profit	390	0.005	0.006	0.059	0
Emply	390	1.853	0.818	4.346	0.561

二、基础回归结果与分析

根据实证模型式（4-1）检验税收竞争和财政支出竞争对企业税负不平等的影响效应，结果如表4-3所示。第（1）列为未控制时间和省份固定效应，以及未加入控制变量的估计结果；第（2）列为控制时间和省份固定效应，但未加入控制变量的估计结果；第（3）列为控制时间和省份固定效应，并加入省级层面控制变量的估计结果；第（4）列为控制时间和省份固定效应，且加入省级层面和企业层面控制变量的估计结果。回归结果显示，税收竞争的系数显著为负，财政支出竞争的系数显著为正，表明税收竞争显著降低企业之间的税负不平等程度，而财政支出竞争显著扩大企业之间的税负不平等程度。结果符合本章的预期，验证了研究假设4.1和研究假设4.2。

表4-3　　　　　财政竞争影响企业税负不平等的基准回归结果

变量	（1）	（2）	（3）	（4）
	Inequl	*Inequl*	*Inequl*	*Inequl*
Taxc	−0.373 ** (0.165)	−1.210 *** (0.449)	−0.824 *** (0.293)	−0.728 *** (0.272)
Expc	0.171 ** (0.074)	0.418 ** (0.196)	0.344 ** (0.151)	0.357 ** (0.163)
Fiscal			−0.030 (0.028)	−0.030 (0.028)

续表

变量	（1）Inequl	（2）Inequl	（3）Inequl	（4）Inequl
Indus			−0.033 （0.162）	−0.110 （0.163）
Market			−0.012 （0.009）	−0.018 ** （0.009）
Size				−0.026 ** （0.012）
Lev				−0.725 ** （0.351）
Profit				−0.134 （0.330）
Emply				0.025 *** （0.009）
常数项	0.391 *** （0.028）	0.394 *** （0.047）	0.450 *** （0.122）	0.474 *** （0.126）
时间固定效应	否	是	是	是
省份固定效应	否	是	是	是
N	390	390	390	390
R^2	0.061	0.080	0.086	0.143

注：括号内数值为标准误，＊、＊＊、＊＊＊分别表示在10%、5%、1%水平上显著。

从表4-3第（4）列回归结果看，财政压力和产业结构系数不显著为负，说明财政压力和产业结构对企业税负不平等的影响不明显。市场化水平系数显著为负，说明地区较高的市场化水平能够有效缩小企业间税负不平等。企业规模差异系数显著为负，资产收益率差异系数为负，可能的原因是资产规模和盈利能力越高的企业，具有较强的动机和能力游说地方政府以获得更多的税收优惠，这降低了其本身较高的税负水平，进而缩小了企业税负不平等程度。资产负债率差异系数显著为负，可能的原因是资产负债率高的企业能够通过债务的税盾效应降低企业税负，这降低了其本身较高的税负水平。雇员规模差异系数显著为正，可能的原因是企业雇员规模越大，企业越有可能受到更为严格的税收监管，这使其与雇员规模较小企业的税负水平拉大，体现为企业之间的税负不平等程度提高。

三、稳健性检验

为对前文结论进行稳健性检验，接下来着重解决实证中可能存在的内生性问题，替换企业税负的衡量方式，替换税收竞争和财政支出竞争的衡量方式，使用母公司报表数据，加入更多的控制变量，来开展辅助验证。

（一）内生性问题的处理

在基准回归中控制时间和省份固定效应，加入尽可能多的省级层面以及企业层面控制变量，有效减少了遗漏变量带来的估计偏误，但是仍然需要考虑内生性问题对结论的干扰。主要原因有两点：第一，实证可能存在反向因果问题。一方面，如果企业税负差异小甚至无差异，税收政策难以发挥支持特定产业发展和激励企业创新的作用，则税务机关会利用手中的自由裁量权来针对性地降低某些企业的税收征管强度。另一方面，由于企业税负不平等程度过大会影响生产要素的合理配置，降低地区经济发展潜力，为防止该情况导致的不良后果，地方政府会针对不同企业调整税收征管强度来降低企业的税负不平等程度。考虑到地方政府间税收竞争和财政支出竞争均与税收征管强度密切相关，税收征管强度可能会对税收竞争和财政支出竞争产生一定的反作用。第二，实证也可能存在遗漏不可观测变量问题。影响企业税负不平等的影响因素较多，难以全部纳入考虑。因此，为了解决反向因果和遗漏变量对于实证的影响，选取工具变量法解决内生性问题。

选取除企业所在省份外的剩余 29 个省份税收竞争和财政支出竞争的平均值作为工具变量，得到剩余省份税收竞争均值（$Taxc1$）和剩余省份财政支出竞争均值（$Expc1$）。一是基于政策博弈的观点，地方政府行为具有"邻里模仿"特征，因此本地区的税收竞争和财政支出竞争强度会受到其他地区税收竞争和财政支出竞争强度的影响。二是其他地区的税收竞争和财政支出竞争强度对本地区企业税负不平等没有直接的影响。理论分析可知，选取的工具变量符合要求。采用二阶段最小二乘法（2*SLS*）重新对实证模型（4-1）进行内生性检验，回归结果如表4-4所示。如表4-4中第（1）（2）列所示，第一阶段回归结果在1%水平上显著，这说明工具变量与内生解释变量强相关，满足成为工具变量的条件，且 F 统计值大于10，说明不存在弱工具变量问题。如表4-4中第（3）列所示，第二阶段的税收竞争系数显著为负，财政支出竞争系数显著为正，与基准回归结果基本一致，这说明考虑内生性问题后，结论仍然是稳健的。

表4-4 内生性检验

变量	第一阶段（1）	第一阶段（2）	第二阶段（3）
	Taxc	*Expc*	*Inequl*
*Taxc*1	1.301 *** (0.280)	-1.662 *** (0.696)	
*Expc*1	-0.447 *** (0.123)	0.294 *** (0.107)	
Taxc			-0.103 *** (0.357)
Expc			0.643 ** (0.315)
Fiscal	-0.003 (0.002)	0.096 *** (0.005)	-0.062 * (0.033)
Indus	-0.134 *** (0.020)	-0.183 *** (0.049)	-0.063 (0.113)
Market	0.002 ** (0.001)	-0.007 ** (0.003)	0.007 (0.005)
Size	0.004 ** (0.002)	0.001 (0.004)	0.003 (0.009)
Lev	-0.206 * (0.108)	-0.305 (0.268)	-0.505 (0.474)
Profit	0.115 (0.195)	0.733 (0.484)	-1.117 (0.788)
Emply	0.009 *** (0.002)	0.019 *** (0.005)	-0.017 (0.011)

续表

变量	第一阶段（1）	第一阶段（2）	第二阶段（3）
	Taxc	*Expc*	*Inequl*
常数项	0.121 ***	0.148 ***	0.376 ***
	（0.026）	（0.045）	（0.116）
时间固定效应	是	是	是
省份固定效应	是	是	是
N	390	390	390
R^2	0.505	0.811	0.483

注：括号内数值为标准误，* 、** 、*** 分别表示在10%、5%、1%水平上显著。

（二）替换企业税负的衡量方式

企业税负不平等度量的准确性会对回归结果的可靠性产生重要影响。然而目前度量企业税负的方法都存在一定的缺陷（吴祖光和万迪昉，2012），因此不同度量方法下的企业税负存在较大差异。考虑到企业在支付税费时，可能存在补缴上一年税费和预缴下一年税费的情况，借鉴刘骏和刘峰（2014）的做法对企业税费净支出进行加权平均，采用加权税费净支出/营业收入度量企业税负，并重新计算企业税负的基尼系数。其中，加权税费净支出为企业税费净支出在 $t-1$ 期、t 期、$t+1$ 期的三年移动平均数。实证结果如表4－5中第（1）列所示，税收竞争系数显著为负，财政支出竞争系数显著为正，这表明替换企业税负不平等的度量方式不会引起实证结论的变化。

表4－5　　　　　　　　　　　稳健性检验

变量	（1）	（2）	（3）	（4）
	Inequl	*Inequl*	*Inequl*	*Inequl*
Taxc	－ 1.450 ***	－ 0.422 **	－ 0.646 **	－ 0.752 **
	（0.582）	（0.218）	（0.314）	（0.306）
Expc	0.476 *	0.387 **	0.204 *	0.198 *
	（0.306）	（0.153）	（0.116）	（0.119）
Fiscal	－ 0.106 *	－ 0.012	－ 0.045	－ 0.004
	（0.055）	（0.026）	（0.030）	（0.029）
Indus	0.397	－ 0.014	0.371 **	0.148
	（0.317）	（0.016）	（0.175）	（0.199）

变量	（1）Inequl	（2）Inequl	（3）Inequl	（4）Inequl
Market	−0.021 (0.018)	−0.367** (0.160)	0.014 (0.010)	−0.008 (0.010)
Size	−0.025 (0.024)	−0.010 (0.009)	−0.019 (0.013)	−0.022* (0.012)
Lev	0.982 (0.684)	0.651 (0.541)	0.904** (0.378)	−0.642* (0.354)
Profit	−1.845 (1.229)	0.777 (0.539)	−2.128*** (0.679)	−0.201 (0.633)
Emply	0.010 (0.017)	0.020 (0.018)	0.034*** (0.009)	0.025*** (0.009)
PerGDP				−0.168** (0.075)
Perpop				−0.137 (0.211)
常数项	0.692*** (0.245)	0.891*** (0.123)	0.228* (0.135)	2.203 (1.533)
时间固定效应	是	是	是	是
省份固定效应	是	是	是	是
N	390	390	390	390
R^2	0.202	0.208	0.196	0.159

注：括号内数值为标准误，*、**、***分别表示在10%、5%、1%水平上显著。

（三）替换税收竞争和财政支出竞争的衡量方式

通过变换自变量税收竞争和财政支出竞争的测度方法以验证结论的稳健性，将税收竞争的测度方法替换为（全国税收/全国GDP）/（本省税收收入/本省GDP），将财政支出竞争的测度方法替换为（本省财政支出/本省GDP）/（全国财政支出/全国GDP），对实证模型式（4-1）重新进行回归。如表4-5中第（2）列结果所示，税收竞争系数显著为负，财政支出竞争系数显著为正，变换自变量测量方法不会引起实证结论的变化。

（四）使用母公司报表数据

上市公司合并报表财务数据包含母公司和子公司总体的纳税情况，能够全面反映企业税负情况。但值得注意的是，上市公司的异地子公司是在异地（非母公司注册地）缴纳税额，此时母公司注册地的税收竞争和财政支出竞争对异地子公司的税负影响较弱。为排除异地子公司样本对于实证结果的干扰，尝试使用母公司报表数据进行稳健性检验。稳健性检验结果如表4-5中第（3）列所示，税收竞争对企业税负不平等仍然存在显著的负向作用，财政支出竞争对企业税负不平等仍然存在显著的正向作用。上述稳健性检验结果进一步支持了研究结论的稳健性。

（五）加入更多的控制变量

前文分析道，实证也可能存在遗漏变量问题，遗漏变量是内生性问题的来源之一，会影响到估计结果的可靠性。一是地区经济发展水平可能会对企业税负产生影响，进而对企业税负不平等产生影响。二是地区常住人口可能对企业税负产生影响，一个地区常住人口越多意味着这个地区市场空间越大、税源越充足、对于公共产品的需求越旺盛，这个地区的税收竞争和财政支出竞争程度一般也更为激烈，这会影响企业税负不平等。因此，表4-5第（4）列中在基准回归的基础上加入两个控制变量——人均GDP和常住人口数对数。在考虑遗漏变量后，税收竞争系数显著为负，财政支出竞争系数显著为正，这表明研究结论是稳健的。

综上分析，由表4-5的结果可以看出，在替换企业税负不平等的衡量方式、替换税收竞争和财政支出竞争的衡量方式、使用母公司报表数据，以及加入更多的控制变量后，税收竞争仍然显著缩小企业税负不平等，财政支出竞争仍然显著扩大企业税负不平等，这表明结论是强稳健的。

第三节　财政竞争对企业税负不平等影响的异质性分析

第二节讨论了财政竞争对企业税负不平等的平均影响，本节将重点研究财政竞争对企业税负不平等的整体影响。即将企业普遍存在的异质性特征纳入考虑，财政竞争对不同融资约束和不同所有制性质企业税负不平等的影响差异，以及考察财政竞争对不同税种税负不平等的影响差异。

具体而言，在异质性分析中，按照一定标准将原始样本进行划分，依次划分为不同融资约束水平企业、不同所有制性质企业，接着针对不同样本检验财政竞争对企业税负不平等的影响。为保证异质性分析结论的稳健性，采取两种不同企业税负不平等衡量方式进行实证回归。此外，分别测算了企业增值税税负和企业所得税税负不平等程度，接着区分税种实证检验财政竞争对企业税负不平等的作用。为保证区分税种类型的实证检验具有稳健性，采取两种不同的税收竞争和财政支出竞争衡量方式进行实证回归。在实证模型设计，以及被解释变量、核心解释变量和控制变量的选取和衡量方式上，继续采用实证模型式（4-1）进行分析，变量衡量方式保持一致。得到分组回归实证结果后，比对异质性企业核心解释变量（财政竞争）系数的显著性、符号与差异，有助于厘清以下问题：财政竞争对企业税负不平等的作用是否在不同类型企业、不同税种中存在显著差异，实际作用效果的差异是如何产生的？

一、基于企业融资约束的异质性分析

借鉴哈德洛克和皮尔斯（Hadlock and Pierce，2010）根据上市时间和公司规模两个外生变量构建的上市公司 SA 指数[①]来衡量企业融资约束，该指数绝对值越大，意味着企业融资约束水平越高。相比 WW 指数和现金—现金流敏感度，SA 指数具备三点显著优势：一是不包含具有内生性的融资变量；二是计算简便；三是测量偏误较小（鞠晓生等，2013）。按照企业融资约束高低（SA）将上市公司划分为两个样本：高融资约束组和低融资约束组。表 4-6 中第（1）列至第（2）列显示的是使用第一种企业税负不平等衡量方式的回归结果，高融资约束组的税收竞争系数为 -0.297，财政支出竞争系数为 0.189，在 1% 的水

---

① 计算公式为 $SA = 0.043 \times (\ln Size)^2 - 0.737 \times \ln Size - 0.040 \times Age$，其中 $\ln Size$ 为公司规模的自然对数，Age 为上市时间，即当年年份减去上市年份。

平上具有统计显著性；低融资约束组的税收竞争系数为 -0.247，财政支出竞争系数为0.156，不具有统计显著性。表4-6中第（3）列至第（4）列显示的是使用第二种企业税负不平等衡量方式的回归结果，高融资约束组的税收竞争系数为 -0.275，财政支出竞争系数为0.179，均具有统计显著性；低融资约束组的税收竞争系数为 -0.242，在10%的水平上显著为负，财政支出竞争系数为0.152，不具有统计显著性。分组回归结果表明，税收竞争会降低地方政府的税收努力，这会显著降低高融资约束企业之间的税负不平等程度，而对低融资约束企业之间的税负不平等影响较弱；而财政支出竞争会提高地方政府的税收努力，这会显著提高融资约束企业之间的税负不平等程度，而对低融资约束企业之间的税负不平等影响较弱。原因在于，融资约束程度较高的企业在日常经营中逃税和盈余管理行为较多，高融资约束企业内部企业税负不平等程度本身较高，地方政府调整税收努力的行为对其税收遵从行为的影响较大。而融资约束程度较低的企业在经营活动、投资活动和筹资活动中留存的现金较多，能够持续扩大生产规模和追加投资，企业不会迫于现金流压力而进行逃税和盈余管理，低融资约束企业内部企业税负不平等程度本身较低，地方政府调整税收努力的行为对低融资约束企业税收遵从行为的影响很弱。以上分析表明，相较于低融资约束企业，高融资约束企业具有更大的税收调节空间。因此，财政竞争对企业税负不平等的作用在高融资约束企业中表现得更为明显。研究假设4.3得到了验证。

表4-6　　　　　　　　　基于企业融资约束的异质性分析

变量	Inequl		Inequl1	
	高融资约束	低融资约束	高融资约束	低融资约束
	（1）	（2）	（3）	（4）
Taxc	-0.297***	-0.247	-0.275***	-0.242*
	(0.095)	(0.165)	(0.086)	(0.137)
Expc	0.189***	0.156	0.179**	0.152
	(0.057)	(0.129)	(0.086)	(0.117)
Fiscal	-0.117*	-0.118*	-0.051*	-0.042
	(0.062)	(0.052)	(0.029)	(0.026)

变量	Inequl		Inequl1	
	高融资约束	低融资约束	高融资约束	低融资约束
	（1）	（2）	（3）	（4）
Indus	0.367	− 0.031 *	0.347 **	0.178
	(0.289)	(0.018)	(0.175)	(0.149)
Market	− 0.024	− 0.372 **	0.015 *	− 0.018 *
	(0.017)	(0.162)	(0.009)	(0.010)
Size	− 0.021	− 0.012	− 0.019	− 0.026 **
	(0.018)	(0.009)	(0.013)	(0.012)
Lev	0.928	0.634	0.881 **	0.659 **
	(0.621)	(0.441)	(0.408)	(0.314)
Profit	− 1.541	0.628	− 1.852 ***	− 0.501
	(0.949)	(0.448)	(0.621)	(0.433)
Emply	0.021	0.020	0.034 ***	0.024 ***
	(0.016)	(0.016)	(0.012)	(0.010)
常数项	0.398 ***	0.402 ***	0.467 ***	0.474 ***
	(0.145)	(0.147)	(0.128)	(0.126)
时间固定效应	是	是	是	是
省份固定效应	是	是	是	是
N	390	390	390	390
R^2	0.302	0.312	0.292	0.297

注：括号内数值为标准误，*、**、***分别表示在10%、5%、1%水平上显著。

二、基于企业所有制的异质性分析

按照企业所有制将上市公司划分为国有企业组和非国有企业组，其中，非国有企业组包括民营企业、外资企业和其他企业。具体分组过程遵循一定细则，根据 CSMAR 数据库中披露的上市公司最大股东来确定上市公司所有制性质，当企业所有制性质为国有股份时，确定为国有企业；当企业所有制性质为民营企业、外资企业或其他企业时，统一将其确定为非国有企业。表 4 – 7 中第（1）列至第（2）列显示的是使用第一种企业税负不平等衡量方式的回归结果，国有企业和非国有企业税收竞争系数显著为负，财政支出竞争系数显著为正。国有企业组税收竞争系数为 -0.352，财政支出竞争系数为 0.228；非国有企业税收竞争系数为 -0.302，财政支出竞争系数为 0.201。表 4-7 中第（3）列至第（4）列显示的是使用第二种企业税负不平等衡量方式的回归结果，国有企业和非国有企业税收竞争系数均显著为负，财政支出竞争系数均显著为正。国有企业组税收竞争系数为 -0.412，财政支出系数为 0.231；非国有企业税收竞争系数为 -0.396，财政支出竞争系数为 0.159。由此可见，财政竞争对企业税负不平等的作用在国有企业中表现得更为明显。原因在于，相比非国有企业，国有企业的政治关联和高管身份较为特殊，经营行为会受到地方政府的行政干扰。当地方政府采取税收竞争降低税收努力时，地方政府的偏爱使得国有企业整体税负下降幅度较大，进而显著降低国有企业内部的税负不平等程度。当地方政府采取财政支出竞争提高税收努力时，地方政府会加大对国有企业的税收征管力度，进而显著扩大企业间税负不平等程度。

表 4-7　　　　　　　　　国有企业和非国有企业分组回归结果

变量	Inequl		Inequl1	
	国有企业	非国有企业	国有企业	非国有企业
	（1）	（2）	（3）	（4）
Taxc	-0.352 ***	-0.302 **	-0.412 ***	-0.396 ***
	(0.125)	(0.122)	(0.151)	(0.132)
Expc	0.228 ***	0.201 **	0.231 ***	0.159 **
	(0.079)	(0.086)	(0.079)	(0.071)
Fiscal	-0.115 *	-0.104 *	-0.052	-0.053
	(0.062)	(0.056)	(0.034)	(0.035)
Indus	0.410	-0.407	0.356 **	0.218
	(0.289)	(0.265)	(0.156)	(0.189)
Market	-0.124	-0.338 **	0.016	-0.019
	(0.107)	(0.147)	(0.012)	(0.012)
Size	-0.027 *	-0.014 *	-0.021	-0.028 **
	(0.016)	(0.008)	(0.014)	(0.014)

续表

变量	Inequl		Inequl1	
	国有企业	非国有企业	国有企业	非国有企业
	（1）	（2）	（3）	（4）
Lev	0.691 （0.421）	0.651 （0.454）	0.874 ** （0.428）	0.649 ** （0.323）
Profit	-0.952 （0.629）	-0.792 （0.510）	-1.461 *** （0.629）	-1.201 ** （0.611）
Emply	0.018 （0.012）	0.025 （0.017）	0.034 * （0.019）	0.026 *** （0.013）
常数项	0.513 *** （0.167）	0.523 *** （0.165）	0.435 *** （0.121）	0.441 *** （0.124）
时间固定效应	是	是	是	是
省份固定效应	是	是	是	是
N	390	390	390	390
R^2	0.213	0.224	0.223	0.198

注：括号内数值为标准误，* 、** 、*** 分别表示在10%、5%、1%水平上显著。

　　进一步地，为研究财政竞争对企业税负不平等的作用在不同性质国有企业中是否存在差异，将国有企业划分为中央国有企业和地方国有企业。表4-8中第（1）列至第（2）列显示的是使用第一种企业税负不平等衡量方式的回归结果，中央国有企业和地方国有企业税收竞争系数显著为负，财政支出竞争系数显著为正。中央国有企业组税收竞争系数为-0.432，财政支出竞争系数为0.258；地方国有企业组税收竞争系数为-0.461，财政支出竞争系数为0.291。表4-8中第（3）列至第（4）列显示的是使用第二种企业税负不平等衡量方式的回归结果，中央国有企业和地方国有企业税收竞争系数显著为负，财政支出竞争系数显著为正。中央国有企业组税收竞争系数为-0.512，财政支出竞争系数为0.301；地方国有企业组税收竞争系数为-0.573，财政支出竞争系数为0.342。由此可见，财政竞争对企业税负不平等的作用在地方国有企业中表现得更为明显。原因可能在于，相比中央国有企业，地方国有企业与地方政府之间存在更为紧密的政治关联，因此地方政府在调整税收征管强度时，地方国有企业同时面临着政策性照顾和政策性负担。具体表现为，财政竞争对企业税负不平等的作用更为明显。研究假设4.4得到了验证。

表4-8　　　　　　　　中央国有企业和地方国有企业分组回归结果

变量	Inequl		Inequl1	
	中央国有企业	地方国有企业	中央国有企业	地方国有企业
	（1）	（2）	（3）	（4）
Taxc	-0.432***	-0.461***	-0.512**	-0.573***
	(0.155)	(0.125)	(0.257)	(0.214)
Expc	0.258***	0.291***	0.301**	0.342***
	(0.092)	(0.099)	(0.141)	(0.132)
Fiscal	-0.124**	-0.045*	-0.103**	-0.102**
	(0.051)	(0.024)	(0.044)	(0.045)
Indus	0.421	-0.154	0.321***	0.328*
	(0.307)	(0.102)	(0.118)	(0.119)
Market	-0.322	-0.347*	0.216*	-0.189*
	(0.215)	(0.209)	(0.117)	(0.110)
Size	-0.026	-0.024	-0.024	-0.026
	(0.018)	(0.018)	(0.016)	(0.015)
Lev	0.976	0.951	0.894*	0.741*
	(0.619)	(0.598)	(0.471)	(0.391)
Profit	-1.914*	-1.723*	-1.328**	-1.201**
	(1.129)	(1.029)	(0.612)	(0.592)
Emply	0.021**	0.020*	0.024**	0.025**
	(0.010)	(0.013)	(0.012)	(0.012)
常数项	0.421***	0.419***	0.424***	0.431***
	(0.147)	(0.142)	(0.121)	(0.119)
时间固定效应	是	是	是	是
省份固定效应	是	是	是	是
N	390	390	390	390
R^2	0.221	0.243	0.202	0.233

注：括号内数值为标准误，*、**、***分别表示在10%、5%、1%水平上显著。

三、基于税种的异质性分析

按照税种将企业税负划分为企业所得税税负和增值税税负，并分别测算企业所得税税负不平等和增值税税负不平等。表4-9中第（1）列至第（2）列显示的是使用第一种财政竞争衡量方式的回归结果，企业所得税组的税收竞争系数为-0.541，财政支出竞争系数为0.272；而增值税组税收竞争系数为-0.349，财政支出竞争系数为0.176。表4-9中第（3）列至第（4）列显示的是使用第二种财政竞争衡量方式的回归结果，企业所得税组的税收竞争系数为-0.327，财政支出竞争系数为0.239；而增值税组税收竞争系数为-0.258，财政支出竞争系数为0.192。由此可见，财政竞争对企业税负不平等的影响在企业所得税中表现得更为明显。原因在于，相比征管较为严格规范的增值税，地方政府间财政竞争通常调整对企业所得税的税收努力，且企业逃税主要反映在监管难度较大的企业所得税方面，这使财政竞争对企业所得税税负不平等的作用要大于对增值税税负不平等的作用。假设4.5得到了验证。

表4-9 基于税种的异质性分析

变量	Inequl		Inequl	
	企业所得税	增值税	企业所得税	增值税
	（1）	（2）	（3）	（4）
Taxc	-0.541 ***	-0.349 *	-0.327 **	-0.258 *
	（0.202）	（0.187）	（0.131）	（0.145）
Expc	0.272 **	0.176	0.239 *	0.192
	（0.127）	（0.124）	（0.132）	（0.141）
Fiscal	-0.296 **	-0.282 **	-0.139 **	-0.059 **
	（0.135）	（0.126）	（0.060）	（0.029）
Indus	0.298 **	-0.254 **	0.281 **	0.238 **
	（0.117）	（0.116）	（0.135）	（0.109）
Market	-0.131 *	-0.137 *	0.114	-0.029 **
	（0.077）	（0.080）	（0.101）	（0.010）

续表

变量	Inequl		Inequl	
	企业所得税	增值税	企业所得税	增值税
	（1）	（2）	（3）	（4）
Size	− 0.039 *	− 0.037 **	− 0.108	− 0.121 *
	（0.022）	（0.020）	（0.101）	（0.072）
Lev	0.872	0.875	0.892 **	0.648 *
	（0.631）	（0.628）	（0.421）	（0.314）
Profit	− 1.782	− 0.897	− 1.228 **	− 1.012 *
	（1.122）	（0.619）	（0.617）	（0.601）
Emply	0.098	0.089	0.039 **	0.048 *
	（0.067）	（0.059）	（0.019）	（0.029）
常数项	1.021 ***	0.939 ***	0.412 ***	0.489 ***
	（0.345）	（0.341）	（0.139）	（0.132）
时间固定效应	是	是	是	是
省份固定效应	是	是	是	是
N	390	390	390	390
R^2	0.234	0.221	0.192	0.189

注：括号内数值为标准误，*、**、*** 分别表示在 10%、5%、1% 水平上显著。

第四节　财政竞争对企业税负不平等的作用机制分析

表 4 - 10 中第（1）列至第（3）列从税收努力角度分析了税收竞争对企业税负不平等的作用机制。可以看出，在第（1）列中税收竞争（TE）的回归系数显著为负，表明税收竞争会抑制企业税负不平等程度。在第（2）列中，被解释变量为税收努力（TE），税收竞争（Taxc）的估计系数显著为负，表明税收竞争显著降低了税收努力。在第（3）列中，税收努力（TE）的回归系数显著为正，证明税收努力对企业税负不平等存在显著的正向影响，且税收竞争的回归系数绝对值较第一步中有所下降（0.347 < 0.397），意味着税收努力在税收竞争与企业税负不平等之间起着部分中介效应的作用。以上分析表明，税收竞

争通过降低税收努力，进而缩小了企业税负不平等，这支持了研究假设 4.1。表 4 - 10 中第（4）列至第（6）列从税收努力角度分析了财政支出竞争对企业税负不平等的作用机制。从表中可以看出，在第（4）列中财政支出竞争（Expc）的回归系数为正，表明财政支出竞争会扩大企业税负不平等程度。在第（5）列中，被解释变量为税收努力（TE），财政支出竞争（Expc）的估计系数显著为正，表明财政支出竞争显著提高了税收努力。在第（6）列中，税收努力（TE）的回归系数显著为正，证明税收努力（TE）对企业税负不平等（Inequl）存在显著的正向影响，且财政支出竞争的回归系数绝对值较第一步中有所下降（0.312 < 0.323），意味着税收努力在财政支出竞争与企业税负不平等之间起着部分中介效应的作用。以上分析表明，财政支出竞争通过提高税收努力，进而扩大了企业税负不平等，这支持了研究假设 4.2。

表 4 - 10　　　　　　　财政竞争对企业税负不平等的作用机制分析

变量	(1)	(2)	(3)	(4)	(5)	(6)
	Inequl	TE	Inequl	Inequl	TE	Inequl
Comp	Taxc	Taxc	Taxc	Expc	Expc	Expc
Comp	− 0.397 ***	− 0.373 **	− 0.347 **	0.323 *	0.321 **	0.312 ***
	(0.141)	(0.163)	(0.151)	(0.182)	(0.154)	(0.102)
TE			0.334 **			0.334 **
			(0.135)			(0.134)
控制变量	是	是	是	是	是	是
时间固定效应	是	是	是	是	是	是
省份固定效应	是	是	是	是	是	是
N	390	390	390	390	390	390
R^2	0.520	0.122	0.522	0.523	0.115	0.525

注：括号内数值为标准误，*、**、*** 分别表示在 10%、5%、1% 水平上显著。

第五节　财政竞争影响企业税负不平等的结论

利用 2008 ~ 2020 年 A 股上市公司数据和 30 个省份（不含西藏和港澳台地

区）财政数据，探究财政竞争对企业税负不平等的影响及作用机制。相较于现有文献，本章可能的边际贡献体现在：第一，使用基尼系数度量 2008~2020 年 A 股上市公司总体税负不平等程度，能够较全面地反映最近时期上市公司的税负不平等情况，为研究企业税负不平等影响因素等问题奠定了基础；第二，从税收竞争和财政支出竞争的角度研究财政竞争对企业税负不平等的影响及作用机制，丰富了财政竞争影响后果和税负不平等成因的有关研究。

实证结果得出以下研究结论：作为财政竞争的不同形式，税收竞争会缩小企业税负不平等；财政支出竞争会扩大企业税负不平等。在采取工具变量法解决内生性问题，以及替换企业税负不平等的衡量方式、替换税收竞争和财政支出竞争的衡量方式、使用母公司报表数据、加入更多的控制变量做稳健性检验后，回归结果与基准回归结果保持一致。异质性分析表明，财政竞争对企业税负不平等的作用在高融资约束企业和国有企业中更为明显，并且主要作用于企业所得税税负不平等。作用机制分析表明，税收竞争会通过实施税收优惠和降低税收努力来影响企业税负不平等；财政支出竞争会通过提高税收努力和提高企业税收遵从度来影响企业税负不平等。由于地方政府主要通过改变税收努力来进行财政竞争，从税收努力的渠道检验财政竞争对企业税负不平等的作用机制。税收竞争会降低地方政府的税收努力，这会缩小企业间税收征管强度差异，从而在客观上缩小企业税负不平等；财政支出竞争会提高地方政府的税收努力，这会扩大企业间税收征管强度差异，从而在客观上扩大企业税负不平等。

基于以上研究结果，得到以下政策启示：

第一，企业税负痛感除了来自企业税负的绝对水平，也来自企业间的相对税负差距，从而在出台新一轮减税降费政策以及制定税收优惠政策时，重点之一应在于解决税负不平等问题。重点税源企业税负偏高是引发企业税负不平等的重要原因，为保证地方政府财政可持续，新一轮减税降费政策应当着力解决重点税源企业税负过重问题，综合施策降低重点税源企业的税费负担。同时，规范税收优惠政策，避免地方政府对税收优惠政策的滥用。短期内，可以适当加大对重点税源企业等高税负企业的税收优惠政策力度，进而缩小同一地区的企业税负不平等，营造公平的税收营商环境。

第二，压缩税收努力的弹性决策空间，贯彻依法征税精神。一方面，进一步缩小税务机关的自由裁量权。我国各地区的社会经济条件千差万别，税务机关在法律法规允许范围内拥有一定的自由裁量权。税务机关常常利用自由裁量权调整税收努力程度，并根据地方政府财政竞争策略调整对重点税源企业和非重点税源企业的税收征管强度，这使税收努力的调整行为会影响企业的税负不平等。因此，应当完善税收征管体系，强化对税收征管过程的管理，监督税务人员的征管行为及政企关系，尽量压缩税收努力的弹性决策空间。另一方面，利用数字技术强化税收征管，减少税收征管过程中的人为因素干扰。税务机关应当进一步完善金税工程，并将大数据、云计算、区块链和人工智能等先进技术运用到税收征管过程中，确保全面自动记录市场主体的各类交易活动信息，以技术手段来降低在征税过程中的人为干扰行为。

第三，改革对地方政府的政绩考核制度，规范地方政府间税收竞争和财政支出竞争。在政绩考核激励下，地方政府热衷开展策略性税收竞争和财政支出竞争。因此，要通过法律的形式改革对地方政府的政绩考核机制，并将依法征税纳入税务机关的考核标准。尽管税收竞争客观上能够缩小企业税负不平等，但是同时也会导致税收征管失序。因此，税务机关应当落实税收法定原则，严格规范税收征管行为，降低地方政府对税收执法过程的干预，以减小地方政府的税收竞争空间，在当前严峻的经济形势下稳定税源。特别地，应由中央出台区域税收优惠政策，带有一定政策倾斜性地对企业税负进行科学调控，引导地方政府依法执行税收优惠政策，以发挥税收优惠政策降低企业税负不平等的作用。在财政支出竞争方面，地方政府应当提高财政资金使用效率，调整和优化财政资金投入规模和支出结构，避免财政支出竞争的无序扩张。与此同时，应当适当下放财权和上移事权以形成财权与事权相匹配的分权格局，并降低转移支付规模和优化转移支付结构，从而减弱地方政府财政支出竞争强度，达到缩小企业税负不平等的目的。

第四，采取有效措施提高企业税收遵从度，遏制企业逃避税行为。在我国税收征管实践中，企业税收遵从度总体不高，并且通常采取逃税等不法行为以减轻实际税负，这造成了企业间税负不平等。可以从以下两个方面提高企业税收遵从度。一方面，利用信息化技术来降低企业纳税成本。当前企业纳税需要承担较高的时间成本、经济成本和隐形成本，这提高了企业逃税和盈余管理的动机。税务机关应当充分利用"互联网＋"税收征管的信息化优势，减少企业纳税过程中不必要的人力、物力及财力损失，从而提高企业纳税积极性。另一方面，应当建立常态化的奖惩制度来培养企业的纳税意识。全面记录企业的纳税信息，既要对纳税信用良好的企业提供适当的奖励，也要加大对企业逃税等行为的惩罚力度，从而规范企业的纳税行为。

第五章 财政竞争对企业税负粘性的实证研究

近年来，中国政府实施的大规模减税降费政策取得了显著进展，切实减轻了企业税费负担。党的十八大以来，我国新增减税降费累计8.8万亿元，宏观税负从2012年的18.7%降至2021年的15.1%①。但在近些年《福布斯》公布的全球税负痛苦指数排行榜中，我国税负痛苦指数排名一直居高不下，在世界上处于第二至四名。企业税负痛感体现为企业经营者在获取经营成果的同时承担税收负担的感受，企业税负相对企业绩效的变动程度能够较为直观地反映企业的税负痛感，这也是对以往关于企业绝对税负研究的进一步拓展。现有研究普遍表明，企业税负存在明显的粘性特征（丛屹和周怡君，2017；王百强等，2018；程宏伟和吴晓娟，2020），即企业业绩下降时税负减少幅度小于企业业绩上升时税负增加幅度，这引起了企业较重的税负痛感。企业税负粘性反映了我国企业在经营状况不佳时税费支出减少幅度较为有限，小于按照税法规定应当减少的幅度，从而加剧了企业的财务负担，这对于业绩下滑的企业无疑是雪上加霜。

随着我国经济体制和政治体制的改革发展，地方政府间同时存在税收竞争和财政支出竞争，以吸引经济资本的进入和促进地区企业发展。地方政府间税收竞争会实施税收优惠和降低税收努力，从而影响企业税负变动幅度，地方政府间财政支出竞争会扩大公共服务供给以改善地区融资环境和投资环境，进而

---

① 国家税务总局官网，http://www.chinatax.gov.cn/chinatax/n810219/n810780/c5175990/content.html.

影响企业融资和投资行为，同时所带来的财政支出压力会提高税收努力。由此可见，以税收竞争和财政支出竞争为主要方式的地方政府间财政竞争会对企业税负粘性产生作用。那么，地方政府间财政竞争会对企业税负粘性产生何种影响？其作用机制是什么？

现有文献主要从税制结构、税收征管、财政收入分权程度、经济政策不确定性等企业外部因素（丛屹和周怡君，2017；王百强等，2018；魏志华和卢沛，2021；胡洪曙和武锶芪，2020；魏志华和卢沛，2022）和企业议价能力、企业税收激进行为、产权性质和政治关联等企业自身特征（程宏伟和吴晓娟，2020；胡洪曙和武锶芪，2020）角度来分析企业税负粘性成因，以及探究了社保入税和国地税合并等改革对企业税负粘性的影响（肖建华和谢璐华，2022；林志帆和王茂森，2023）。税收竞争主要通过实施税收优惠和降低税收努力的方式来降低企业税负（范子英和田彬彬，2013），且这一作用存在地区异质性和所有制异质性（贾俊雪和应世为，2016）。巴斯卡兰（Baskaran，2014）、阿格拉瓦尔（Agrawal，2015）、尤格斯特和帕尔谢（Eugster and Parchet，2019）研究发现，国外税收竞争也大都具有逐底竞争的特征，因而会降低企业税负。在我国财政支出分权体制下，财政支出竞争日益激烈，地方政府会通过提高税收征管强度的方式筹措更多的税收收入，这会提高企业税负（贾俊雪和应世为，2016）。目前仅有魏志华和卢沛（2021）、刘金东等（2023）直接研究税收竞争对企业税负粘性的影响，但两项研究忽视了同等重要的财政支出竞争。然而现实中，税收竞争和财政支出竞争同时存在，而且随着经济的发展，财政支出竞争逐渐替代税收竞争成为地方政府间财政竞争的主要策略，仅从税收竞争角度研究财政竞争对企业税负粘性的影响未能反映问题的全貌。由以上研究可以发现，大部分文献只是分别研究税收竞争和财政支出竞争对企业实际税负的影响，而鲜有文献将财政竞争的两个方面纳入同一个分析框架，忽视了两者的同步性和相互作用，这可能导致政策评估结果存在一定偏差。基于地方政府往往同时采取税收竞争和财政支出竞争两项策略的特征事实，识别两者及其相互作用对企业税负粘性的影响显得十分必要。以往研究主要从地方政府改变税收征管力度的角度进行作用机制检验（刘金东等，2023），没有从企业策略行为的角度探讨税收竞争和财政支出竞争对企业税负粘性的作用机制。基于此，以 2008～2020

年地级市和 A 股上市公司为研究样本，研究财政竞争及其相互作用对企业税负粘性的影响及作用机制，并考察财政竞争对企业税负粘性的异质性影响，以期为缓解企业税负粘性提供针对性的财税政策建议。

基于以上分析，以 2008～2020 年 294 个地级市和 A 股上市公司为研究样本，实证检验了财政竞争策略对企业税负粘性的影响及作用机制。研究发现，税收竞争会缓解企业税负粘性，且这一作用在国有企业和高成长性企业中表现得更为明显；财政支出竞争会缓解企业税负粘性，且这一作用在高市场化水平地区、国有企业、高成长性企业中表现得更为明显。作用机制表明，税收竞争会通过给予企业税收优惠和降低税收努力的方式降低企业税负粘性；财政支出竞争会通过促进企业融资行为和投资行为的方式降低企业税负粘性，同时会通过提高税收努力来强化企业税负粘性，后者会产生部分遮掩效应。策略互动效应分析表明，财政支出竞争缓解企业税负粘性的作用略大于税收竞争，且两者存在一定的策略替代关系。

第一节　财政竞争影响企业税负粘性的理论分析框架

一、理论分析与研究假设

（一）地方政府间财政竞争对企业税负粘性的影响

1994 年分税制改革实施以来，中国式财政分权体制呈现"事权不断下放，但财权不断上收"的特征，即财政支出权和事权不断下放地方政府，但收入权却逐渐向中央政府集中。由于地方政府被中央政府赋予了相对独立的财政支出权和事权，地方政府间财政竞争行为不仅包含税收竞争，即降低地区总体税负水平；也包含财政支出竞争，即扩大公共产品供给。地方政府间财政竞争策略逐渐从单一的税收竞争转向为税收竞争和财政支出竞争并存（李明等，2014；胡洪曙和李捷，2022）。许多研究也表明，地方政府间财政支出竞争愈发激烈，财政自给率程度较高的发达地区偏好采取提高公共支出水平的方式来进行财政支出竞争，以吸引经济资源的流入和促进地区经济发展（唐飞鹏，2016）。因此，分别从税收竞争和财政支出竞争的角度出发，分析财政竞争对企业税负粘性的影响。

地方政府间税收竞争方式主要包括实施税收优惠和降低税收努力（范子英和田彬彬，2013），进而对企业税负粘性产生影响。一方面，当地方政府实施税收优惠手段进行税收竞争时，税收优惠政策能够直接降低企业税负粘性。其一，税收优惠具有激励企业科技创新和促进地区产业发展的作用，地方政府会充分利用中央政府出台的大量税收优惠政策来帮助本地区企业发展，通过先征后返、留抵退税和出口退税等税收优惠政策切实降低了企业的纳税支出额，进而发挥缓解企业税负粘性的作用。需要特别说明的是，尽管我国税收优惠的立法权高度集中在中央政府，但是地方政府在落实税收优惠方面具有一定的自主权。其二，2013 年开始实施"金税三期"工程，在一定程度上因企业纳税遵从度的提升而提高了企业税负，但是反过来，地方政府能够借此促进税收优惠政策的落实，提高减税降费政策带给企业的获得感，从而降低企业的实际税收负担（樊勇和李昊楠，2020）。具体而言，地方政府借助"金税三期"工程提高了企业实际享受的增值税减免额占营业收入的比重，同时也进一步落实了企业所得税税基式优惠、税额式优惠和税率式优惠。其三，在我国以间接税为主体的税制结构下，企业承担着大部分税收，企业税负痛感明显，减税降费等税收优惠政策使企业得以受益。在近年来实施的大规模减税降费的一揽子政策中，以增值税为主的税收优惠政策降低了间接税在总税收中的占比，并且由于减税降费政策的重点对象是小微企业等弱势企业，从而不仅总体上降低了企业税负粘性，而且也降低了由于税负转嫁而导致的市场弱势企业的税负粘性。另一方面，当地方政府降低税收努力进行税收竞争时，税收竞争能够降低企业税负粘性。由于治理机制不完善、我国传统的按计划征税、税务工作受地方政府和税务总局双重领导，使我国税收征管在实践中存在弹性操作空间。地方政府的税收努力是造成税收弹性征管空间的主要因素，并且在微观层面上导致企业纳税支出变化幅度和企业盈利状况变化幅度不一致（王百强等，2018）。当地方政府降低税收努力进行税收竞争时，企业在营业收入下降时期的纳税支出减少幅度更大，企业税负粘性水平能够得到一定程度缓解。

地方政府间财政支出竞争会通过影响宏观政府行为和微观企业行为，进而对企业税负粘性产生影响。一方面，地方政府间财政支出竞争能够通过扩大公共服务供给和优化资源配置来持续改善地区融资环境和投资环境，促进企业融资行为和投资行为（周业安和赵晓男，2002），进而缓解企业税负粘性。其一，地方政府间财政支出竞争能够有效改善地区融资环境以吸引流动性资本，其中包括降低企业融资成本和拓展企业融资渠道。长期以来，企业的发展面临着经营现金流紧张、资金周转压力和融资约束等现实问题，企业难以从银行等金融机构获取低成本的信贷资金。地方政府间财政支出竞争会优化具有公共产品性质的地区金融服务，通过财政扶持手段来缓解企业融资约束，并与金融政策联动以改善地区融资环境（Berlinger et al.，2017）。同时，由于75%左右城市商业银行的大股东是地方政府或地方国有企业，地方政府能够对城市商业银行施加较强的影响力（徐忠，2018）。地方政府在开展财政支出竞争时有能力和动机通过增加财政奖补资金等手段引导商业银行的信贷资金投向企业，这将增加企业获得的债务融资规模。根据税法规定，企业债务融资的利息支出能够在税前扣除，产生税盾效应。地方政府间财政支出竞争能够增加企业的信贷资金，一则可以强化企业利用债务融资利息支出进行税前扣除而形成的税盾效应，提高了企业纳税支出随营业收入下降而减少的幅度；二则可以通过增加企业现金流来缓解企业因经营不善而导致的营业收入下滑，有效降低了企业税负粘性。其二，地方政府间财政支出竞争能够优化地区投资环境，这有助于促进企业扩大固定资产等方面的投资。以往研究表明，为了追求政绩和政治晋升，地方政府会大力优化地区投资环境和加大投资性公共产品的供给来吸引资本和技术等生产要素的流入，其中包括增加基础设施、科技支出和社会保障支出等。地区投资环境的优化能够吸引投资者的进入，促进企业的投资行为，提高企业整体的投资水平（朱雅玲，2019；赵永辉等，2019）。同时，当企业面临的投资环境更佳时，企业能够获得更高的投资回报率和盈利水平，这会间接激励企业的投资行为。企业的投资行为主要包括固定资产投资和研发投资行为。根据税法规定，固定资产的折旧费用、无形资产摊销和研发费用加计扣除均可以在税前扣除，产生税盾效应。企业投资的增加，加强了企业利用固定资产折旧、无形资产摊销和研发费用等税前扣除而形成的税盾效应，提高了企业纳税支出随营业收入下降而减少的幅度，大大缓解了企业税负粘性。另一方面，地方政府间财政支出竞争使得地方政府承担着更多的财政支出责任和更大的财政支出压力，这会促使地方政府提高税收努力以筹集更多的税收收入，减少企业以盈余管理为主的逃避税行为，从而使企业在营业收入下降时纳税支出下降幅度减小，意味着企业税负粘性增大。以上分析表明，地方政府间财政支出竞争对企业税负粘性有正反两方面的作用，既会通过促进企业融资行为和投资行为，进而缓解企业税负粘性；同时也会促使地方政府提高税收努力以增加税收收入，进而强化企业税负粘性。财政支出竞争对企业税负粘性的净效应，尚需严谨的实证分析。

以上关于财政竞争对企业税负粘性作用的理论分析如图 5-1 所示，基于以上分析提出以下研究假设。

假设 5.1：地方政府间税收竞争能够有效缓解企业税负粘性，而财政支出竞争对企业税负粘性的作用需经实证检验。

假设 5.2：地方政府间税收竞争通过税收优惠和降低税收努力来缓解企业税负粘性。地方政府间财政支出竞争一方面会通过促进企业融资行为和投资行为来缓解企业税负粘性，另一方面会通过提高税收努力来强化企业税负粘性。

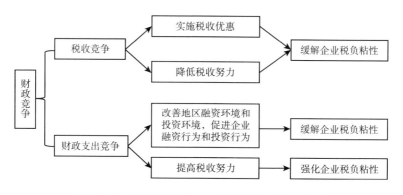

图 5-1　财政竞争影响企业税负粘性的作用机制

（二）地方政府间财政竞争对企业税负粘性影响的异质性分析

财政竞争对企业税负粘性的影响可能存在异质性。本章将从地区市场化水平、企业所有制性质、企业成长性三方面进行理论分析和实证检验。

前文提及财政支出竞争会通过改善地区融资环境和优化地区投资环境来促进企业融资行为和投资行为，在此过程中会产生税盾效应，进而缓解企业税负粘性。相关文献指出，地区市场化水平能够发挥支持企业债务融资和债券流动的作用，并会对政府财政补助、企业债务融资和投资行为产生异质性影响（谢乔昕和张宇，2021）。一般而言，地区市场化水平越高，企业债务融资和投资行为越活跃。由此可以看出，财政支出竞争缓解企业税负粘性的实际效果与当地市场化程度密切相关。地区市场化程度越高，财政支出竞争对企业债务融资和投资行为的促进作用越显著，进而对企业税负粘性的缓解作用越明显。

考虑到不同所有制企业与地方政府的关联程度存在较大差异，应将企业所有制性质纳入研究框架，考察地方政府间财政竞争对企业税负粘性的异质性作用。相比民营企业和外资企业等非国有企业，国有企业与地方政府存在明显的政治与利益关联。基于"父爱主义"理论，当地方政府采用税收竞争策略时，国有企业可能会获得更多的税收优惠，并且地方政府更有动机降低对其的税收征管强度。而当地方政府采用财政支出竞争策略时，国有企业可能有更多机会改善其运营的基础设施等公共服务环境，从而获得更强的盈利能力。另外，由于国有企业能享受到更多的税收优惠与财政补助，从而向相关投融资机构传递出其发展稳健以及政府支持的信号进而有助于降低企业的投融资成本。基于以上分析，财政竞争对国有企业发展的直接效应以及信号效应下的投融资成本降低，使得财政竞争缓解国有企业税负粘性的作用更为明显。

地方政府间财政竞争对企业税负粘性的作用会因为企业成长性不同而产生差异，这一差异体现在税收竞争和财政支出竞争两方面。在税收竞争方面，由于面临着稳定经济增长和完成政绩考核的现实压力，地方政府会大力扶持业绩表现优秀、发展前景好的高成长性企业做大做强，因此地方政府会给予这类企业更多税收优惠，也会在税收征管过程中降低税收努力，进而缓解企业税负粘性。此外，高成长性企业在产业链中具有明显的议价优势，能够将自身间接税税负转嫁给上下游企业，从而实现在业绩下滑时减少更多的纳税支出。在财政支出竞争方面，高成长性企业通常处于企业生命周期的创业期或成长期，面临着较强的外部融资需求，此时高成长性企业的融资行为会对融资环境的优化更为敏感（陈玥卓等，2021），并且受到政府支持的高成长性企业可获得更多信贷融资，从而使财政支出竞争缓解高成长性企业税负粘性作用更为明显。高成长性企业拥有的投资机会更多，能够得到更多的产业政策扶持，并且对地区的投资环境有较高的要求（蔡庆丰等，2021），因而财政支出竞争更能够激励高成长性企业的投资行为，进而对企业税负粘性的作用更为明显。

基于以上分析，本章提出研究假设 5.3。

假设 5.3：地方政府间税收竞争缓解企业税负粘性的作用在国有企业、高成长性企业中表现得更为明显。地方政府间财政支出竞争缓解企业税负粘性的作用在高市场化水平地区、国有企业、高成长性企业中表现得更为明显。

（三）税收竞争和财政支出竞争的相互作用对企业税负粘性的影响

地方政府在采取财政竞争策略时，不仅会采取单一财政竞争策略，还常常会同时采取税收竞争和财政支出竞争策略。因而在探究财政竞争策略对企业税负粘性的作用时，不仅要从单一财政竞争策略出发，分别探讨两者对企业税负粘性的作用，也应当关注两者的相互作用对企业税负粘性的影响。对于地方政府间税收竞争和财政支出竞争的相互作用，已有研究主要有两种观点。

第一种观点认为，地方政府间税收竞争与财政支出竞争存在较强的策略替代。传统税收竞争模型（Wilson，1986）假设地方政府严格遵守"量入为出"的财政规则，受到硬预算约束，地方政府间财政支出竞争需要的财政资金来自一般公共预算收入，而地方政府间税收竞争会减少本级可支配的一般公共预算收入。因此，税收竞争会缩减地方政府的公共投资预算，从而限制地方政府通过加大公共基础设施建设等进行财政支出竞争，结果是削弱财政支出竞争对企业税负粘性的作用。

第二种观点认为，地方政府间税收竞争与财政支出竞争存在较弱的策略替代，并存在一定的策略互补。此观点假设地方政府不一定严格受财政平衡预算约束，公共投资预算不仅来源于一般公共预算内税收收入，还可能来源于其他的财政筹资渠道，包括非税收入、土地出让收入、地方债等。即使地方政府间税收竞争造成了一般公共预算收入减少，这些资金来源使地方政府仍有足够财力进行高水平的财政支出竞争。一些研究表明，在财政分权制度和政治晋升激励下，地方政府一方面采取以降低地区实际税率为主要内容的税收竞争，另一方面采取以扩大公共产品供给为主要内容的财政支出竞争，以吸引生产要素流入和拉动地区经济增长。因此，税收竞争与财政支出竞争不是非此即彼的策略替代，而是相互促进的策略互补，结果是增强财政支出竞争对企业税负粘性的作用。

基于以上分析，税收竞争和财政支出竞争的相互作用对企业税负粘性的影响不明确，提出两个对立的研究假设，通过严谨的实证分析加以验证。

假设 5.4：在硬预算约束条件下，税收竞争与财政支出竞争的相互作用会产生策略替代。

假设 5.5：在软预算约束条件下，税收竞争与财政支出竞争的相互作用会产生策略互补。

二、样本选择和数据来源

考虑到各项数据可得性、统计口径变化，选取 2008～2020 年 294 个地级市和 A 股上市公司面板数据来研究财政竞争对企业税负粘性的影响及作用机制。使用地级市层面财政数据和企业层面财务数据。地级市层面的财政税收数据均来自 CEIC 数据库和财政统计年鉴，部分手工整理自各地级市财政决算报告。企业层面数据来自国泰安数据库，以 2008～2020 年沪深 A 股上市公司数据作为研究样本。为减少原始数据中异常值的影响，对上市公司数据进行如下处理：（1）剔除 ST、*ST 企业；（2）剔除企业实际税负小于 0 和大于 1、营业收入为负的企业；（3）剔除数据存在缺失的企业；（4）对所有连续变量在 1% 和 99% 分位进行 Winsorize 处理以消除极端值影响。最终得到的样本数据包括 14374 个观测值。

三、模型设定和变量选择

（一）模型设计

为了检验企业税负粘性的存在，借鉴安德森等（Anderson et al.，2003）和王百强等（2018）的研究，首先构建实证模型式（5-1）：

$$\ln\left(\frac{Tax_{it}}{Tax_{it-1}}\right) = \beta_0 + \beta_1\ln\left(\frac{Rev_{it}}{Rev_{it-1}}\right) + \beta_2 Dec_{it} \times \ln\left(\frac{Rev_{it}}{Rev_{it-1}}\right)$$

$$+ \gamma X_{it} + \mu_i + \eta_t + \delta_{ct} + \varepsilon_{it} \qquad (5-1)$$

式（5-1）中，$\ln\left(\dfrac{Tax_{it}}{Tax_{it-1}}\right)$ 表示企业 i 第 t 期税费净支出相对于第 $t-1$ 期税费

净支出的增速；$\ln\left(\dfrac{Rev_{it}}{Rev_{it-1}}\right)$ 表示企业 i 第 t 期营业收入相对于第 $t-1$ 期营业收

入的增速；Dec_{it} 表示企业 i 从第 $t-1$ 期到第 t 期营业收入是否下降的哑变量，如果第 t 年的营业收入低于第 $t-1$ 年，则 Dec_{it} 取 1，否则取 0；X_{it} 表示一系列会对企业税负及其变动产生影响的企业层面和地级市层面控制变量。同时，回归模型对样本企业和年份进行了固定，其中，μ_i 表示个体固定效应，η_t 表示年份固定效应，δ_{ct} 表示地级市与年份的交乘项，ε_{it} 表示残差项。当企业营业收入增长 1% 时，Dec_{it} 取 0，企业税费净支出增长 β_1%；当企业营业收入减少 1% 时，Dec_{it} 取 1，企业税费净支出减少 $(\beta_1 + \beta_2)$%。当 $(\beta_1 + \beta_2) < \beta_1$，即 $\beta_2 < 0$ 时，企业税负"粘性"存在，这意味着，企业营业收入减少时税费净支出下降的幅度小于营业收入增长时税费净支出上升的幅度，β_2 绝对值大小反映企业税负粘性的程度，β_2 绝对值越大，企业税负粘性特征越明显。

为探究地方政府间税收竞争和财政支出竞争分别对企业税负粘性的作用，借鉴班克等（Banker et al.，2013）的做法，分别构建实证模型式（5-2）和实证模型式（5-3）如下：

$$\beta_2 = a_0 + a_1 Taxc_{ct} + \varepsilon_{it} \qquad (5-2)$$

$$\beta_2 = b_0 + b_1 Expc_{ct} + \varepsilon_{it} \qquad (5-3)$$

将实证模型式（5-2）和实证模型式（5-3）代入实证模型式（5-1）中，即引入地方政府间财政竞争程度〔分为税收竞争（$Taxc_{ct}$）和财政支出竞争（$Expc_{ct}$）〕、营业收入下降虚拟变量（Dec_{it}）与营业收入变动 $\left(\ln\left(\dfrac{Rev_{it}}{Rev_{it-1}}\right)\right)$ 的交乘项，以期通过实证回归分别研究税收竞争和财政支出竞争对企业税负粘性

的影响。构建实证模型式（5-4）和实证模型式（5-5）如下：

$$\ln\left(\frac{Tax_{it}}{Tax_{it-1}}\right) = \alpha_0 + \alpha_1\ln\left(\frac{Rev_{it}}{Rev_{it-1}}\right) + \alpha_2 Dec_{it} \times \ln\left(\frac{Rev_{it}}{Rev_{it-1}}\right)$$

$$+ \alpha_3 Taxc_{ct} \times Dec_{it} \times \ln\left(\frac{Rev_{it}}{Rev_{it-1}}\right)$$

$$+ \gamma X_{it} + \mu_i + \eta_t + \delta_{ct} + \varepsilon_{it} \qquad (5-4)$$

$$\ln\left(\frac{Tax_{it}}{Tax_{it-1}}\right) = \alpha_0 + \alpha_1\ln\left(\frac{Rev_{it}}{Rev_{it-1}}\right) + \alpha_2 Dec_{it} \times \ln\left(\frac{Rev_{it}}{Rev_{it-1}}\right)$$

$$+ \alpha_3 Expc_{ct} \times Dec_{it} \times \ln\left(\frac{Rev_{it}}{Rev_{it-1}}\right)$$

$$+ \gamma X_{it} + \mu_i + \eta_t + \delta_{ct} + \varepsilon_{it} \qquad (5-5)$$

对于以上实证模型式（5-4）和实证模型式（5-5），主要关注系数 α_3 的正负。若系数 α_3 为正，说明财政竞争会缓解企业税负粘性程度；若系数 α_3 为负，说明财政竞争会加重企业税负粘性程度。

（二）变量选取与说明

1. 被解释变量。参考刘骏和刘峰（2014）、李林木和汪冲（2017）等度量企业税费的方法，采用"支付的各项税费 - 收到的税费返还"来度量企业实际税费支出。"支付的各项税费"指的是企业当期应当缴纳的各项税费，"收到的税费返还"指的是企业当期收到的全部税费返还，两者之差反映企业当期税费净支出。在基准回归部分，参考安德森等（Anderson et al., 2003）间接测度企业成本粘性的做法，构建模型测度企业税负粘性，如实证模型式（5-1）所示。在稳健性检验里，借鉴魏斯（Weiss et al., 2010）直接测度粘性的做法，直接计算出企业层面的企业税负粘性程度。

2. 核心解释变量。

（1）税收竞争。借鉴杜彤伟等（2020）、魏志华和卢沛（2021）等研究的做法，税收竞争的衡量方式为（所在省份税收收入/所在省份 GDP）/（地级市税收收入/地级市 GDP），这一指标值越大，说明地方政府利用税收手段参与财政竞争的程度越高。

（2）财政支出竞争。借鉴杜彤伟等（2020）、胡洪曙和李捷（2022）等研究的做法，财政支出竞争的衡量方式为（地级市一般公共预算支出/地级市GDP）/（所在省份一般公共预算支出/所在省份GDP），这一指标数值越大，说明地方政府利用财政支出手段参与财政竞争的程度越高。

3. 控制变量。在参考程宏伟和吴晓娟（2020）、胡洪曙和武锶芪（2020）等研究企业税负粘性文章的基础上，控制了企业层面和地级市层面会对企业税负及其变动产生影响的变量，以排除其他影响因素对实证结果的干扰。在企业层面控制变量，选取资产规模、企业年龄、总资产净利率、固定资产密集度、资产负债率、总资产周转率等企业自身特征。在地级市层面控制变量方面，选取人均GDP、地区财政压力、第二产业增加值比重等外部环境因素。除了控制企业固定效应和年份固定效应，还在回归中引入地级市固定效应和年份固定效应的交乘项，以控制地级市层面随时间变化的不可观测因素对企业税负粘性的影响，例如，各个地级市在不同年份执行的宏观经济政策、地级市层面逐年变化的经济波动对企业税负粘性的影响。变量定义及说明如表5-1所示。

表5-1　　　　　　　　　　　变量定义及说明

变量种类	变量符号	变量名称	计算方法和说明
被解释变量	$\ln(Tax_{it}/Tax_{it-1})$	税费净支出变动	当期企业税费净支出与上期企业税费净支出之比的自然对数
解释变量	$\ln(Rev_{it}/Rev_{it-1})$	营业收入变动	当期营业收入与上期营业收入之比的自然对数
	Dec_{it}	营业收入下降虚拟变量	营业收入相对上一年下降时取1，否则取0
	$Taxc$	税收竞争	（所在省份税收收入/所在省份GDP）/（地级市税收收入/地级市GDP）
	$Expc$	财政支出竞争	（地级市一般公共预算支出/地级市GDP）/（所在省份一般公共预算支出/所在省份GDP）
企业控制变量	$Size$	资产规模	Ln（年末资产总额）
	$FirmAge$	企业年龄	Ln（当年年份－企业成立时间＋1）
	ROA	总资产净利润率	净利润/平均资产总额。其中，平均资产总额＝（资产期初余额＋资产期末余额）/2

变量种类	变量符号	变量名称	计算方法和说明
企业控制变量	PPE	固定资产密集度	固定资产净值/资产总额
	Lev	资产负债率	负债总额/资产总额
	ATO	总资产周转率	营业收入/平均资产总额
地级市控制变量	PerGDP	人均GDP	Ln（滞后一期的人均地区生产总值）
	FP	财政压力	（一般公共预算支出－一般公共预算收入）/一般公共预算收入
	Ind2	第二产业增加值比重	第二产业增加值/GDP

第二节　财政竞争影响企业税负粘性的实证分析

一、描述性统计

表 5 - 2 为变量描述性统计结果。变量 $\ln(Tax_{it}/Tax_{it-1})$ 的均值为 0.026，标准差为 0.752，最大值为 5.821，最小值为 -7.471，这表明 2008 ~ 2020 年企业税费净支出总体呈现上升趋势，不同企业的税费净支出变动差异较大。变量 $\ln(Rev_{it}/Rev_{it-1})$ 的均值为 0.105，标准差为 0.485，最大值为 6.066，最小值为 -5.214，这表明 2008 ~ 2020 年企业营业收入总体呈上升趋势，不同企业的营业收入变动差异较大。变量 Dec_{it} 的均值为 0.317，这表明 31.7% 的研究样本出现了营业收入下降的情况。变量 $Taxc$ 的均值为 0.621，标准差为 0.382，最大值为 2.212，最小值为 0.677，最大值是最小值的 3.27 倍，这表明地方政府间税收竞争程度差异较大。变量 $Expc$ 的均值为 1.223，标准差为 0.302，最大值为 2.671，最小值为 0.662，最大值是最小值的 4.03 倍，这表明地方政府间财政支出竞争程度存在较大地区差异。其他变量描述性统计结果与现有文献结论保持一致，这表明变量统计结果较为准确，不再赘述。

表 5 - 2 　　　　　　　变量的描述性统计结果

变量符号	数量	均值	标准差	最大值	最小值
$\ln(Tax_{it}/Tax_{it-1})$	14374	0.026	0.752	5.821	-7.471
$\ln(Rev_{it}/Rev_{it-1})$	14374	0.105	0.485	6.066	-5.214
Dec_{it}	14374	0.317	0.453	1	0
$Taxc$	390	0.621	0.382	2.212	0.677
$Expc$	390	1.223	0.302	2.671	0.662
$Size$	14374	21.490	1.274	25.940	19.291
$FirmAge$	14374	2.901	0.301	4.190	0.621
ROA	14374	0.049	0.058	0.229	-0.232
PPE	14374	0.213	0.121	0.790	0
Lev	14374	0.368	0.189	0.812	0.054
ATO	14374	0.681	0.379	2.649	0.061
$PerGDP$	390	11.773	0.573	11.940	8.989
FP	390	1.300	1.001	5.744	0.063
$Ind2$	390	0.454	0.084	0.590	0.186

二、基础回归结果与分析

表 5 - 3 汇报了验证企业税负粘性存在、税收竞争和财政支出竞争分别影响企业税负粘性的基准回归结果。第（1）列和第（2）列分别报告了是否添加控制变量、是否控制地级市和年份固定效应交乘项后实证模型（5 - 1）的回归结果，营业收入变动系数均在 1% 水平上显著为正，$Dec \times$ 营业收入变动在 5% 水平上显著为负，这表明营业收入每增加 1% 所引起的税费净支出变化大于每减少 1% 时所引起的税费净支出变化，体现了企业税负的"粘性"特征。第（3）列和第（4）列分别报告了是否添加控制变量、是否控制地级市和年份固定效应交乘项后实证模型（5 - 4）的回归结果。在这两列中，营业收入变动系数均在 1% 水平上显著为正，$Dec \times$ 营业收入变动系数在 1% 水平上显著为负，$Taxc \times Dec \times$ 营业收入变动系数在 5% 水平上显著为正。第（3）列和第（4）列的结果表明，地方政府间税收竞争能够在一定程度上缓解企业税负粘性。第（5）列

和第（6）列分别报告了是否添加控制变量、是否控制地级市和年份固定效应交乘项后实证模型（5－5）的回归结果。在这两列中，营业收入变动系数均在1%水平上显著为正，Dec×营业收入变动系数在5%水平上显著为负，Expc×Dec×营业收入变动系数在5%水平上显著为正。第（5）列和第（6）列的结果表明，地方政府间财政支出竞争能够缓解企业税负粘性，同时说明，地方政府间财政支出竞争缓解企业税负粘性的作用大于强化企业税负粘性的作用。

表5－3　　　税收竞争和财政支出竞争影响企业税负粘性的基准回归结果

变量	（1）	（2）	（3）	（4）	（5）	（6）
	实证模型式（5－1）		实证模型式（5－4）		实证模型式（5－5）	
	税费净支出	税费净支出	税费净支出	税费净支出	税费净支出	税费净支出
营业收入变动	0.702*** （0.046）	0.639*** （0.046）	0.703*** （0.046）	0.640*** （0.046）	0.706*** （0.046）	0.640*** （0.046）
Dec×营业收入变动	－0.255** （0.107）	－0.274** （0.110）	－0.601*** （0.206）	－0.602*** （0.212）	－0.590** （0.253）	－0.705** （0.275）
Taxc×Dec×营业收入变动			2.525** （1.178）	2.123** （1.002）		
Expc×Dec×营业收入变动					1.968** （1.007）	2.411** （1.057）
Size		0.061** （0.030）		0.032 （0.030）		0.034 （0.030）
Lev		0.190* （0.104）		0.189* （0.104）		0.189* （0.103）
ROA		1.663*** （0.239）		1.650*** （0.238）		1.679*** （0.238）
ATO		0.092* （0.056）		0.089 （0.056）		0.095* （0.056）
FirmAge		0.276** （0.127）		0.279 （0.187）		0.273 （0.187）
PPE		0.114 （0.131）		0.002 （0.131）		0.001 （0.131）

续表

变量	(1)	(2)	(3)	(4)	(5)	(6)
	实证模型式（5-1）		实证模型式（5-4）		实证模型式（5-5）	
	税费净支出	税费净支出	税费净支出	税费净支出	税费净支出	税费净支出
$PerGDP$		0.289*		3.932		4.841***
		(0.160)		(20.168)		(1.792)
FP		-0.127		-0.026		-0.119
		(0.102)		(0.503)		(0.486)
$Ind2$		-0.910*		-1.695		-1.286
		(0.489)		(1.857)		(1.030)
常数项	-0.021	-3.337	-0.013	-3.866	-0.020	-3.102
	(0.027)	(2.124)	(0.027)	(2.829)	(0.027)	(2.141)
企业固定效应	是	是	是	是	是	是
年份固定效应	是	是	是	是	是	是
地级市×年份固定效应	否	是	否	是	否	是
N	14374	14374	14374	14374	14374	14374
$Adj-R^2$	0.171	0.184	0.173	0.187	0.173	0.186

注：括号内数值为稳健标准误，所有标准误均聚类（Cluster）到企业层面；*、**、***分别表示在10%、5%、1%水平上显著。

三、稳健性检验

为对前文结论进行稳健性检验，接下来使用直接法度量企业税负粘性、使用母公司数据、排除政策变动等的影响来开展辅助验证。

（一）使用直接法度量企业税负粘性

基准回归部分参考关于企业税负粘性研究的普遍做法，借鉴安德森等（Anderson et al.，2003）构建的横截面回归模型来间接估计企业税负粘性程度。为避免使用间接模型可能存在的度量误差，借鉴魏斯（Weiss et al.，2010）直接度量企业成本粘性的做法，利用 2008～2020 年上市公司季度财务报表数据，通过以下计算公式得到微观企业层面的企业税负粘性水平。

$$STICKY_{it} = \ln\left(\frac{\Delta TAX}{\Delta REV}\right)_{i\underline{\tau}} - \ln\left(\frac{\Delta TAX}{\Delta REV}\right)_{i\bar{\tau}} \qquad (5-6)$$

式（5-6）中，$\underline{\tau}$ 表示企业同一年四个季度中最近收益下降的季度，$\bar{\tau}$ 表示企业同一年四个季度中最近收益上升的季度，$\ln\left(\frac{\Delta TAX}{\Delta REV}\right)_{i\underline{\tau}}$ 表示最近收益下降季度税费净支出变动与营业收入变动的比值，$\ln\left(\frac{\Delta TAX}{\Delta REV}\right)_{i\bar{\tau}}$ 表示最近收益上升季度税费净支出变动与营业收入变动的比值，这两者之间的差额若为负数，则说明存在企业税负粘性。为了便于实证结果的解读，筛选出企业税负粘性为负数的样本，并对粘性结果取绝对值，绝对值越大表示企业税负粘性水平越高。

得到企业层面税负粘性指标后，构造以下实证模型来检验财政竞争对企业税负粘性的作用。

$$STICKY_{it} = \alpha_0 + \alpha_1 Taxc_{ct} + \alpha_2 Expc_{ct} + \gamma X_{it} + \mu_i + \eta_t + \delta_{ct} + \varepsilon_{it} \qquad (5-7)$$

其中，$STICKY_{it}$ 表示企业税负粘性，$Taxc_{ct}$ 和 $Expc_{ct}$ 分别表示地方政府间税收竞争和财政支出竞争，控制变量等其他变量设置与基准回归一致。回归结果如表 5-4 中第（1）～（4）列所示，无论实证模型中是否控制企业和年份固定效应、是否控制地级市和年份固定效应交乘项，以及是否添加控制变量，$Taxc_{ct}$ 系数和 $Expc_{ct}$ 系数均显著为负，这表明税收竞争和财政支出竞争均能缓解企业税负粘性，与基准回归结果一致，说明研究结论是稳健的。

表 5-4　　　　　**稳健性检验：使用直接法度量企业税负粘性**

变量	企业税负粘性	企业税负粘性	企业税负粘性	企业税负粘性
	（1）	（2）	（3）	（4）
$Taxc$	-0.919**	-0.929**	-0.927**	-0.982**
	(0.413)	(0.412)	(0.441)	(0.442)
$Expc$	-1.292***	-1.293***	-1.027***	-1.023***
	(0.421)	(0.423)	(0.401)	(0.399)

续表

变量	企业税负粘性	企业税负粘性	企业税负粘性	企业税负粘性
	（1）	（2）	（3）	（4）
控制变量	否	否	是	是
常数项	− 0. 517 ***	− 0. 514 ***	− 0. 467 ***	− 0. 471 ***
	（0. 040）	（0. 048）	（0. 089）	（0. 091）
企业固定效应	否	是	是	是
年份固定效应	否	是	是	是
地级市×年份固定效应	否	否	否	是
N	14374	14374	14374	14374
$Adj - R^2$	0. 141	0. 146	0. 191	0. 194

注：括号内数值为稳健标准误，所有标准误均聚类（Cluster）到企业层面；＊、＊＊、＊＊＊分别表示在10%、5%、1%水平上显著。

（二）使用母公司数据

由于我国市场经济不断发展壮大和企业规模持续扩大，上市公司的经营范围一般超出地级市区域范围，事实上在全国各地区均设有子公司。各地级市财政竞争会对辖区内企业税负粘性产生直接影响，而对在本辖区外经营的上市公司子公司税负影响较为有限，这使基准回归结果可能存在一定程度的偏差。为排除上市公司母子公司经营范围不同对基本结论的干扰，选用上市公司母公司财务报表数据，研究各地级市财政竞争对上市公司母公司税负粘性的作用。回归结果如表 5－5 所示，实证结果与基准回归结果基本一致，说明实证结论具有稳健性。

表 5－5　　　　　　　　　　稳健性检验：使用母公司数据

变量	税收竞争		财政支出竞争	
	税费净支出	税费净支出	税费净支出	税费净支出
	（1）	（2）	（3）	（4）
营业收入变动	0. 719 ***	0. 693 ***	0. 671 ***	0. 691 ***
	（0. 082）	（0. 076）	（0. 089）	（0. 106）
Dec×营业收入变动	− 0. 311 ***	− 0. 347 **	− 0. 479 **	− 0. 505 **
	（0. 103）	（0. 143）	（0. 225）	（0. 209）

变量	税收竞争		财政支出竞争	
	税费净支出	税费净支出	税费净支出	税费净支出
	（1）	（2）	（3）	（4）
$Taxc \times Dec \times$ 营业收入变动	0.931** （0.415）	0.926** （0.401）		
$Expc \times Dec \times$ 营业收入变动			2.021** （0.907）	2.527** （1.217）
控制变量	否	是	否	是
常数项	−0.069** （0.029）	−1.937* （1.124）	−0.192* （0.109）	−2.012* （1.112）
企业固定效应	是	是	是	是
年份固定效应	是	是	是	是
地级市×年份固定效应	是	是	是	是
N	12359	12359	12359	12359
$Adj - R^2$	0.142	0.192	0.153	0.213

注：括号内数值为稳健标准误，所有标准误均聚类（Cluster）到企业层面；*、**、***分别表示在10%、5%、1%水平上显著。

（三）排除同期政策的影响

1. 排除税收政策变动和外生冲击的影响。基准回归使用的研究样本是2008~2020年A股上市公司财务数据，能够较为全面地反映我国上市公司企业税负粘性的大致情况。但是必须注意的是，在此期间，我国实施了一系列税收政策改革，宏观经济也受到外生经济冲击影响。2008年全球金融危机对我国经济产生了巨大冲击。2008年我国实施了企业所得税税率改革，2009年我国实施了增值税转型改革。2017年以来，增值税税率多次下调。2020年新冠疫情导致企业经营状况受到冲击。这些因素都可能会对研究结论产生一定的影响。为了排除这一系列税收政策变动、金融危机和新冠疫情所造成的经济冲击可能对研究结论产生的影响，将样本区间调整为2009~2016年，并以此相对稳定的区间为样本重新进行实证回归。回归结果如表5-6所示，实证结果与基准回归结果一致，这表明结论不会受到一系列税收政策变动和外生冲击的影响，研究结论是稳健的。

表5-6		排除税收政策变动和外生冲击的影响		
变量	税收竞争		财政支出竞争	
	（1）	（2）	（3）	（4）
	税费净支出	税费净支出	税费净支出	税费净支出
营业收入变动	0.734***	0.713***	0.712***	0.623***
	(0.078)	(0.076)	(0.091)	(0.082)
$Dec×$营业收入变动	-0.579***	-0.601***	-0.503***	-0.421***
	(0.221)	(0.201)	(0.143)	(0.141)
$Taxc×Dec×$营业收入变动	1.921**	2.123**		
	(0.912)	(1.061)		
$Expc×Dec×$营业收入变动			1.781**	1.946**
			(0.718)	(0.875)
控制变量	否	是	否	是
常数项	-0.087**	-2.456	-0.211*	-2.417
	(0.041)	(2.032)	(0.119)	(2.134)
企业固定效应	是	是	是	是
年份固定效应	是	是	是	是
地级市×年份固定效应	是	是	是	是
N	7236	7236	7236	7236
$Adj-R^2$	0.149	0.172	0.154	0.178

注：括号内数值为稳健标准误，所有标准误均聚类（Cluster）到企业层面；*、**、***分别表示在10%、5%、1%水平上显著。

2. 排除"营改增"改革的影响。我国在2012~2016年分地区和分行业逐步推行"营改增"改革，这项税收改革会显著降低地方政府税收努力程度（王佳赫和赵书博，2018），进而在一定程度上缓解企业税负粘性。因此，企业税负粘性下降可能受到"营改增"改革的影响，应当排除"营改增"改革对实证结果的干扰。鉴于"营改增"改革分地区和分行业试点推行，剔除了2012年属于营改增"1+6行业"的9个试点省市的企业样本，同时在回归中加入行业与年份交乘项。回归结果如表5-7中第（1）列和第（2）列所示，税收竞争和财政支出竞争均能降低企业税负粘性，这表明结论不会受到"营改增"改革的影响。

3. 排除"金税三期"工程的影响。我国在2013年分地区逐步推行"金税三期"工程，以期建立现代化的税收征管体系。一方面，便捷的纳税申报系统降低了企业申报纳税的成本，清晰的纳税流程减少了税收征管的随意性，实现税收收入"应收尽收";另一方面,简化的纳税流程促进了税收优惠政策的落实,提高了企业实际享受税收优惠政策的比例,实现了税收优惠"应享尽享"(樊勇和李昊楠,2020)。由此可见,"金税三期"工程会规范税收征管和落实税收优惠,进而影响企业税负粘性。为排除"金税三期"对实证结果的影响,加入了"金税三期"变量,若此地区所在年份实施了"金税三期"工程,则赋值为1;否则为0。回归结果如表5-7中第(3)列和第(4)列所示,实证结果与基准回归结果一致,税收竞争和财政支出竞争均能降低企业税负粘性,这表明结论不会受到"金税三期"工程的影响。

表5-7　　　　　排除"营改增"改革和"金税三期"工程的影响

变量	"营改增"		"金税三期"	
	(1)	(2)	(3)	(4)
	税收竞争	财政支出竞争	税收竞争	财政支出竞争
营业收入变动	0.682 *** (0.089)	0.618 *** (0.072)	0.891 *** (0.086)	0.781 *** (0.091)
$Dec \times$ 营业收入变动	-0.592 *** (0.189)	-0.421 ** (0.190)	-0.589 *** (0.201)	-0.531 *** (0.183)
$Taxc \times Dec \times$ 营业收入变动	2.029 ** (0.902)		1.902 ** (0.903)	
$Expc \times Dec \times$ 营业收入变动		1.781 ** (0.831)		1.721 ** (0.802)
"金税三期"变量			0.003 (0.021)	0.002 (0.032)
控制变量	是	是	是	是
常数项	-2.221 (1.893)	-2.197 (2.012)	-2.152 (2.212)	-2.372 (2.031)
企业固定效应	是	是	是	是
年份固定效应	是	是	是	是
地级市×年份固定效应	是	是	是	是
行业×年份固定效应	是	是	否	否
N	3892	3892	14374	14374
$Adj - R^2$	0.189	0.192	0.168	0.169

注:括号内数值为稳健标准误,所有标准误均聚类(Cluster)到企业层面;*、**、*** 分别表示在10%、5%、1%水平上显著。

第三节 财政竞争对企业税负粘性影响的异质性分析

上述理论分析和实证检验充分论证了地方政府间财政竞争会缓解企业税负粘性，并通过一系列稳健性检验验证这一结论。接下来，将深入探究地方政府间财政竞争对企业税负粘性的异质性影响，以图为之后优化地方政府间财政竞争和缓解企业税负粘性程度提供政策建议。将从地区市场化水平、企业所有制性质、企业成长性三个方面研究财政竞争对企业税负粘性的异质性作用。税收竞争对企业税负粘性的作用如表5-8所示；财政支出竞争对企业税负粘性的作用如表5-9所示。

表5-8　　　　　　　税收竞争对企业税负粘性影响的异质性分析

变量	（1）市场化程度	（2）企业所有制性质	（3）企业成长性
营业收入变动	0. 481 *** (0. 068)	0. 739 *** (0. 092)	0. 689 *** (0. 096)
Dec × 营业收入变动	− 0. 299 *** (0. 112)	− 0. 452 *** (0. 132)	− 0. 478 *** (0. 128)
Taxc × Dec × 营业收入变动	0. 791 ** (0. 402)	0. 739 ** (0. 312)	0. 789 ** (0. 392)
Taxc × Dec × 营业收入变动 × Market	0. 281 (0. 225)		
Taxc × Dec × 营业收入变动 × Owner		0. 319 ** (0. 148)	
Taxc × Dec × 营业收入变动 × Growth			0. 427 ** (0. 209)
Size	0. 043 ** (0. 020)	0. 047 * (0. 027)	0. 042 * (0. 023)
Lev	0. 168 * (0. 099)	0. 161 * (0. 093)	0. 158 * (0. 083)

续表

变量	（1）	（2）	（3）
	市场化程度	企业所有制性质	企业成长性
ROA	1. 129 ***	1. 473 ***	1. 478 ***
	（0. 289）	（0. 531）	（0. 479）
ATO	0. 139 **	0. 129 **	0. 135 **
	（0. 055）	（0. 063）	（0. 063）
FirmAge	0. 228 *	0. 219 *	0. 246 **
	（0. 136）	（0. 123）	（0. 119）
PPE	0. 172 *	0. 148	0. 139
	（0. 098）	（0. 162）	（0. 113）
PerGDP	0. 247 *	0. 267 **	0. 282 *
	（0. 138）	（0. 129）	（0. 148）
FP	− 0. 176 **	− 0. 172 *	− 0. 149 *
	（0. 072）	（0. 079）	（0. 083）
Ind2	− 0. 719 *	− 0. 829 **	− 0. 823 *
	（0. 431）	（0. 391）	（0. 449）
常数项	− 2. 418	− 2. 821	− 2. 513
	（1. 902）	（1. 918）	（2. 125）
企业固定效应	是	是	是
年份固定效应	是	是	是
地级市×年份固定效应	是	是	是
N	14374	14374	14374
$Adj - R^2$	0. 231	0. 263	0. 226

注：括号内数值为稳健标准误，所有标准误均聚类（Cluster）到企业层面；＊、＊＊、＊＊＊分别表示在10%、5%、1%水平上显著。

表 5 - 9　　　　　财政支出竞争对企业税负粘性影响的异质性分析

变量	（1）	（2）	（3）
	市场化程度	企业所有制性质	企业成长性
营业收入变动	0. 567 ***	0. 495 ***	0. 563 ***
	（0. 081）	（0. 091）	（0. 093）
Dec×营业收入变动	− 0. 389 ***	− 0. 376 ***	− 0. 329 ***
	（0. 139）	（0. 129）	（0. 123）

续表

变量	(1) 市场化程度	(2) 企业所有制性质	(3) 企业成长性
$Expc \times Dec \times$ 营业收入变动	0.783** (0.389)	0.772** (0.339)	0.793** (0.392)
$Expc \times Dec \times$ 营业收入变动 $\times Market$	0.342** (0.149)		
$Expc \times Dec \times$ 营业收入变动 $\times Owner$		0.282** (0.124)	
$Expc \times Dec \times$ 营业收入变动 $\times Growth$			0.431** (0.184)
$Size$	0.037* (0.021)	0.042* (0.024)	0.044* (0.025)
Lev	0.137* (0.072)	0.142* (0.079)	0.148* (0.083)
ROA	0.986*** (0.281)	1.211*** (0.403)	1.459*** (0.448)
ATO	0.129** (0.052)	0.135** (0.062)	0.132** (0.058)
$FirmAge$	0.229* (0.135)	0.228** (0.112)	0.271** (0.135)
PPE	0.172* (0.098)	0.151 (0.103)	0.154 (0.105)
$PerGDP$	0.289** (0.139)	0.254* (0.138)	0.249* (0.123)
FP	-0.162** (0.073)	-0.161** (0.078)	-0.149* (0.083)
$Ind2$	-0.693* (0.389)	-0.718* (0.423)	-0.798* (0.439)
常数项	-2.191 (1.828)	-2.192 (1.793)	-2.252 (1.580)
企业固定效应	是	是	是
年份固定效应	是	是	是

变量	（1）市场化程度	（2）企业所有制性质	（3）企业成长性
地级市×年份固定效应	是	是	是
N	14374	14374	14374
$Adj - R^2$	0.229	0.251	0.238

注：括号内数值为稳健标准误，所有标准误均聚类（Cluster）到企业层面；＊、＊＊、＊＊＊分别表示在10%、5%、1%水平上显著。

一、基于地区市场化水平的异质性分析

为检验在不同地区市场化程度下，财政竞争对企业税负粘性的作用是否存在差异，使用市场化指数（$Market$）来衡量地区市场化程度，数据来自王小鲁等编制的《中国分省份市场化指数报告（2021）》①。在实证回归中，使用交乘项进行异质性分析。表5-8中第（1）列交乘项 $Taxc \times Dec \times$ 营业收入变动 $\times$ $Market$ 的系数不显著，说明税收竞争对企业税负粘性的作用不会受到地区市场化程度的影响。表5-9中第（1）列交乘项 $Expc \times Dec \times$ 营业收入变动 $\times Market$ 的系数显著为正，说明财政支出竞争缓解企业税负粘性的作用在市场化程度较高的地区表现得更为明显，这验证了研究假设5.3。

二、基于企业所有制性质的异质性分析

为检验财政竞争对不同所有制性质企业的作用是否存在差异，将制造业上市公司划分为国有企业和非国有企业，其中，非国有企业包括民营企业、外资企业和其他。构建企业所有制性质（$Owner$）虚拟变量来表示企业所有制性质，国有企业赋值为1，非国有企业赋值为0，并构建交乘项进行异质性分析。表5-8中第（2）列交乘项 $Taxc \times Dec \times$ 营业收入变动 $\times Owner$ 的系数显著为正，说明税收

---

① 该报告使用一系列基本相同的客观指标持续测度我国各省、自治区和直辖市的市场化进程，并从不同角度全面比较了我国各省、自治区和直辖市的市场化进程，从而形成了一个表征市场化变革的系统性框架。这份报告包括2008~2019年各省份市场化总指数数据，在此基础上合理外推2020年数据。

竞争缓解企业税负粘性的作用在国有企业中表现得更为明显。表 5 - 9 中第（2）列交乘项 $Expc \times Dec \times$ 营业收入变动 $\times Owner$ 的系数显著为正，说明财政支出竞争缓解企业税负粘性的作用在国有企业中表现得更为明显。以上实证结果验证了研究假设 5.3。

三、基于企业成长性的异质性分析

为检验财政竞争对不同成长性企业的作用是否存在差异，根据企业成长性将样本划分为高成长性企业和低成长性企业。借鉴马文涛和张朋（2021）的做法，使用托宾 Q 值来衡量企业成长性，并构建企业成长性（$Growth$）虚拟变量来表示企业成长性。若企业托宾 Q 值高于平均水平，则为高成长性企业，赋值为 1；若企业托宾 Q 值低于平均水平，则为低成长性企业，赋值为 0，并使用交乘项进行异质性分析。表 5 - 8 中第（3）列交乘项 $Taxc \times Dec \times$ 营业收入变动 $\times Growth$ 的系数显著为正，说明税收竞争缓解企业税负粘性的作用在高成长性企业中表现得更为明显。表 5 - 9 中第（3）列交乘项 $Expc \times Dec \times$ 营业收入变动 $\times Growth$ 的系数显著为正，说明财政支出竞争缓解企业税负粘性的作用在高成长性企业中表现得更为明显。以上实证结果验证了研究假设 5.3。

第四节　财政竞争对企业税负粘性的作用机制分析

基准回归结果和稳健性检验表明，地方政府间税收竞争能够缓解企业税负粘性，这与理论分析一致；地方政府间财政支出竞争缓解企业税负粘性的作用大于强化企业税负粘性的作用，最终表现为缓解企业税负粘性。理论分析指出，地方政府间税收竞争会给予企业税收优惠和降低税收努力；而财政支出竞争一方面会激励企业融资行为和投资行为，进而缓解企业税负粘性，另一方面，财政支出竞争会提高税收努力，进而强化企业税负粘性。为方便使用中介效应模型对作用机制展开分析，以下采用直接度量企业税负粘性的方法及实证模型。

一、税收竞争与税收优惠

在借鉴刘骏和刘峰（2014）的基础上，使用企业收到的税费返还占企业总资产的比重（$TaxR$）来衡量企业实际享受到的税收优惠水平，并利用中介效应模型进行机制检验。表5-10中第（1）列的回归结果显示，税收竞争（$Taxc$）系数在5%水平上显著为负，说明地方政府间税收竞争能够降低企业税负粘性。表5-10中第（2）列的回归结果显示，税收竞争（$Taxc$）系数在1%水平上显著为正，说明地方政府间税收竞争会增加企业实际享受的税收优惠水平。表5-10中第（3）列将税收竞争（$Taxc$）和税收优惠（$TaxR$）同时放入实证模型，税收竞争（$Taxc$）系数在5%水平上显著为负，且比第（1）列的估计系数绝对值更小（1.009 < 1.478），这意味着税收优惠确实在税收竞争降低企业税负粘性中起到部分中介作用，证实了"税收竞争提高—税收优惠增加—企业税负粘性下降"的作用机制。

二、税收竞争与税收努力

借鉴国内学者衡量税收努力的普遍做法，使用"税柄法"测算潜在税收收入，采用实际税收收入与潜在的税收收入之比来衡量税收努力（$TaxE$），该值越大，意味着税收努力程度越高。表5-10中第（4）列的回归结果显示，税收竞争（$Taxc$）系数在5%水平上显著为负，说明税收竞争能够降低企业税负粘性。表5-10中第（5）列的回归结果显示，税收竞争（$Taxc$）系数在1%水平上显著为负，说明地方政府间税收竞争会降低税收努力。表5-10中第（6）列将税收竞争（$Taxc$）和税收努力（TE）同时放入实证模型，交乘项的系数在5%水平上显著为负，相比第（4）列的估计系数绝对值减小（1.082 < 1.492），这意味着降低税收努力在税收竞争降低企业税负粘性中起到部分中介作用，证实了"税收竞争提高—税收努力降低—企业税负粘性降低"的作用机制。

表 5 - 10 税收竞争影响企业税负粘性的作用机制

变量	税收优惠			降低税收努力		
	（1）	（2）	（3）	（4）	（5）	（6）
	STICKY	*TaxR*	*STICKY*	*STICKY*	*TaxE*	*STICKY*
Taxc	- 1. 478 **	0. 798 ***	- 1. 009 **	- 1. 492 **	- 0. 692 ***	- 1. 082 **
	（0. 692）	（0. 307）	（0. 478）	（0. 618）	（0. 284）	（0. 593）
TaxR			- 0. 531 **			
			（0. 231）			
TaxE						0. 485 **
						（0. 239）
Size	0. 084 *	0. 069 ***	0. 097 **	0. 093 *	0. 084 **	0. 187 **
	（0. 049）	（0. 020）	（0. 046）	（0. 049）	（0. 039）	（0. 089）
Lev	0. 118	0. 137	0. 159	0. 154	0. 167	0. 176
	（0. 101）	（0. 119）	（0. 109）	（0. 108）	（0. 109）	（0. 121）
ROA	1. 621 ***	1. 578 ***	1. 519 ***	1. 549 ***	1. 498 ***	1. 418 ***
	（0. 599）	（0. 378）	（0. 523）	（0. 451）	（0. 372）	（0. 492）
ATO	0. 087	0. 143 *	0. 108	0. 087	0. 128 *	0. 092
	（0. 076）	（0. 079）	（0. 072）	（0. 073）	（0. 071）	（0. 054）
FirmAge	0. 346 *	0. 291 **	0. 336 *	0. 413 *	0. 279 **	0. 389 *
	（0. 206）	（0. 138）	（0. 192）	（0. 234）	（0. 139）	（0. 209）
PPE	0. 334	0. 147	0. 392	0. 339	0. 189	0. 289
	（0. 231）	（0. 128）	（0. 267）	（0. 238）	（0. 140）	（0. 228）
PerGDP	0. 493	0. 287 **	0. 482	0. 523	0. 289 **	0. 310
	（0. 398）	（0. 134）	（0. 329）	（0. 417）	（0. 132）	（0. 290）
FP	- 0. 337 **	- 0. 134	- 0. 376 ***	- 0. 383 **	- 0. 128	- 0. 384 **
	（0. 157）	（0. 148）	（0. 134）	（0. 179）	（0. 104）	（0. 163）
Ind2	- 0. 978 **	- 0. 892 **	- 0. 872 **	- 0. 978 **	- 0. 919 **	- 0. 939 **
	（0. 447）	（0. 385）	（0. 387）	（0. 429）	（0. 409）	（0. 423）
常数项	- 0. 673	- 0. 728	- 0. 672	- 0. 627	- 0. 709	- 0. 578
	（0. 537）	（0. 491）	（0. 546）	（0. 562）	（0. 501）	（0. 489）
企业固定效应	是	是	是	是	是	是
年份固定效应	是	是	是	是	是	是

变量	税收优惠			降低税收努力		
	（1）	（2）	（3）	（4）	（5）	（6）
	STICKY	*TaxR*	*STICKY*	*STICKY*	*TaxE*	*STICKY*
地级市×年份固定效应	是	是	是	是	是	是
N	14374	14374	14374	14374	14374	14374
$Adj - R^2$	0.183	0.189	0.194	0.182	0.187	0.195

注：括号内数值为稳健标准误，所有标准误均聚类（Cluster）到企业层面；*、**、***分别表示在10%、5%、1%水平上显著。

三、财政支出竞争与企业融资行为

根据理论分析，企业融资行为定义为企业债务融资。结合融资优序理论和企业实际融资偏好，使用企业当年长期和短期债务总额的年增加额与年末资产总额的比值来衡量企业当年融资规模，反映企业融资行为（*Finance*）。具体计算公式为：（当期长短期债务总额 – 前期长短期债务总额)/年末资产总额。企业短期债务包括短期借款，长期债务包括一年内到期的非流动负债、长期借款、应付债券、长期应付款、其他非流动负债，以上指标均来自上市公司披露的资产负债表。表5－11中第（1）列的回归结果显示，财政支出竞争（*Expc*）系数在5%水平上显著为负，说明财政支出竞争能够降低企业税负粘性。表5－11中第（2）列回归结果显示，财政支出竞争（*Expc*）系数在5%水平上显著为正，说明地方政府间财政支出竞争会促进企业融资行为。表5－11中第（3）列将财政支出竞争（*Expc*）和企业融资规模（*Finance*）同时放入实证模型，交乘项的系数在5%水平上显著为负，相比第（1）列估计系数绝对值减小（1.052＜1.391），这意味着企业融资行为在财政支出竞争降低企业税负粘性中起到部分中介作用，证实了"财政支出竞争提高—促进企业融资行为—企业税负粘性降低"的作用机制。

四、财政支出竞争与企业投资行为

借鉴饶品贵等（2017）的研究，使用上市公司现金流量表中当年购买固定资产、无形资产及其他长期资产所支付的现金与当年总资产的比值来衡量企业投资行为（*Invest*）。表5-11中第（4）列的回归结果显示，财政支出竞争（*Expc*）系数在5%水平上显著为负，说明财政竞争能够降低企业税负粘性。表5-11中第（5）列的回归结果显示，财政支出竞争（*Expc*）系数在1%水平上显著为正，说明地方政府间财政支出竞争会促进企业投资行为。表5-11中第（6）列将财政支出竞争（*Expc*）和企业投资行为（*Invest*）同时放入实证模型，交乘项的系数在5%水平上显著为负，相比第（4）列估计系数绝对值减小（1.108 < 1.493），这意味着企业投资行为在财政支出竞争降低企业税负粘性中起到部分中介作用，证实了"财政支出竞争提高—促进企业投资行为—企业税负粘性降低"的作用机制。

五、财政支出竞争与税收努力

如前文所述，借鉴国内学者衡量税收努力的普遍做法，使用"税柄法"测算潜在税收收入，采用实际税收收入与潜在的税收收入之比来衡量税收努力（*TaxE*），该值越大，意味着税收努力程度越高。表5-11中第（7）列的回归结果显示，财政支出竞争（*Expc*）系数在5%水平上显著为负，说明财政支出竞争能够降低企业税负粘性。表5-11中第（8）列的回归结果显示，财政支出竞争（*Expc*）系数在5%水平上显著为正，说明地方政府间财政支出竞争会提高税收努力。表5-11中第（9）列将财政支出竞争（*Expc*）和税收努力（*TaxE*）同时放入实证模型，财政支出竞争（*Expc*）系数在5%水平上显著为负，相比第（7）列估计系数绝对值增大（1.391 < 1.451），且间接效应（0.710×0.428）的符号与直接效应（-1.451）的符号相反，证明了税收努力在财政支出竞争与企业税负粘性之间存在部分遮掩效应①，同时证实了"财政支出竞争提高—提高税收努力—企业税负粘性提高"的作用机制。综合而言，财政支出竞争会降低企业税负粘性，但这一作用会被财政支出竞争通过提高税

---

① 根据温忠麟和叶宝娟（2014）的研究，遮掩效应是指一类特殊的中介效应，能够解释作用机制中存在的间接效应与直接效应相反的情况。

收努力从而提高企业税负粘性的间接作用所部分遮掩。综合而言，财政支出竞争一方面会通过促进企业融资行为和企业投资行为的方式降低企业税负粘性；另一方面会通过提高税收努力的方式提高企业税负粘性，后者会产生部分遮掩效应，但总体表现为财政支出竞争降低企业税负粘性。

表 5-11　　　　　　财政支出竞争影响企业税负粘性的作用机制

变量	企业融资行为			企业投资行为			提高税收努力		
	(1)	(2)	(3)	(4)	(5)	(6)	(7)	(8)	(9)
	STICKY	Finance	STICKY	STICKY	Invest	STICKY	STICKY	TaxE	STICKY
Expc	-1.391** (0.636)	0.804** (0.398)	-1.052** (0.512)	-1.493** (0.692)	0.597** (0.236)	-1.108** (0.492)	-1.391** (0.636)	0.710** (0.310)	-1.451** (0.589)
Finance			-0.427** (0.191)						
Invest						-0.586*** (0.174)			
TaxE									0.428** (0.208)
Size	0.134* (0.069)	0.072** (0.032)	0.090** (0.043)	0.134* (0.072)	0.083** (0.041)	0.134** (0.065)	0.134* (0.069)	0.089** (0.043)	0.087** (0.033)
Lev	0.147 (0.101)	0.189* (0.104)	0.198* (0.103)	0.139 (0.102)	0.192* (0.102)	0.137 (0.081)	0.147 (0.101)	0.188* (0.103)	0.203* (0.101)
ROA	1.591*** (0.491)	1.982*** (0.539)	1.425*** (0.452)	1.589*** (0.421)	1.283*** (0.456)	1.642*** (0.529)	1.591*** (0.491)	1.892*** (0.582)	1.422*** (0.488)
ATO	0.097 (0.071)	0.142* (0.079)	0.228** (0.087)	0.096 (0.073)	0.123* (0.073)	0.136 (0.082)	0.097 (0.071)	0.138* (0.074)	0.231** (0.109)
FirmAge	0.399* (0.228)	0.204** (0.082)	0.234** (0.089)	0.387* (0.229)	0.189** (0.079)	0.372* (0.215)	0.399* (0.228)	0.210** (0.098)	0.229** (0.097)
PPE	0.347 (0.238)	0.145 (0.121)	0.168* (0.098)	0.338 (0.248)	0.178* (0.089)	0.363 (0.243)	0.347 (0.238)	0.152 (0.120)	0.172* (0.089)
PerGDP	0.472 (0.419)	0.239** (0.119)	0.298* (0.154)	0.489 (0.381)	0.273* (0.152)	0.342 (0.247)	0.472 (0.419)	0.242** (0.119)	0.282* (0.154)
FP	-0.338** (0.138)	-0.129** (0.057)	-0.165* (0.089)	-0.372*** (0.139)	-0.143** (0.068)	-0.338*** (0.118)	-0.338** (0.138)	-0.139** (0.049)	-0.172* (0.092)

续表

变量	企业融资行为			企业投资行为			提高税收努力		
	（1）	（2）	（3）	（4）	（5）	（6）	（7）	（8）	（9）
	STICKY	*Finance*	*STICKY*	*STICKY*	*Invest*	*STICKY*	*STICKY*	*TaxE*	*STICKY*
Ind2	−0.938**	−0.798**	−0.897**	−0.982**	−0.838**	−0.948**	−0.938**	−0.708**	−0.802**
	（0.387）	（0.402）	（0.427）	（0.429）	（0.392）	（0.456）	（0.387）	（0.389）	（0.421）
常数项	−0.762	−1.464	−0.981	−0.683	−1.382	−0.592	−0.762	−1.390	−0.979
	（0.546）	（0.896）	（0.609）	（0.571）	（0.892）	（0.471）	（0.546）	（0.792）	（0.589）
企业固定效应	是	是	是	是	是	是	是	是	是
年份固定效应	是	是	是	是	是	是	是	是	是
地级市×年份固定效应	是	是	是	是	是	是	是	是	是
N	14374	14374	14374	14326	14326	14326	14374	14374	14374
$Adj-R^2$	0.192	0.199	0.221	0.180	0.189	0.208	0.191	0.185	0.201

注：括号内数值为稳健标准误，所有标准误均聚类（Cluster）到企业层面；*、**、***分别表示在10%、5%、1%水平上显著。

第五节　策略互动效应分析

将税收竞争和财政支出竞争纳入同一实证模型，并加入两者的交乘项，对所有变量均做标准化处理，考察税收竞争和财政支出竞争的相互作用对企业税负粘性的影响，以得到两者的策略互动效应。具体实证模型式（5-8）如下：

$$\ln\left(\frac{Tax_{it}}{Tax_{it-1}}\right) = \alpha_0 + \alpha_1\ln\left(\frac{Rev_{it}}{Rev_{it-1}}\right) + \alpha_2 Dec_{it} \times \ln\left(\frac{Rev_{it}}{Rev_{it-1}}\right)$$

$$+ \alpha_3 Taxc_{ct} \times Dec_{it} \times \ln\left(\frac{Rev_{it}}{Rev_{it-1}}\right) + \alpha_4 Expc_{ct} \times Dec_{it} \times \ln\left(\frac{Rev_{it}}{Rev_{it-1}}\right)$$

$$+ \alpha_5 Taxc_{ct} \times Expc_{ct} + \alpha_6 Taxc_{ct} \times Expc_{ct} \times Dec_{it} \times \ln\left(\frac{Rev_{it}}{Rev_{it-1}}\right)$$

$$+ \gamma X_{it} + \mu_i + \eta_t + \delta_{ct} + \varepsilon_{it} \tag{5-8}$$

表 5 - 12 展示了实证结果，第（1）列中 $Taxc \times Dec \times$ 营业收入变动系数为 1.219，$Expc \times Dec \times$ 营业收入变动系数为 1.728，对比系数大小可知，财政支出竞争缓解企业税负粘性的作用略大于税收竞争。可能原因有两个：一是税收竞争程度在下降，一方面，金税三期工程实施和国地税机构合并以后，地方政府干预企业税收征管的程度有限；另一方面，在财政压力日益加剧的背景下，地方政府开展税收逐底竞争的主观意愿和客观能力均在减弱。二是以优化公共产品供给为主要内容的财政支出竞争极大地改善了地区的投融资环境，进而显著促进了企业的投资行为和融资行为。基于以上结论，可以初步得到如下启示：缓解企业税负粘性的途径是多样的，不仅包括降低税收征管强度和给予税收优惠，也包括扩大优质公共产品供给以改善地区投融资环境。考虑到逐底税收竞争会使地方财政压力"雪上加霜"，地方政府在进行财政竞争策略选择时，可以适度提高财政支出竞争强度，并提高财政资金的使用效率，发挥财政资金改善地区投融资环境的积极作用。

第（2）列中 $Taxc \times Expc \times Dec \times$ 营业收入变动系数为负，但不显著，说明税收竞争和财政支出竞争会在一定程度上削弱彼此缓解企业税负粘性的作用，两者存在一定的策略替代关系，验证了假设 5.4。实证结果有两点启示：第一，地方政府逐底的税收竞争策略会对地方财力产生压力，造成财政支出竞争提高税收努力的幅度更大，并削弱了财政支出竞争改善地区投融资环境的效果，最终表现为，尽管税收竞争缓解了企业税负粘性，但是也削弱了财政支出竞争缓解企业税负粘性的积极作用。第二，两者存在着微弱的策略替代关系表明，地方政府受到硬预算约束。尤其是 2015 年新《预算法》实施以后，中央先后采取了一系列措施，包括允许地方政府合法举债、将地方债纳入政绩考核、剥离融资平台融资职能等，进一步硬化了地方政府的预算约束，地方政府通过预算外和制度外渠道进行财政筹资的空间明显收窄。

第（3）列在模型中加入 2015 年时间虚拟变量 $Post2015$，观测值处于 2015 年及以后时取值为 1，进一步比较了 2015 年新《预算法》实施前后，税收竞争和财政支出竞争的策略互动效应。2015 年以前，税收竞争和财政支出竞争的策略替代关系较弱，表明地方政府受到的硬预算约束程度较低。2015 年以后，$Taxc \times Expc \times Dec \times$ 营业收入变动 $\times Post2015$ 显著为负，表明 2015 年新《预算法》实施后，税收竞争和财政支出竞争的策略替代关系加强，反映地方政府的预算约束得到明显硬化。

表 5 - 12　　　　　税收竞争和财政支出竞争的相互作用对企业税负粘性的影响

变量	（1）	（2）	（3）
	税费净支出	税费净支出	税费净支出
营业收入变动	0.672 ***	0.667 ***	0.652 ***
	（0.041）	（0.043）	（0.042）
$Dec \times$ 营业收入变动	− 0.570 ***	− 0.612 ***	− 0.607 ***
	（0.206）	（0.222）	（0.214）
$Taxc \times Dec \times$ 营业收入变动	1.219 **	1.223 **	1.213 **
	（0.609）	（0.605）	（0.603）
$Expc \times Dec \times$ 营业收入变动	1.728 **	1.801 **	1.796 **
	（0.807）	（0.787）	（0.778）
$Taxc \times Expc$		1.019	1.009
		（0.501）	（0.499）
$Taxc \times Expc \times Dec \times$ 营业收入变动		− 0.231	− 0.211
		（0.156）	（0.152）
$Taxc \times Expc \times Dec \times$ 营业收入变动 $\times$ Post2015			− 0.103 **
			（0.051）
控制变量	否	是	是
常数项	− 0.032	− 2.126	− 2.023
	（0.022）	（1.719）	（1.700）
企业固定效应	是	是	是
年份固定效应	是	是	是
地级市 × 年份固定效应	是	是	是
N	14374	14374	14374
$Adj - R^2$	0.181	0.192	0.195

　　注：括号内数值为稳健标准误，所有标准误均聚类（Cluster）到企业层面；*、**、*** 分别表示在 10%、5%、1% 水平上显著。

第六节　财政竞争影响企业税负粘性的结论

　　地方政府普遍采取税收竞争和财政支出竞争来开展财政竞争，以吸引资本流入和促进地区企业发展，这会对政府宏观行为和企业微观行为产生复杂作用，进而影响企业税负粘性。由于税负粘性是企业税负痛感的重要来源，从地方政府间财政竞争角度探究税负粘性的影响因素，对于缓解制造业企业税负痛感具有重要意义。相比已有研究，本章可能的边际贡献在于：第一，从税收竞争和财政支出竞争的角度出发，研究地方政府间财政竞争策略对企业税负粘性的影响及作用机制，为提高减税降费实效和缓解企业税负痛感提供新的研究视角。相比于以往单独考察税收竞争对企业税负粘性影响的研究，同时考察税收竞争与财政支出竞争及其相互作用对企业税负粘性的影响，有助于地方政府全面了解税收竞争和财政支出竞争的策略效果，为进一步规范地方政府间财政竞争提供参考。第二，借鉴魏斯（Weiss，2010）直接测度成本粘性的方法来直接测度企业层面税负粘性，不仅有力补充了间接测度税负粘性指标的不足，而且相较于非企业层面税负粘性指标，有助于利用中介效应模型进一步探讨财政竞争对企业税负粘性的作用机制。第三，同时从微观企业层面和宏观政府层面精准识别财政竞争对企业税负粘性的作用机制，地方政府间税收竞争在宏观层面会降低税收努力和实施税收优惠，财政支出竞争在宏观层面会提高税收努力，在微观层面则会促进企业融资行为和投资行为，上述发现为从总体上缓解企业税负粘性提供了新的思路。

基于此，以 2008～2020 年 294 个地级市和 A 股上市公司为研究样本，实证检验了财政竞争策略对企业税负粘性的影响及作用机制。通过实证研究，得到以下研究结论：地方政府间税收竞争和财政支出竞争能够有效缓解企业税负粘性，这一结论在使用直接法度量企业税负粘性、使用母公司数据、排除同期政策影响后依然成立。异质性分析发现，税收竞争缓解企业税负粘性的作用在国有企业和高成长性企业中表现得更为明显，财政支出竞争缓解企业税负粘性的作用在市场化水平较高地区、国有企业和高成长性企业中表现得更为明显。作用机制表明，税收竞争会通过给予企业税收优惠和降低税收努力的方式降低企业税负粘性；财政支出竞争会通过促进企业融资行为和投资行为的方式降低企业税负粘性，同时会通过提高税收努力来强化企业税负粘性，后者会产生部分遮掩效应。策略互动效应分析表明，财政支出竞争缓解企业税负粘性的作用略大于税收竞争，且两者存在一定的策略替代关系。

基于研究结论，得到以下政策启示：

第一，在税务机关的税收征管实践中，不仅要做到税收收入的应收尽收，从而实现税收筹集财政收入的职能；同时也要进一步强化税收优惠政策的落实，从而发挥税收优惠政策缓解企业税负痛感的积极作用。具体来讲，应当根据所有制性质和成长性等企业特征、市场化水平等地区特征出台差异化的税收优惠政策，从而实现税收优惠的精准帮扶。

第二，地方政府在开展财政支出竞争时，一方面应当通过增加财政奖补资金的方式引导商业银行将信贷资金投入企业，以提升企业融资能力和降低企业融资成本，进而促进企业融资行为；另一方面应当适度提高基础设施等资本性公共服务支出，以持续优化投资环境，进而促进企业投资行为。企业投融资环境的改善有利于企业投入产出效率的提升和盈利能力的增强，从而对企业税负粘性的缓解起到积极作用。

第三，地方政府间财政竞争一方面会加剧地方财政压力，另一方面也能够发挥缓解企业税负粘性的积极作用。鉴于财政支出竞争缓解企业税负粘性的作用优于税收竞争，且两者存在一定的政策替代关系，中央政府应当进一步规范地方政府间财政竞争，引导地方政府在财政能力范围内适度增加财政支出竞争、规范税收竞争，避免过度财政竞争造成的税收执法力度和财政支出结构扭曲，为减轻企业税负粘性作出贡献。

第六章　增值税分成对企业税负粘性的实证研究

近年来，我国实施了"营改增"改革、降低增值税税率、提高研发费用加计扣除比例、增值税留抵退税等一系列税制改革和减税降费政策，致力于缓解企业尤其是制造业企业税收负担，帮助制造业企业稳定发展。尽管从2012～2023年，我国宏观税负由18.7%下降至14.4%①，在宏观层面上企业实际税收负担下降明显，但是部分制造业企业仍然抱怨税负痛感较重，尤其是成本持续上涨和利润持续下滑阶段。在我国产业转型升级和经济下行的背景下，制造业是推动经济高质量发展的重要驱动力，应当想方设法缓解制造业企业税负痛感，进而激发制造业企业生产经营活力。企业税负痛感体现为企业经营者在获取经营成果的同时承担税收负担的感受，相比静态视角下企业绝对税负水平，动态视角下企业税负相对企业绩效的变动程度更能直观地反映企业的税负痛感。现有研究也指出，制造业企业普遍存在明显的税负粘性特征（王百强等，2018；余新创，2020），即企业业绩下降时税负变动幅度小于企业业绩上升时税负变动幅度，这引起了企业较重的税负痛感。

政府间财政关系以税收分成和事权划分为主要特征，不同的政府间税收分成比例和地方政府事权会影响到地方政府发展经济和获取财政资金的积极性，进而影响到宏观层面的地方政府行为和微观层面的企业行为。一方面，各级地方政府从税收分成中获取的相对税收收益发生变化，其将调整税收努力程度以

---

① 此处为小口径宏观税负（税收收入占国内生产总值比重），全国税收收入和GDP数据来源于历年政府工作报告。

维持地方税收收入稳定，进而影响到企业税负上下变动幅度差异。另一方面，税收分成比例调整会改变地方的经济收益，于是地方政府会通过调整土地配置、财政补贴、税收征管、信贷支持等政策的执行力度来改变微观企业的生产经营行为，进而引起企业税负上下变动幅度差异。由此可见，税收分成改革会同时影响地方政府行为和企业行为，最终会影响企业税负粘性程度。那么，增值税分成改革会对企业税负粘性产生何种影响？作用机制是什么？增值税分成改革对企业税负粘性的影响是否会因地区财政压力和企业特征差异而存在异质性特征？

与研究主题密切相关的文献主要分为两支，已有文献围绕税收分成和企业税负粘性展开研究，为本书研究奠定良好基础。第一，税收分成产生的财政激励或压力对于地方政府行为和企业行为的影响。现有文献关注到税收分成比例调整会改变地方政府的税收收益，进而对地方政府的行为模式、税收努力、土地配置行为、公共产品配置等产生影响（Weingast，2009；吕冰洋等，2016；谢贞发等，2019；谢贞发和张佼雨，2021）。同时，文献关注到税收分成会通过改变地方政府行为选择，进而对企业污染、制造业企业活力、企业异地投资等产生影响（席鹏辉等，2017；李建军和吴懿，2021；李红霞等，2024）。第二，地方政府行为或企业行为对企业税负粘性的影响。现有文献考察了税收征管、财政收入分权、税收竞争等地方政府行为（王百强等，2018；胡洪曙和武锶芪，2020；魏志华和卢沛，2021；刘金东等，2023），以及企业议价能力、企业税收激进行为等企业行为（程宏伟和吴晓娟，2020；胡洪曙和武锶芪，2020）对企业税负粘性的影响。由此可见，现有文献关注到政府间税收分成引起的财政激励效应，尤其是企业所得税分成比例调整，并进一步揭示其对税收征管、土地出让等地方政府行为和企业逃税行为的影响，同时也分别从地方政府行为和企业行为角度探讨了企业税负粘性的成因，但是鲜有文献在探讨增值税分成对地方政府行为选择和企业行为影响的基础上，进一步探究增值税分成对企业税负粘性的影响及作用机制，没有将增值税分成产生的地区间财力差距问题纳入研究框架。然而，属于生产性税基的增值税在地方财政收入中占据最大比重，增值税分成比例会在很大程度上影响地方政府行为，进一步作用于企业行为，并最终传导到企业税负粘性，并且这一作用可能因地区财力不同而存在显著差异。

基于此，借助 2016 年增值税分成改革这项准自然实验，以制造业企业为研究对象，研究增值税分成对企业税负粘性的影响及作用机制。

基于以上分析，利用 2016 年增值税"五五分成"改革，构造强度 DID 模型，以 2012～2022 年中国 A 股制造业上市公司为研究样本，实证检验了增值税分成对企业税负粘性的影响及作用机制。研究发现，地方税收分成比例提高同时产生税收征管强化效应和财政援助效应，并最终将缓解企业税负粘性，且这一作用在财政压力较小地区、外资企业和高税收遵从度企业中表现得更为明显。

第一节　增值税分成影响企业税负粘性的
制度背景与理论分析框架

一、制度背景

2016 年 5 月 1 日我国全面实行"营改增"改革，在全国范围内所有缴纳营业税的纳税人改缴增值税。改革前，营业税是地方政府主体税种，建筑业和除批发零售业之外的服务业企业缴纳营业税，除原铁道部、各银行总行和各保险总公司集中缴纳的营业税之外，其余企业缴纳的营业税归地方政府所有。工业和批发零售业企业一直缴纳增值税，增值税按收入来源由中央和地方按照 75∶25 的比例进行分成。改革后，为了保障地方政府财力和维持地方政府财政的平稳运行，国务院于 2016 年 4 月 29 日印发《全面推开营改增试点后调整中央与地方增值税收入划分过渡方案》，规定自 2016 年 5 月 1 日起中央与地方按 50∶50 分成国内增值税收入，过渡期暂定 2～3 年。国务院于 2019 年 9 月 26 日印发《实施更大规模减税降费后调整中央与地方收入划分改革推进方案》，规定继续保持增值税收入划分"五五分成"比例不变。"营改增"前后营业税和增值税征税范围及税收分成比例如表 6－1 所示。调整中央与地方政府间增值税分成比例的初衷是保证地方政府财力与"营改增"改革前基本一致，促进地方财力可持续，实际效果基本达到改革预期。但在政治晋升激励和财政分权体制下，地方政府具有汲取更多财政收入的内在动力。相比建筑业和服务业（除批发零售业）企业地方增值税分成比例下降，增值税"五五分成"改革使得工业和批发零售业增值税地方分成比例由25%提高到50%，地方政府从工业和批发零售业等企业获得的税收收入相应增加。因此，2016年增值税分成比例的提高能够在一定程度上促进地方政府发展制造业的积极性。在同期减税降费政策背景下，2016年增值税分成改革在对地方政府行为和企业行为产生作用后，是否具有缓解制造业企业税负粘性的"意外"效果？作用机制又是如何？值得深入研究。

表6-1　　　"营改增"前后营业税和增值税征税范围及税收分成比例

税种		征税范围及税收分成比例
改革前 （2012年前）	营业税	建筑业和除批发零售之外的服务业企业缴纳营业税。除铁道部、各银行总行和各保险总公司集中缴纳的营业税之外，其余企业缴纳营业税归地方政府所有
	增值税	工业和批发零售业企业缴纳增值税。在中央与地方政府间按75∶25的比例分成
试点期间 （2012—2016年）	营业税	和改革前一致
	增值税	工业和批发零售业企业继续缴纳增值税，在中央和地方间按75∶25分成。缴纳营业税行业逐步改征增值税，税款全部归属地方（包括改征增值税税款滞纳金、罚款收入）
改革后 （2016年5月后）	营业税	取消
	增值税	所有行业企业缴纳增值税。收入在中央与地方政府之间按50∶50分成

由于此次改革在全国范围内"一刀切"实施，没有明确的对照组和实验组，无法采用传统的离散型双重差分法进行因果识别。但是，不同地级市对增值税收入的依赖程度不同，这使增值税分成改革实施后，增值税占比高的地级市得以留存更多的增值税收入，从而获得更强的财政激励。为验证这一发现，以实施增值税分成改革前一年（2015年）各地级市增值税收入占地方一般公共预算收入的比重来衡量地级市对增值税收入的依赖程度，考察增值税地方分成比例提高对不同地级市的财政激励程度。具体如图6-1所示，横轴是2012～2022年，纵轴是各地级市制造业企业上缴的增值税总和，增值税分成改革实施（2016年）以后，增值税依赖程度较高的地级市（75%分位数）相比于增值税依赖程度较低的地级市（25%分位数），辖区内制造业企业上缴的增值税收入上升幅度更大和更快，这说明增值税分成改革确实会提高地方政府从制造业企

业中获得的增值税收入，且这一提高效应在增值税依赖程度更高的地级市更为明显。张克中等（2021）的研究表明，相比中部、西部地区，东部地区的增值税收入增长速度较快，增值税分成改革后，东部地区的增值税收入以更快的速度增加，这也说明，增值税分成改革给不同地区带来的财政激励程度存在差异，与图6－1结果一致。因此，采用强度双重差分法，以实施增值税分成改革前一年（2015年）各地级市增值税收入占地方一般公共预算收入的比重来衡量增值税分成改革对地方政府产生的财政激励程度，以此财政激励程度与增值税分成改革实施时间的交互项衡量增值税分成改革的政策处理效应。

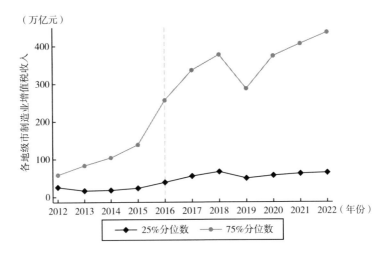

图6－1　2012～2022年各地级市制造业增值税收入的变化

二、理论分析与研究假设

税收分成是平衡多级政府间财权事权的制度安排和提高地方政府效能和市场运行效率的关键举措，不仅在一定程度上影响地方经济发展方式和经济绩效（吕冰洋等，2016），也会影响地方政府的征税行为（刘怡和刘维刚，2015），激励着地方政府运用具体财政政策工具追求预算收入（谢贞发等，2019）。具体到增值税地方分成比例提高，地方政府从制造业等缴纳增值税的企业中获得更多的财政收入，进而会对地方政府行为产生双重效应，进一步影响到企业税负粘性。

一方面，增值税地方分成比例提高会产生税收征管强化效应。当增值税地方分成比例提高，地方政府从制造业企业获得的税收收益提高。基于短期财政收益最大化，地方政府会强化对制造业企业的税收征管，具体表现为提高税收努力。

已有研究指出，由于治理机制不完善，我国税收征管实践中存在弹性操作空间（高培勇，2006），即税收实务中企业的实际征税额和税法规定的征税额之间存在差距。地方政府的税收努力是造成税收征管空间的主要因素，能够解释微观层面企业税收支出变化幅度和企业盈利状况变化幅度不一致的现象（王百强等，2018）。需要说明的是，尽管我国税收立法权高度集中于中央政府，但是地方政府对于税收努力仍然拥有一定的自主权和相机裁量权。例如，税务机关能够调整对企业的税务稽查力度。具体而言，在财政创收压力加剧和企业经营业绩下滑时期，地方政府会通过提高税收努力的方式增加征税额，抑制制造业企业的逃避税行为（吕冰洋等，2016），从而在一定程度上弱化企业利润下降时税收支出随利润下降的幅度（马双等，2019）。基于涵养税源的目的，在企业业绩上升时期，地方政府会避免提高税收努力，甚至降低税收努力，以保证来年有充足的税源。企业业绩上升和下滑时，税收征管强化效应具有非对称性，提高了企业税负粘性水平。

另一方面，增值税地方分成比例提高会产生财政援助效应。2016 年全面"营改增"改革实施以后，作为地方政府重要财源的营业税退出历史舞台，且土地财政逐渐不可持续，地方政府对于增值税的依赖程度逐渐增大，亟须通过做大增值税税基的方式来增加财政收入。而增值税地方分成比例的提高，极大地调动地方政府发展经济的积极性。基于长期经济规模最大化，地方政府会全力支持本地制造业企业发展。为此，地方政府通常会采取加大政府补助资金、增加信贷资金扶持、提供低价工业用地等政策措施（谢贞发等，2019）。在实践中，2016 年增值税分成改革后，中央和地方政府均陆续出台了许多扶持政策来支持制造业企业发展。

在地方政府出台的一系列支持制造业企业发展的政策中，加大政府补助资金会对企业税负变动幅度产生影响，即改变企业税负粘性程度。政府补助资金对于企业经营发展都有着极为重要的意义。相较于处于蓬勃成长期的企业，政府补助资金可能仅是"锦上添花"，但对处于经营状况下滑阶段的企业而言，政府补助资金绝对是"雪中送炭"。政府补助资金对企业税负粘性的财政援助效应可以体现在三方面。第一，政府补助资金能够直接促进企业进行固定资产、无形资产等投资活动，一定程度上缓解了经营利润下滑企业的投资不足状况。根据税法规定，固定资产的折旧费用、无形资产摊销和研发费用加计扣除均可以在税前扣除，产生非债务税盾效应。企业在经营业绩下滑时期增加投资，强化了企业利用固定资产折旧、无形资产摊销和研发费用等税前扣除而形成的税盾效应，提高了企业税收支出随营业收入下降而减少的幅度，大大缓解了企业税负粘性。第二，政府补助资金的信号传递效应有助于企业获得银行等金融机构的认可，提高金融机构的投资信心，减少投融资信息不对称，从而帮助企业获得更多的债务融资（陈东和邢霖，2019；刘亭立等，2020）。根据税法规定，企业债务融资的利息支出能够在税前扣除，产生债务税盾效应。企业在经营业绩下滑时期增加债务融资规模，相应的利息支出也将提升，强化了企业利用利息支出等税前扣除而形成的税盾效应，提高了企业税收支出随营业收入下降而减少的幅度，缓解了企业税负粘性。第三，政府补助资金能够有效缓解企业现金流不足问题，不仅直接减缓了企业因经营不善而导致的营业收入下滑速度，同时还间接降低了企业为达成交易而付出的销售成本。企业为促进交易达成必须承担一定的销售成本，具体包括向客户提供赊销、现金折扣、额外的售后服务等产生的成本费用。根据税法规定，这类销售成本不在进项税抵扣范围之内，会加重企业增值税税负。相比企业在市场繁荣时营业收入一路上行，企业在市场竞争激烈时往往营业收入下滑，具有更弱的议价权，迫切达成交易和保证企业现金流充裕，因此，企业必须付出更多的销售成本，这导致企业增值税税负很难与企业营业收入同步降低，加剧了增值税税负粘性程度。政府补助资金在一定程度上弥补企业现金流缺口，使企业不必在营业收入下滑时急于交易，从而有效缓解了企业税负粘性（见图6-2）。

因此，增值税分成对企业税负粘性的作用尚不明确，取决于税收征管强化效应和财政援助效应孰强孰弱，更是取决于地方政府偏好短期财政收益最大化还是长期经济规模最大化，需要进行严谨的实证评估。

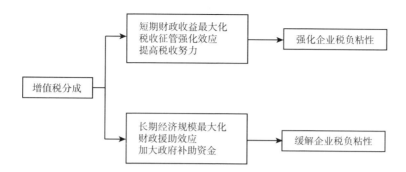

图 6 - 2　增值税分成影响企业税负粘性的作用机制

三、样本选择和数据来源

主要使用地级市层面财政税收数据和企业层面财务数据。各地级市财政税收相关指标来源于 CEIC 数据库和 2012～2022 年《中国城市统计年鉴》，部分手工整理自地级市的政府工作报告。企业层面数据来自国泰安数据库和 WIND 数据库。考虑到制造业企业在"营改增"改革实施前后一直缴纳增值税，不会受到税制调整的影响，以 2012～2022 年制造业 A 股上市公司数据为样本。将 2012 年作为样本的初始年份，能够有效减弱 2008～2011 年金融危机对实证结果的干扰。为减少原始数据中异常值的影响，对上市公司数据进行如下处理：（1）剔除 ST、*ST 企业；（2）剔除企业税负、营业收入为负的企业；（3）剔除数据存在缺失的企业；（4）对所有连续变量在 1% 和 99% 分位进行 Winsorize 处理以消除极端值影响。最终得到的样本数据包括 12916 个观测值。

四、模型设定和变量选择

（一）模型设计

为了检验企业税负粘性的存在，借鉴安德森等（Anderson et al., 2003）、程宏伟和吴晓娟（2020）的研究，首先构建实证模型式（6－1）如下：

$$\ln\left(\frac{Tax_{it}}{Tax_{it-1}}\right) = \beta_0 + \beta_1 \ln\left(\frac{Rev_{it}}{Rev_{it-1}}\right) + \beta_2 Dec_{it} \times \ln\left(\frac{Rev_{it}}{Rev_{it-1}}\right)$$
$$+ \gamma X_{it} + \mu_i + \eta_t + \delta_{pt} + \varepsilon_{it} \qquad (6-1)$$

式（6-1）中，$\ln\left(\dfrac{Tax_{it}}{Tax_{it-1}}\right)$ 表示企业 i 第 t 期税费净支出相对于第 $t-1$ 期税费净支出的增速；$\ln\left(\dfrac{Rev_{it}}{Rev_{it-1}}\right)$ 表示企业 i 第 t 期营业收入相对于第 $t-1$ 期营业收入的增速；Dec_{it} 表示企业 i 从第 $t-1$ 期到第 t 期营业收入是否下降的哑变量，如果第 t 年的营业收入低于第 $t-1$ 年，则 Dec_{it} 为 1，否则为 0；X_{it} 表示一系列会对企业税负及其变动产生影响的企业层面和地级市层面控制变量。同时，回归模型对样本企业和年份进行了固定，其中，μ_i 表示个体固定效应，η_t 表示年份固定效应，δ_{pt} 表示省份与年份的交乘项，ε_{it} 表示残差项。当企业营业收入增长 1% 时，Dec_{it} 取 0，企业税费净支出增长 β_1%；当企业营业收入减少 1% 时，Dec_{it} 取 1，企业税费净支出减少 $(\beta_1 + \beta_2)$%。当 $(\beta_1 + \beta_2) < \beta_1$，即 $\beta_2 < 0$ 时，企业税负"粘性"存在，即，企业营业收入减少时税费下降的幅度小于营业收入增加时税费上升的幅度，预计 β_2 将显著为负，β_2 绝对值大小反映企业税负粘性的程度，β_2 绝对值越大，企业税负粘性特征越明显。

其次，借鉴班克等（Banker et al., 2013）的做法，构建实证模型式（6-2）如下：

$$b_2 = a_0 + a_1 Incentive_{2015,c} \times RE_t + e_{it} \qquad (6-2)$$

将式（6-2）代入式（6-1）中，引入财政激励程度、税收分成改革哑变量、营业收入下降虚拟变量与营业收入变动的交乘项，以实证检验增值税分成对企业税负粘性的作用。构建实证模型式（6-3）如下：

$$\ln\left(\frac{Tax_{it}}{Tax_{it-1}}\right) = \alpha_0 + \alpha_1 \ln\left(\frac{Rev_{it}}{Rev_{it-1}}\right) + \alpha_2 Dec_{it} \times \ln\left(\frac{Rev_{it}}{Rev_{it-1}}\right)$$
$$+ \alpha_3 (Incentive_{2015,c} \times RE_t) \times Dec_{it} \times \ln\left(\frac{Rev_{it}}{Rev_{it-1}}\right)$$
$$+ \gamma X_{it} + \mu_i + \eta_t + \delta_{pt} + \varepsilon_{it} \qquad (6-3)$$

式（6－3）中，系数 α_2 表示增值税分成改革之前的企业税负粘性程度；系数 $\alpha_2 + \alpha_3$ 表示增值税分成改革之后的企业税负粘性程度。系数 α_3 度量了增值税分成改革前后企业税负粘性程度的变化，反映增值税分成改革对企业税负粘性的作用。重点关注系数 α_3，若系数 α_3 为正，说明增值税分成缓解企业税负粘性；若系数 α_3 为负，说明增值税分成加重企业税负粘性程度。

（二）变量选取与说明

1. 被解释变量。参考刘骏和刘峰（2014）、李林木和汪冲（2017）等度量企业税费的方法，采用"支付的各项税费－收到的税费返还"来度量企业实际税费支出。"支付的各项税费"指的是企业当期应当缴纳的各项税费，"收到的税费返还"指的是企业当期收到的全部税费返还，两者之差反映企业当期税费净支出。在基准回归部分，参考安德森等（Anderson et al.，2003）间接测度企业成本粘性的做法，构建模型测度企业税负粘性，如实证模型式（6－1）所示。在稳健性检验里，借鉴魏斯（Weiss et al.，2010）直接测度粘性的做法，直接计算出企业层面的企业税负粘性程度。

2. 核心解释变量。构建强度双重差分模型作为基准实证模型，参考李建军等（2021）和刘建民等（2023）的做法，使用改革前一年（2015 年）各地级市增值税收入占地方一般公共预算收入的比重度量增值税分成改革带来的财政激励，此指标值越大意味着增值税分成改革对该地区财政激励越明显。采用 2015 年各地级市增值税收入占地方一般公共预算收入的比重乘以增值税分成改革年份哑变量（$Incentive_{2015,c} \times RE$）作为核心解释变量。其中，$Incentive_{2015,c}$ 表示上市公司 i 所在地级市 c 在 2015 年增值税收入占地方一般公共预算收入的比重；RE_t 表示增值税分成改革实施的年份哑变量，如果该地区在该年份实施了税收分成改革，则 $RE_t = 1$，反之，$RE_t = 0$。2015 年各地级市增值税收入占地方一般公共预算收入比重的均值为 22.6%。

3. 控制变量。在参考程宏伟和吴晓娟（2020）、胡洪曙和武锶芪（2020）等研究企业税负粘性文章的基础上，控制了企业层面和地级市层面上会对企业税负及其变动产生影响的变量。在企业层面控制变量方面，选取资产规模、企业年龄、总资产净利率、固定资产密集度、资产负债率、总资产周转率等企业自身特征。在地级市层面控制变量方面，选取人均 GDP、地区政府财政压力、第二产业增加值比重等外部环境因素。同时，考虑到不同省份内的税收分成政策可能存在差异，以及随着时间发生改变，还控制了省级固定效应和年份固定效应的交乘项。本章变量定义及说明如表 6 - 2 所示。

表 6 - 2   变量定义及说明

变量种类	变量符号	变量名称	计算方法和说明
被解释变量	$\ln(Tax_{it}/Tax_{it-1})$	税费净支出变动	当期企业税费净支出与上期企业税费净支出之比的自然对数
解释变量	$\ln(Rev_{it}/Rev_{it-1})$	营业收入变动	当期营业收入与上期营业收入之比的自然对数
	Dec_{it}	营业收入下降虚拟变量	营业收入相对上一年下降时取1，否则取0
	$Incentive_{2015,c}$	财政激励程度	2015 年各地级市增值税收入/地方一般公共预算收入
	RE_t	税收分成改革哑变量	2016 年及以后取1，否则取0
企业控制变量	$Size$	资产规模	ln（年末资产总额）
	$FirmAge$	企业年龄	ln（当年年份 – 企业成立时间 +1）
	ROA	总资产净利率	净利润/平均资产总额。其中，平均资产总额 =（资产期初余额 + 资产期末余额）/2
	PPE	固定资产密集度	固定资产净值/资产总额
	Lev	资产负债率	负债总额/资产总额
	ATO	总资产周转率	营业收入/平均资产总额
地级市控制变量	$PerGDP$	人均 GDP	Ln（滞后一期的人均地区生产总值）
	FP	财政压力	（一般公共预算支出 – 一般公共预算收入）/一般公共预算收入
	$Ind2$	第二产业增加值比重	第二产业增加值/GDP

第二节　增值税分成影响企业税负粘性的实证分析

一、描述性统计

表 6 - 3 为变量的描述性统计结果。变量 $\ln(Tax_{it}/Tax_{it-1})$ 的均值为 0.035，

标准差为 0.747，最大值为 5.821，最小值为 -8.471，这表明 2012~2022 年企业税费负担总体呈现上升趋势，不同企业的税费净支出变动差异较大。变量 $\ln(Rev_{it}/Rev_{it-1})$ 的均值为 0.113，标准差为 0.428，最大值为 6.087，最小值为 -4.731，这表明 2012~2022 年企业营业收入总体呈上升趋势，不同企业的营业收入变动差异较大。变量 Dec_{it} 的均值为 0.307，表明有 30.7% 的样本出现了营业收入下降的情况。变量 $Incentive_{2015,c}$ 的均值为 0.226，标准差为 0.095，最大值为 0.631，最小值为 0.011，最大值是最小值的 57.36 倍左右，这表明不同地区间财政激励程度存在较大差异。其他变量描述性统计结果与现有文献结论保持一致，这表明变量统计结果较为准确，不再赘述。

表 6-3　　　　　　　　　变量的描述性统计结果

变量符号	数量	均值	标准差	最大值	最小值
$\ln(Tax_{it}/Tax_{it-1})$	12916	0.035	0.747	5.821	-8.471
$\ln(Rev_{it}/Rev_{it-1})$	12916	0.113	0.428	6.087	-4.731
Dec_{it}	12916	0.307	0.461	1	0
$Incentive_{2015,c}$	294	0.226	0.095	0.631	0.011
RE_t	294	0.601	0.489	1	0
$Size$	12916	22.056	1.189	25.936	19.305
$FirmAge$	12916	2.903	0.298	4.174	0.693
ROA	12916	0.051	0.063	0.229	-0.247
PPE	12916	0.222	0.135	0.810	0
Lev	12916	0.383	0.189	0.892	0.057
ATO	12916	0.674	0.385	2.649	0.066
$PerGDP$	294	11.421	0.523	13.16	9.219
FP	294	0.541	0.744	10.40	-0.351
$Ind2$	294	0.426	0.106	0.818	0.150

二、基础回归结果与分析

表 6-4 汇报了基准回归结果，第（1）列显示了在没有添加控制变量的情

况下实证模型式（6-1）的结果，营业收入变动的系数在1%水平上显著为正，这表明企业营业收入每增加1%，企业税费净支出就会增加0.702%。$Dec \times$营业收入变动在5%水平上显著为负，这表明营业收入每增加1%所引起的税费净支出变化大于每减少1%时所引起的税费净支出变化，体现了企业税负的"粘性"特征。第（2）列显示了添加控制变量后实证模型式（6-1）的结果，营业收入变动在1%水平上显著为正，$Dec \times$营业收入变动在5%水平上显著为负，这验证了企业税负具有"粘性"特征。为了控制省份层面随时间变化不可观测因素对估计结果产生的影响，如各省经济政策变动，第（3）列在加入控制变量的基础上，加入省份和年份固定效应的交乘项，营业收入变动在1%水平上显著为正，$Dec \times$营业收入变动在5%水平上显著为负，这说明企业税负具有"粘性"特征的结论依然稳健。第（4）列、第（5）列和第（6）列报告了实证模型（6-3）的回归结果。在这三列中，营业收入变动系数均在1%水平上显著为正，$Dec \times$营业收入变动系数均显著为负，$Incentive_{2015,c} \times RE \times Dec \times$营业收入变动系数在5%水平上显著为正。第（4）列、第（5）列和第（6）列的结果表明，2016年增值税分成改革实施以后，增值税分成能够在一定程度上缓解企业税负粘性，这说明财政援助效应大于税收征管强化效应。可能的原因有二：一是地方政府会谨慎采取提高税收征管强度的手段，倾向于通过增加政府补助资金等财政援助手段来招商引资。尽管地方政府习惯于强化税收征管力度，以求在短期内提高财政收益，但是会导致企业实际税负提高，轻则削弱本地区招商引资的吸引力，重则会导致本地区企业外流。增值税地方分成比例提高给予地方政府财政收入激励，在地区经济增长竞争和政治晋升激励驱使下，地方政府会尽量避免提高税收征管强度，努力保持相对较低的地区宏观税负水平，加大对企业的财政援助力度，以留住本地企业和吸引外地企业进入。二是地方政府对税收征管的干预能力在逐渐减弱。增值税地方分成比例提高后，地方政府具有调节增值税税收征管力度的动机。但是增值税一直由国家税务局负责征管，而国家税务局由中央统一垂直管理①，地方政府对

---

① 2018年省级和省级以下国税地税机构合并后，地方上的税务局实行以国家税务总局为主、省级政府双重领导管理。

国家税务局的干预能力较弱。且随着"金税三期"工程的全面实施，2018 年省级和省级以下国税地税机构合并，以及 2021 年《关于进一步深化税收征管改革的意见》致力于推动税收征管"合成"，地方政府对税收管理过程的干预能力进一步减弱。当增值税地方分成比例提高时，地方政府无法督促国家税务局改变税收征管强度。此外，在减税降费大背景下，中央政府出台一系列政策降低企业名义税负，并强调着力减轻企业实际税负，地方政府提高税收征管强度的空间进一步缩小。

表 6-4　　　　　　　　　　　　　基准回归结果

变量	(1) 税费净支出	(2) 税费净支出	(3) 税费净支出	(4) 税费净支出	(5) 税费净支出	(6) 税费净支出
营业收入变动	0.702 *** (0.046)	0.641 *** (0.046)	0.639 *** (0.046)	0.694 *** (0.049)	0.636 *** (0.049)	0.632 *** (0.049)
$Dec \times$ 营业收入变动	-0.255 ** (0.107)	-0.267 ** (0.108)	-0.274 ** (0.110)	-0.380 ** (0.152)	-0.419 *** (0.153)	-0.431 *** (0.155)
$Incentive_{2015,c} \times RE \times Dec \times$ 营业收入变动				1.026 * (0.581)	1.243 ** (0.591)	1.286 ** (0.600)
$Size$		0.059 ** (0.029)	0.061 ** (0.030)		0.041 (0.030)	0.047 (0.031)
Lev		0.178 * (0.102)	0.190 * (0.104)		0.169 (0.112)	0.183 (0.114)
ROA		1.644 *** (0.234)	1.663 *** (0.239)		1.646 *** (0.237)	1.609 *** (0.244)
ATO		0.177 *** (0.058)	0.092 * (0.056)		0.088 (0.059)	0.116 ** (0.057)
$FirmAge$		0.242 ** (0.109)	0.276 ** (0.127)		0.204 (0.185)	0.187 (0.192)
PPE		0.127 (0.128)	0.114 (0.131)		0.006 (0.135)	-0.037 (0.137)
$PerGDP$		0.299 * (0.180)	0.289 * (0.160)		-0.097 * (0.057)	-0.160 * (0.086)

变量	（1）税费净支出	（2）税费净支出	（3）税费净支出	（4）税费净支出	（5）税费净支出	（6）税费净支出
FP		− 0. 123 ** (0. 055)	− 0. 127 (0. 102)		− 0. 038 (0. 030)	0. 012 (0. 034)
Ind2		− 0. 835 * (0. 442)	− 0. 910 * (0. 489)		− 0. 109 (0. 312)	− 0. 317 (0. 435)
常数项	− 0. 021 (0. 027)	− 3. 278 (2. 480)	− 3. 337 (2. 124)	− 0. 012 (0. 028)	− 0. 578 (1. 070)	− 0. 180 (1. 256)
企业固定效应	是	是	是	是	是	是
年份固定效应	是	是	是	是	是	是
省份×年份固定效应	否	否	是	否	否	是
N	12916	12916	12916	12916	12916	12916
$Adj - R^2$	0. 171	0. 181	0. 184	0. 163	0. 173	0. 176

注：括号内数值为稳健标准误，所有标准误均聚类（Cluster）到企业层面；*、**、*** 分别表示在 10%、5%、1% 水平上显著。

三、稳健性检验

（一）平行趋势假设检验：事件分析法

双重差分模型有效的核心前提是满足平行趋势假设。应当满足的平行趋势假设为，2016 年增值税分成改革实施以前，不同地区不同企业的税负粘性变化趋势应当相似。为此，采用事件分析法对此进行验证，以样本初始年份 2012 年为基准年，构建式（6 − 4）计量方程：

$$\ln\left(\frac{Tax_{it}}{Tax_{it-1}}\right) = \alpha_0 + \alpha_1\ln\left(\frac{Rev_{it}}{Rev_{it-1}}\right) + \alpha_2 Dec_{it} \times \ln\left(\frac{Rev_{it}}{Rev_{it-1}}\right)$$

$$+ \sum_{T=2013}^{2020} \alpha_T (Incentive_{2015,c} \times D_T) \times Dec_{it} \times \ln\left(\frac{Rev_{it}}{Rev_{it-1}}\right)$$

$$+ \gamma X_{it} + \mu_i + \eta_t + \delta_{ct} + \varepsilon_{it} \quad (6-4)$$

式（6-4）中，α_T 表示关注的回归系数，D_T 表示一个新增的年份虚拟变量，其他变量含义与模型式（6-3）一致。α_T 的具体含义是，与基准年相比，其他年份不同财政激励程度的地级市不同企业的税负粘性是否存在显著差异。图6-3绘制了 α_T 的估计值及95%的置信区间，可以看出，当基准年设定为2012年时，2016年以前系数 α_T 不显著，2016年及以后 α_T 显著，这说明政策效应在实施增值税分成改革后的2016年及以后才展现出来，且政策效应在2016~2019年逐渐增强，2019年以后逐渐减弱，表明满足平行趋势假设（见图6-3）。

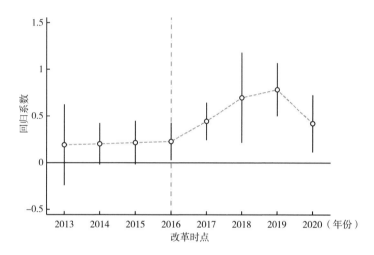

图6-3　平行趋势假定的检验结果

（二）安慰剂检验

为避免同期其他不可观测的随机因素对估计结果产生影响，进行安慰剂检验。具体步骤为，首先随机抽取样本作为虚假处理组，然后构建"伪" $Incentive_{2015,c} \times RE \times Dec \times$ 营业收入变动交乘项，再按照实证模型式（6-3）重复回归500次，得到了500个随机系数以及相应的P值。图6-4展示了500个随机系数估计值的核密度分布和P值，虚构的交乘项系数集中在0值两侧呈正态分布，这说明，随机生成的 $Incentive_{2015,c} \times RE \times Dec \times$ 营业收入变动变量对企业税负粘性没有解释力，增值税分成改革缓解企业税负粘性的作用并未受到观测期内其他因素的干扰，安慰剂检验通过（见图6-4）。

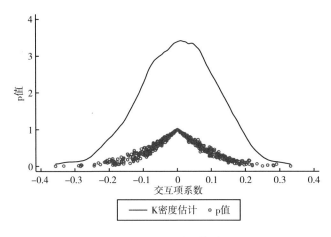

图 6 – 4 安慰剂检验

（三）使用直接法度量企业税负粘性

在基准回归中，参考以往企业税负粘性相关研究的普遍做法，借鉴安德森等（Anderson et al.，2003）构建的横截面回归模型来估计地区层面或行业层面的企业粘性程度。为避免使用间接模型可能存在的度量误差，借鉴魏斯（Weiss）（2010）直接度量企业成本粘性的做法，利用上市公司季度财务报表数据，通过以下计算公式（6 - 5）得到企业税负粘性水平。

$$STICKY_{it} = \ln\left(\frac{\Delta TAX}{\Delta REV}\right)_{i\underline{\tau}} - \ln\left(\frac{\Delta TAX}{\Delta REV}\right)_{i\bar{\tau}} \tag{6 - 5}$$

式（6-5）中，$\underline{\tau}$ 表示企业同一年四个季度中最近收益下降的季度，$\bar{\tau}$ 表示企业同一年四个季度中最近收益上升的季度，$\ln\left(\frac{\Delta TAX}{\Delta REV}\right)_{i\underline{\tau}}$ 表示最近收益下降季度税费净支出变动与营业收入变动的比值，$\ln\left(\frac{\Delta TAX}{\Delta REV}\right)_{i\bar{\tau}}$ 表示最近收益上升季度税费净支出变动与营业收入变动的比值，这两者之间的差额若为负数，则说明存在企业税负粘性。为了便于实证结果的解读，筛选出企业税负粘性为负数的样本，并对粘性结果取绝对值，绝对值越大表示企业税负粘性水平越高。

得到企业层面税负粘性指标后，构造以下实证模型式（6-6）来检验增值税分成对企业税负粘性的作用。

$$STICKY_{it} = \alpha_0 + \alpha_1 Incentive_{2015,c} \times RE + \gamma X_{it} + \mu_i + \eta_t + \delta_{pt} + \varepsilon_{it} \qquad (6-6)$$

其中，$STICKY_{it}$ 表示企业税负粘性，$Incentive_{2015,c} \times RE$ 表示增值税分成改革带给地方政府的财政激励程度，控制变量设置与基准回归一致。回归结果如表 6 – 5 中第（1）列所示，$Incentive_{2015,c} \times RE$ 系数显著为负，说明增值税分成能够有效缓解企业税负粘性水平，这与基准回归结果一致。

（四）使用母公司数据

由于我国市场经济不断发展壮大和企业规模持续扩大，上市公司的经营范围一般超出一市范围，通常在全国各地区设有子公司。地方政府行为会对辖区内企业税负粘性产生直接影响，而对在本辖区外经营的上市公司子公司税负影响较为有限，这使基准回归结果可能存在一定程度的偏差。为剔除上市公司母子公司经营范围不同对基本结论的干扰，选用上市公司母公司财务数据，研究增值税分成对上市公司母公司税负粘性的作用。回归结果如表 6 – 5 中第（2）列所示，实证结果与基准回归结果基本一致，说明实证结论具有稳健性。

（五）剔除"营改增"政策的影响

中国在 2012 ~ 2016 年分行业分地区推进"营改增"改革，并于 2016 年实施全面"营改增"改革。如前文所述，尽管制造业企业一直缴纳增值税，未受到"营改增"改革的直接影响，然而，"营改增"改革导致制造业企业的部分上游企业由缴纳营业税转变为缴纳增值税，使制造业企业购进的原材料和服务可以抵扣进项税。相比业绩上升时，制造业企业在业绩下滑时会面临更多的原材料囤积。"营改增"改革实施后，制造业企业购进的原材料由部分可抵扣进项税转变为全部可抵扣进项税，使制造业企业税负在业绩下滑时得以明显下降，从而在一定程度上缓解税负粘性。为了排除"营改增"改革对估计结果的干扰，在实证模型中加入企业增值税税负（企业缴纳的增值税税额/企业增加值）（VAT）这一控制变量。回归结果如表 6 – 5 中第（3）列所示，相较于基准回归结果，交乘项 $Incentive_{2015,c} \times RE \times Dec \times$ 营业收入变动的系数在 5% 水平上显著，相较于基准回归结果略微减小，这表明基本结论不会受到"营改增"政策的影响。

表 6-5 　　　　　　　　　　　　稳健性检验

变量	使用直接法度量	使用母公司数据	剔除"营改增"政策影响	排除"金税三期"工程影响
	企业税负粘性	税费净支出	税费净支出	税费净支出
	(1)	(2)	(3)	(4)
营业收入变动		0.693 ***	0.621 ***	0.629 ***
		(0.076)	(0.061)	(0.059)
$Dec \times$ 营业收入变动		-0.347 **	-0.429 ***	-0.420 ***
		(0.143)	(0.131)	(0.129)
$Incentive_{2015,c} \times RE \times Dec \times$ 营业收入变动		0.786 **	0.852 **	1.212 **
		(0.331)	(0.421)	(0.563)
$Incentive_{2015,c} \times RE$	-1.522 **			
	(0.682)			
VAT			0.753 *	
			(0.451)	
GTP3				0.010
				(0.021)
Size	0.103 *	0.051 *	0.061 **	0.063 **
	(0.056)	(0.027)	(0.022)	(0.031)
Lev	0.109	0.171 *	0.171 *	0.161 *
	(0.104)	(0.104)	(0.111)	(0.098)
ROA	1.551 ***	1.503 ***	1.516 ***	1.672 ***
	(0.449)	(0.439)	(0.281)	(0.418)
ATO	0.055	0.092 *	0.181 ***	0.131 *
	(0.082)	(0.052)	(0.067)	(0.072)
FirmAge	0.391 *	0.271 **	0.237 **	0.228 *
	(0.242)	(0.132)	(0.117)	(0.121)
PPE	0.319	0.101	0.131	0.123
	(0.272)	(0.081)	(0.118)	(0.089)
PerGDP	0.346	0.276 *	0.281 *	0.365 *
	(0.431)	(0.150)	(0.170)	(0.217)

续表

变量	使用直接法度量	使用母公司数据	剔除"营改增"政策影响	排除"金税三期"工程影响
	企业税负粘性	税费净支出	税费净支出	税费净支出
	（1）	（2）	（3）	（4）
FP	− 0. 352 **	− 0. 147 *	− 0. 134 **	− 0. 325 *
	（0. 147）	（0. 082）	（0. 061）	（0. 166）
$Ind2$	− 0. 996 **	− 0. 910 **	− 0. 835 *	− 0. 788 *
	（0. 391）	（0. 409）	（0. 491）	（0. 414）
常数项	− 0. 571	− 2. 037	− 3. 522	− 2. 171
	（0. 598）	（1. 424）	（2. 416）	（2. 329）
企业固定效应	是	是	是	是
年份固定效应	是	是	是	是
省份×年份固定效应	是	是	是	是
N	10158	11905	12916	12916
$Adj - R^2$	0. 172	0. 203	0. 191	0. 189

注：括号内数值为稳健标准误，所有标准误均聚类（Cluster）到企业层面；＊、＊＊、＊＊＊分别表示在10%、5%、1%水平上显著。

（六）排除"金税三期"工程的影响

我国在2013年分地区逐步推行"金税三期"工程，以期建立现代化的税收征管体系。一方面，便捷的纳税申报系统降低了企业申报纳税的成本，清晰的纳税流程减少了税收征管的随意性，实现税收收入"应收尽收"；另一方面，简化的纳税流程促进了税收优惠政策的落实，提高了企业实际享受税收优惠政策的比例，实现了税收优惠"应享尽享"（樊勇和李昊楠，2019）。由此可见，"金税三期"工程会规范地方政府的税收征管行为和落实税收优惠，进而影响企业税负粘性。为排除"金税三期"对实证结果的影响，加入了"金税三期"变量（$GTP3$），若此地区所在年份实施了"金税三期"工程，$GTP3$ 赋值为1，否则为0。回归结果如表6−5中第（4）列所示，$Incentive_{2015,c} \times RE \times Dec \times$ 营业收入变动的系数显著为正，这与基准回归结果一致，这表明结论不会受到"金税三期"工程的影响。

第三节　增值税分成影响企业税负粘性的异质性分析

已有研究发现，财政收入激励对不同财政压力地区的影响存在明显差异，进而导致地方政府作出不同的行为决策（谢贞发和范子英，2015）。税收征管行为存在企业异质性，具体表现在企业所有制性质、企业规模和企业年龄（吕冰洋等，2016）。一般而言，地方政府在改变税收征管力度时，偏向于政治关联更紧密的国有企业；企业规模和企业年龄大通常意味着其税收筹划能力更强，税收遵从度更低。基于此，将从地区财政压力水平、企业所有制性质、企业税收遵从度三个方面研究增值税分成对企业税负粘性的异质性作用。

一、分地区财政压力

为检验在不同地区财政压力水平下，增值税分成对企业税负粘性的作用是否存在差异，借鉴已有文献的一般做法，使用（一般公共预算支出－一般公共预算收入）/一般公共预算收入来衡量财政压力，该指标越大，意味着地区承担的财政压力越大。根据改革前一年（2015 年）地区财政压力水平是否高于中位数进行分组。分组回归结果如表 6 - 6 所示，重点关注表 6 - 6 中第（2）列和第（4）列，在财政压力水平较高地区，交互项系数不显著，而在财政压力水平较低地区，$Incentive_{2015,c} \times RE \times Dec$ 营业收入变动显著为正，组间系数差异也通过显著性检验。以上结果表明，增值税分成缓解企业税负粘性的作用仅在财政压力较小的地区表现明显，而在财政压力较大地区表现不明显。这可能是因为，增值税分成改革带来的财政收入激励在不同财政压力地区存在差异，主要缓解了改革前财政压力本就较小地区的财政压力，改革前财政压力较大地区的财政压力并没有得到明显的缓解（张克中等，2021）。这使得，改革前财政压力本就较小地区能够采取一系列财政援助措施来支持制造业企业发展，财政援助效应明显大于税收征管强化效应，最终显著缓解了企业税负粘性；而财政压力较大地区在支持本地企业发展方面"有心无力",并可能"迫于无奈"增大税收征管强度,以缓解短期内面临的财政压力,财政援助效应与税收征管强化效应相互抵消,最终未能显著改变企业税负粘性。

表 6－6   基于地区财政压力水平的异质性分析

变量	（1）	（2）	（3）	（4）
	财政压力较大地区		财政压力较小地区	
营业收入变动	0.418 ***	0.519 ***	0.422 ***	0.533 ***
	（0.019）	（0.032）	（0.021）	（0.051）
$Dec \times$ 营业收入变动	－0.301 ***	－0.320 ***	－0.303 ***	－0.327 ***
	（0.119）	（0.110）	（0.116）	（0.122）
$Incentive_{2015,c} \times RE \times Dec \times$ 营业收入变动	0.655	0.649	0.792 **	0.802 **
	（0.421）	（0.416）	（0.399）	（0.392）
Size		0.029 **		0.032 *
		（0.014）		（0.019）
Lev		0.179 *		0.182 *
		（0.102）		（0.108）
ROA		1.211 ***		1.372 ***
		（0.281）		（0.328）
ATO		0.152 **		0.143 **
		（0.072）		（0.056）
FirmAge		0.221 *		0.267 **
		（0.117）		（0.128）
PPE		0.143 *		0.146 *
		（0.082）		（0.083）
PerGDP		0.232 *		0.251 *
		（0.133）		（0.139）
Ind2		－0.721 *		－0.790 *
		（0.404）		（0.421）
常数项		－2.231		－2.252
		（1.521）		（1.441）

变量	(1)	(2)	(3)	(4)
	财政压力较大地区		财政压力较小地区	
企业固定效应	是	是	是	是
年份固定效应	是	是	是	是
省份×年份固定效应	是	是	是	是
N	6388	6388	6528	6528
$Adj - R^2$	0.213	0.231	0.223	0.252
组间系数差异检验 P 值	第（2）列与第（4）列：0.000 ***			

注：括号内数值为稳健标准误，所有标准误均聚类（Cluster）到企业层面；*、**、*** 分别表示在 10%、5%、1% 水平上显著。

二、分企业所有制性质

为检验增值税分成对不同所有制企业的作用是否存在差异，根据 CSMAR 数据库里的企业股权信息，将制造业上市公司划分为国有企业、民营企业和外资企业。分组回归结果如表 6 - 7 中第（1）~（3）列所示，关注交互项 $Incentive_{2015,c} \times RE \times Dec \times$ 营业收入变动系数大小和统计显著性，增值税分成缓解企业税负粘性的作用在不同所有制企业中均是显著的，且外资企业、民营企业和国有企业的显著性呈现递减趋势，组间系数差异通过显著性检验，这说明，增值税分成缓解企业税负粘性的作用由大到小依次是外资企业、民营企业和国有企业。这可能是因为，国有企业、民营企业和外资企业受到的财政援助效应和税收征管强化效应存在较大差异。在财政援助效应方面，国有企业作为中国经济的重要组成部分，承担着多维度的考核任务，既包括完成年初制定的经营利润任务，也需要肩负稳经济、稳就业、精准扶贫等社会责任与政治责任。国有企业具有的多重使命，决定着其在日常经营活动中就已经享受了大量财政补助、税收优惠等财政支持政策。而非国有企业通常面临着融资难和融资贵等困境，因此增值税分成所带来的诸如更多的财政资金扶持，对民营企业和外资企业的财政援助效应更为明显。而在税收征管强化效应方面，由于国有企业与地方政府具有紧密的政治关联，且国有企业的管理层是由地方政府提名或直接任命，地方政府在完成税收任务时，习惯于提高国有企业的税收征管强度。此外，资本流动性高的民营企业和外资企业等非国有企业通常是地方政府招商引资的主要对象，外资企业更是地方政府竞争的重要目标（吕冰洋等，2016），地方政府提高民营企业和外资企业税收征管强度的动机较弱。因而增值税分成带来的税收征管强化效应由大到小依次是国有企业、民营企业和外资企业。

表 6 - 7　　　　　　　　　　　基于企业特征的异质性分析

变量	（1）	（2）	（3）	（4）	（5）
	国有企业	民营企业	外资企业	高税收遵从度企业	低税收遵从度企业
营业收入变动	0.521*** (0.122)	0.526*** (0.102)	0.523*** (0.082)	0.529*** (0.086)	0.621*** (0.122)
$Dec \times$ 营业收入变动	-0.312*** (0.118)	-0.315*** (0.126)	-0.311*** (0.125)	-0.381*** (0.126)	-0.401*** (0.130)
$Incentive_{2015,c} \times RE \times Dec \times$ 营业收入变动	0.831* (0.499)	0.841** (0.421)	0.902*** (0.335)	0.851*** (0.312)	0.731* (0.421)
$Size$	0.039** (0.019)	0.041** (0.020)	0.040** (0.019)	0.052* (0.028)	0.045* (0.025)
Lev	0.162* (0.101)	0.161* (0.100)	0.159* (0.100)	0.145* (0.081)	0.152* (0.089)
ROA	1.216*** (0.311)	1.222*** (0.310)	1.212*** (0.301)	1.621*** (0.498)	1.578*** (0.411)
ATO	0.131** (0.057)	0.129** (0.061)	0.130** (0.060)	0.132** (0.059)	0.121** (0.052)
$FirmAge$	0.231* (0.121)	0.230* (0.129)	0.229* (0.128)	0.232* (0.119)	0.272** (0.121)
PPE	0.153* (0.092)	0.149* (0.089)	0.156* (0.093)	0.156 (0.119)	0.148 (0.109)
$PerGDP$	0.272* (0.151)	0.268* (0.149)	0.275* (0.153)	0.265* (0.149)	0.262* (0.139)
FP	-0.162** (0.073)	-0.158** (0.068)	-0.165** (0.071)	-0.152* (0.081)	-0.151* (0.079)

续表

变量	（1）国有企业	（2）民营企业	（3）外资企业	（4）高税收遵从度企业	（5）低税收遵从度企业
$Ind2$	－0.721* （0.401）	－0.742* （0.392）	－0.721* （0.401）	－0.728* （0.461）	－0.801* （0.472）
常数项	－3.211 （2.126）	－3.012 （2.216）	－3.254 （2.234）	－3.162 （2.029）	－3.922 （2.291）
企业固定效应	是	是	是	是	是
年份固定效应	是	是	是	是	是
省份×年份固定效应	是	是	是	是	是
N	4199	4936	3781	6458	6458
$Adj-R^2$	0.231	0.228	0.237	0.242	0.201
组间系数差异检验 P 值	国有企业与民营企业：0.001*** 国有企业与外资企业：0.000*** 民营企业与外资企业：0.001***			0.000***	

注：括号内数值为稳健标准误，所有标准误均聚类（Cluster）到企业层面； * 、 ** 、 *** 分别表示在10%、5%、1%水平上显著。

三、分企业税收遵从度

为检验增值税分成对不同税收遵从度企业的作用是否存在差异，根据企业税收遵从度将样本划分为高税收遵从度企业和低税收遵从度企业。考虑到以往一些研究中采用的实际税率法和税会差异法存在缺陷，采用德赛和达尔马帕拉（Desai and Dharmapala，2006）提出的税会差异残差（DDBTD）来衡量企业税收遵从度，以尽量消除企业盈余管理的干扰，即用最小二乘法（OLS）对税会差异和企业应计利润进行估计，用得到税会差异残差来衡量企业税收遵从度，该指标越小，意味着企业税收遵从度越高。根据改革前一年（2015年）企业税收遵从度是否高于中位数进行分组。分组回归结果如表 6－7 中第（4）列和第（5）列所示，关注交互项 $Incentive_{2015,c} \times RE \times Dec \times$ 营业收入变动系数大小和统计显著性，高税收遵从度企业的交互项在 1% 水平上显著，而低税收遵从度企业仅在 10% 水平上显著，组间系数差异通过显著性检验，这表明增值税分成缓解企业税负粘性的作用在高税收遵从度企业中表现得更为明显。这可能是因为，不同税收遵从度的企业受到的财政援助效应和税收征管强化效应存在显著差异。在财政援助效应方面，税收遵从度高的企业在推动地区经济增长、带动产业链发展等方面均作出较大贡献，因而受到地方政府的重点关照。当地方政府出台财政补贴和落实税收优惠政策时，政策会更好地落实到税收遵从度高的企业（赵颖，2022），从而使得财政援助效应对于税收遵从度高的企业更为明显。在税收征管强化效应方面，税收征管强度的提高能够抑制企业避税行为和规范信息披露，从而进一步提高企业税收遵从度。税收遵从度高的企业受到的影响较小，而税收遵从度低的企业具有较大的提升空间，因而税收征管强化效应对于税收遵从度低的企业更为明显。

第四节　增值税分成影响企业税负粘性的作用机制分析

正如理论分析所指出，2016 年增值税"五五分享"改革会产生财政援助效应和税收征管强化效应。基准回归结果表明，财政援助效应强于税收征管强化效应，最终会缓解企业税负粘性。接下来，采取中介效应模型来检验财政援助效应和税收征管强化效应。为方便使用中介效应模型对作用机制展开分析，以下采用直接度量企业税负粘性的方法及实证模型。

一、财政援助效应

增值税分成的财政援助效应主要通过加大政府补助资金这一途径对企业税负粘性产生作用。

地方政府加大政府补助资金，反映为企业获得的政府补助增加。使用企业当年获得的政府补贴资金/总资产来衡量政府补助（Subsidy），政府补助数据来源于上市公司年报附注。回归结果如表 6 - 8 中第（1）列至第（3）列所示。

表6–8中第（1）列的回归结果显示，增值税分成改革交乘项（$Incentive_{2015,c} \times RE$）系数在5%的水平下显著为负，说明增值税分成能够缓解企业税负粘性。表6–8中第（2）列回归结果显示，增值税分成改革交乘项（$Incentive_{2015,c} \times RE$）系数在1%水平下显著为正，说明增值税分成能够增加企业获得的政府补助。表6–8中第（3）列将增值税分成改革交乘项（$Incentive_{2015,c} \times RE$）和企业政府补助（$Subsidy$）同时放入实证模型，交乘项的系数在5%水平下显著为负，相比第（1）列估计系数绝对值减小（$1.191 < 1.391$），这意味着企业获得的政府补助在增值税分成缓解企业税负粘性中起到了部分中介作用，证实了增值税分成能够通过加大政府补助资金，从而缓解企业税负粘性。

表6–8　　　　　　　　　作用机制分析：财政援助效应

变量	政府补助		
	（1）	（2）	（3）
	$STICKY$	$Subsidy$	$STICKY$
$Incentive_{2015,c} \times RE$	−1.391 ** (0.636)	0.714 *** (0.198)	−1.191 ** (0.582)
$Subsidy$			−0.521 ** (0.231)
$Size$	0.134 * (0.069)	0.072 *** (0.021)	0.101 ** (0.052)
Lev	0.147 (0.101)	0.125 (0.121)	0.111 (0.091)
ROA	1.591 *** (0.491)	1.521 *** (0.238)	1.412 *** (0.491)
ATO	0.097 (0.071)	0.122 * (0.072)	0.092 (0.063)
$FirmAge$	0.399 * (0.228)	0.282 ** (0.141)	0.351 * (0.202)
PPE	0.347 (0.238)	0.124 (0.131)	0.309 (0.271)
$PerGDP$	0.472 (0.419)	0.292 ** (0.128)	0.342 (0.429)

变量	政府补助		
	（1）	（2）	（3）
	STICKY	*Subsidy*	*STICKY*
FP	− 0.338 **	− 0.121	− 0.349 **
	(0.138)	(0.114)	(0.145)
Ind2	− 0.938 **	− 0.921 **	− 0.982 **
	(0.387)	(0.423)	(0.398)
常数项	− 0.762	− 0.721	− 0.562
	(0.546)	(0.599)	(0.589)
企业固定效应	是	是	是
年份固定效应	是	是	是
省份×年份固定效应	是	是	是
N	12916	12916	12916
$Adj - R^2$	0.192	0.199	0.221

注：括号内数值为稳健标准误，所有标准误均聚类（Cluster）到企业层面；＊、＊＊、＊＊＊分别表示在 10%、5%、1% 水平上显著。

二、税收征管强化效应

增值税分成的税收征管强化效应主要通过提高地区税收征管强度这一途径对企业税负粘性产生作用。

地方政府的税收征管强度一般体现为税收努力程度。借鉴以往研究的成熟做法，使用"税柄法"测算潜在税收收入，采用实际税收收入与潜在的税收收入之比来衡量税收努力（*TaxE*），该值越大，意味着税收努力程度越高。回归结果如表 6 - 9 所示。表 6 - 9 中第（1）列的回归结果显示，增值税分成改革交乘项（$Incentive_{2015,c} \times RE$）系数在 5% 水平上显著为负，说明增值税分成能够缓解企业税负粘性。表 6 - 9 中第（2）列的回归结果显示，增值税分成改革交乘项（$Incentive_{2015,c} \times RE$）系数在 5% 水平上显著为正，说明增值税分成会提高税收努力。表 6 - 9 中第（3）列将增值税分成改革交乘项（$Incentive_{2015,c} \times RE$）和税收努力（TaxE）同时放入实证模型，增值税分成改革交乘项（$Incentive_{2015,c} \times RE$）系数在5%水平上显著为负，相比第（1）列估计系数绝对值增大（1.429 > 1.391），且间接效应（0.625×0.412）的符号与直接效应（-1.429）的符号相反，这意味着税收努力在增值税分成与企业税负粘性之间产生了部分遮掩效应①，证实了增值税分成会通过提高地区税收努力程度，从而强化企业税负粘性。

表6-9　　　　　　　　　作用机制分析：税收征管强化效应

变量	税收征管强化		
	（1）	（2）	（3）
	STICKY	TaxE	STICKY
$Incentive_{2015,c} \times RE$	-1.391**	0.652**	-1.429**
	(0.636)	(0.312)	(0.591)
TaxE			0.412**
			(0.201)
Size	0.134*	0.081**	0.190**
	(0.069)	(0.041)	(0.092)
Lev	0.147	0.135	0.101
	(0.101)	(0.111)	(0.101)
ROA	1.591***	1.522***	1.431***
	(0.491)	(0.208)	(0.421)
ATO	0.097	0.112*	0.081
	(0.071)	(0.062)	(0.063)
FirmAge	0.399*	0.279**	0.391*
	(0.228)	(0.139)	(0.242)
PPE	0.347	0.189	0.321
	(0.238)	(0.140)	(0.251)
PerGDP	0.472	0.289**	0.321
	(0.419)	(0.132)	(0.382)

---

① 根据温忠麟和叶宝娟（2014）的研究，遮掩效应是指一类特殊的中介效应，能够解释作用机制中存在的间接效应与直接效应相反的情况。

续表

变量	税收征管强化		
	（1）	（2）	（3）
	STICKY	TaxE	STICKY
FP	− 0.338 **	− 0.128	− 0.302 **
	（0.138）	（0.104）	（0.151）
Ind2	− 0.938 **	− 0.919 **	− 0.922 **
	（0.387）	（0.409）	（0.328）
常数项	− 0.762	− 0.709	− 0.522
	（0.546）	（0.501）	（0.591）
企业固定效应	是	是	是
年份固定效应	是	是	是
省份×年份固定效应	是	是	是
N	12916	12916	12916
$Adj - R^2$	0.191	0.185	0.201

注：括号内数值为稳健标准误，所有标准误均聚类（Cluster）到企业层面；*、**、*** 分别表示在 10%、5%、1% 水平上显著。

第五节 拓展分析：财政直达资金的作用

前文的基准回归结果和异质性分析结果表明，增值税分成能够缓解企业税负粘性，但这一作用在财政压力较大地区表现不明显。这意味着，相较于财政压力较小地区，增值税分成改革在财政压力较大地区难以发挥缓解企业税负粘性的积极作用。若要达到效果，必须出台缓解地方财政压力的配套措施。

转移支付机制具有增加地方政府可支配财力，实现不同区域间收支平衡的重要作用。近些年转移支付始终处于增长趋势，2016～2023 年中央对地方税收返还和转移支付数①分别为 60488.31 亿、65804.88 亿、70647.21 亿、74960.53

---

① 财政部预算司官网。2019 年开始，税收返还纳入一般性转移支付下属科目。为保证数据可比性，本书统计 2016～2023 年中央对地方税收返还和转移支付数，数据均包括以前年度结转资金。

亿、84376. 26 亿、82441. 36 亿、97201. 06 亿、102945. 19 亿元，其中 2020 年税收返还和转移支付相较上年急剧上升，占地方财政收入的比例也由 2019 年 73. 56% 上升到 2020 年的 83. 10%。主要原因在于，中央政府在 2020 年实施了中央财政资金直达市县的特殊转移支付制度，以应对突发性风险挑战，资金规模达到 1. 7 万亿元①。2021 年，资金规模增加到 2. 8 万亿元②，并形成了常态化制度安排。2022 年，资金规模扩大到 4. 1 万亿元，超过中央对地方转移支付的四成。实践证明，2020 年开始实施的财政资金直达机制极大地提高了转移支付资金的分配和使用效率，推动资金直达市县基层，更好地支持基层运转，有效缓解了地方财政尤其是基层财政的收支压力③。

基于此，利用 2012 ~ 2022 年数据，以 2020 年为分界点，进一步从缓解地方财政压力的角度实证检验转移支付显著增加及财政资金直达机制实施前后，增值税分成对不同财政压力地区企业税负粘性的影响差异。本部分使用以下模型进行实证检验：

$$
\begin{aligned}
\ln\left(\frac{Tax_{it}}{Tax_{it-1}}\right) &= \alpha_0 + \alpha_1 \ln\left(\frac{Rev_{it}}{Rev_{it-1}}\right) + \alpha_2 Dec_{it} \times \ln\left(\frac{Rev_{it}}{Rev_{it-1}}\right) \\
&\quad + \alpha_3 (Incentive_{2015,c} \times RE_t) \times Dec_{it} \times \ln\left(\frac{Rev_{it}}{Rev_{it-1}}\right) \\
&\quad + \alpha_4 (Incentive_{2015,c} \times RE_t) \times Dec_{it} \times \ln\left(\frac{Rev_{it}}{Rev_{it-1}}\right) \times Post2020_t \times DFF_{2020} \\
&\quad + \gamma X_{it} + \mu_i + \eta_t + \delta_{pt} + \varepsilon_{it} \quad\quad\quad (6-7)
\end{aligned}
$$

式（6 - 7）中，$Post2020_t$ 表示虚拟变量，当观测值所处年份为 2020 年及以后时，$Post2020_t$ 取 1，否则取 0。DFF_{2020} 表示 2020 年各省财政直达资金规模④与各省一般公共预算收入之比。

---

① 王观：《中央财政直达资金 1. 7 万亿元基本下达》，《人民日报》2020 年 11 月 13 日。
② 曾金华：《2. 8 万亿元资金超九成下达基层——财政直达资金惠企利民》，《经济日报》2021 年 05 月 23 日。
③ 国务院常务会议要求进一步抓好财政资金直达机制落实更好地发挥积极财政政策效能，2020 年 10 月 21 日，https：//www. gov. cn/guowuyuan/cwhy/20201021c35/mobile. htm。
④ 作者在各省人民政府官网和财政厅官网手工收集得到。目前仅能找到省级层面的财政直达资金规模数据，无法找到地级市层面的财政直达资金规模数据，因此本书使用省级数据。

表 6 - 10 汇报了增值税分成对企业税负粘性的影响在 2020 年转移支付显著增加和财政资金直达机制实施前后的差异，并按照地区财政压力分组讨论。第（1）列是全样本的回归结果，重点关注 $Incentive_{2015,c} \times RE \times Dec \times$ 营业收入变动和 $Incentive_{2015,c} \times RE \times Dec \times$ 营业收入变动 $\times Post2020_t \times DFF_{2020}$ 的系数。2020 年以前，增值税分成有效缓解了企业税负粘性。2020 年以后，增值税分成对企业税负粘性的缓解作用随之增强。这说明转移支付的增加和财政资金直达机制的实施在一定程度上强化了增值税分成的积极作用。第（3）列回归结果呈现出相同的结论。第（2）列是财政压力较大地区的回归结果，相较于 2020 年以前，增值税分成未能显著缓解企业税负粘性。2020 年以后，增值税分成显著缓解企业税负粘性。这说明，转移支付的显著增加和财政资金直达机制能够有效缓解地方财政压力，减弱税收征管强化效应，使财政援助效应大于税收征管强化效应，从而激发增值税分成缓解企业税负粘性的积极作用。这带来的启示是，增值税地方分成比例提高产生的财政激励效应有限，应当适度加大对财政压力较大地区的转移支付和财政直达资金规模，发挥政策协同效应，进而实现更大程度地缓解企业税负粘性。

表 6 - 10　　　　　2020 年财政资金直达机制实施前后的差异

变量	（1）	（2）	（3）
	全样本	财政压力较大地区	财政压力较小地区
营业收入变动	0.612 ***	0.542 ***	0.521 ***
	(0.049)	(0.035)	(0.034)
$Dec \times$ 营业收入变动	-0.413 ***	-0.319 ***	-0.317 ***
	(0.155)	(0.119)	(0.110)
$Incentive_{2015,c} \times RE \times Dec \times$ 营业收入变动	0.986 **	0.427	0.623 **
	(0.482)	(0.285)	(0.307)
$Incentive_{2015,c} \times RE \times Dec \times$ 营业收入变动 $\times Post2020_t \times DFF_{2020}$	0.312 **	0.218 **	0.235 **
	(0.126)	(0.103)	(0.104)
常数项	-1.872	-2.011	-2.132
	(1.205)	(1.231)	(1.312)
控制变量	是	是	是
企业固定效应	是	是	是

变量	（1）	（2）	（3）
	全样本	财政压力较大地区	财政压力较小地区
年份固定效应	是	是	是
省份×年份固定效应	是	是	是
N	12916	6388	6528
$Adj - R^2$	0.245	0.241	0.243

注：括号内数值为稳健标准误，所有标准误均聚类（Cluster）到企业层面；*、**、*** 分别表示在10%、5%、1%水平上显著。

第六节　增值税分成影响企业税负粘性的结论

制造业在推动我国经济增长和稳定就业等方面发挥着重要作用，同时也承担着较重的税费痛感，税负粘性则是企业税负痛感的重要来源之一。在中国式财政分权体制下，增值税分成通过改变地方政府的财政激励来影响地方政府和企业行为，最终影响企业税负粘性。从增值税分成角度探究税负粘性的影响因素，对于缓解制造业企业税负痛感具有重要意义。基于此，利用2016年增值税分成改革，构造强度 DID 模型，以 2012~2022 年中国制造业 A 股上市公司为研究样本，实证检验了增值税分成对企业税负粘性的影响及作用机制。相比已有研究，本书可能的边际贡献在于：第一，使用政策评估的方法考察增值税分成对制造业企业税负粘性的影响，能够在一定程度上缓解内生性问题；第二，从央地政府间增值税分成比例调整的角度出发，研究增值税分成改革对企业税负粘性的影响及作用机制，丰富了企业税负粘性影响因素的研究，对于提高减税降费实效和缓解企业税负痛感具有积极意义；第三，在财政压力日趋严重的背景下，调整央地政府间税收分成比例已成为提高地方政府财力和激发企业活力的重要手段，因此对增值税分成改革的微观影响后果进行更为全面、充分的研究，有助于观察调整税收分成比例所产生的地方政府策略效果，为进一步优化央地政府间税收分成改革提供参考。

研究发现，增值税分成改革会同时产生财政援助效应和税收征管强化效应，最终能够缓解企业税负粘性，这一结论在平行趋势假设检验、安慰剂检验、使用直接法度量企业税负粘性、使用母公司数据、剔除"营改增"政策、排除"金税三期"工程的影响后依然成立。异质性分析发现，增值税分成缓解企业税负粘性的作用在财政压力较小地区、外资企业和高税收遵从度企业中表现得更为明显。作用机制发现，增值税分成产生的财政援助效应通过增加企业获得的政府补助，从而缓解企业税负粘性；税收征管强化效应则通过提高地区税收征管强度，从而提高企业税负粘性。拓展分析表明，2020年转移支付显著增加和财政资金直达机制的实施一定程度上缓解了地方财政压力，从而强化了增值税分成缓解企业税负粘性的积极作用。

基于以上研究结论，得到以下政策启示：

第一，在地方政府财政压力日益加剧的背景下，应当根据各级政府事权和支出责任划分来调整和优化政府间税收分成比例，重点关注增值税等主体税种，构建与地方政府行为激励相容的税收分成制度，充分发挥税收分成的财政激励作用，以缓解企业税负痛感和激发企业活力。同时，加快构建地方税体系，弥补增值税分成拉大的地区财力差距，从而抑制税收征管强化效应。

第二，地方政府应当提高政府补助资金的规模和覆盖面，以直接促进企业固定资产、无形资产等投资活动，间接促进企业的债务融资行为，从而通过税盾效应和降低销售成本来缓解企业税负粘性。

第三，严格遵守税收法定原则，进一步削弱地方政府对于税收征管的干预，避免税收征管的强化加重企业税负粘性。同时，税务机关应当优化税收服务，激发企业提高税收遵从度的内生动力，从而帮助企业充分享受地方政府的财政援助。

第四，适度增大对财政压力较大地区的财政直达资金规模，以缓解基层政府的财政压力，减弱税收征管强化效应，保证地方政府有足够财力给予企业针对性的财政援助以实现长期经济规模最大化，促使增值税分成的财政援助效应大于税收征管强化效应，从而缓解企业税负粘性。

第七章　基于企业税负优化的
财政竞争改革建议

理论分析和实证结果表明，地方政府间财政竞争会对企业税负、企业税负不平等以及企业税负粘性产生复杂的影响，进而削弱减税降费政策对于企业的获得感。税收竞争和财政支出竞争一方面会产生积极的作用，例如税收竞争会降低企业税负和企业税负不平等程度，财政竞争会降低企业税负粘性；另一方面也会产生消极的作用，例如财政支出竞争会提高企业税负和企业税负不平等程度。本书的观点是必须规范地方政府间财政竞争行为以发挥财政竞争的积极作用，避免地方政府间无序的财政竞争加剧企业税负痛感，防止地方政府为缓解财政收支压力而突破预算约束。为此，结合实证研究结果和中国制度背景，主要从财政体制层面出发，以优化企业税负为目标导向，从构建央地政府间财权与事权相匹配的财政体制、建立多元化的政绩考核制度、规范地方政府间财政竞争行为、压缩地方政府突破预算约束的空间四个方面提出政策建议。

第一节　构建央地政府间财权与事权相匹配的财政体制

由第三章的实证研究可知，目前中国财政收入分权和财政支出分权体制导致了财政纵向失衡问题，这使地方政府会突破预算约束开展财政竞争，进而导致地方政府在降低企业税负的同时加剧财政压力和产生预算软约束问题。由第四章和第五章实证研究可知，地方政府间财政竞争会分别对企业税负不平等和企业税负粘性产生复杂的作用，而财政体制是影响地方政府间财政竞争行为的重要因素，是企业税负变动的制度根源。由第六章实证研究可知，增值税分成比例调整会改变地方政府行为和微观企业行为，从而影响企业税负粘性，而税收分成是政府间财政关系的主要特征之一，也是财政体制改革的重要内容。因此，为有效降低企业税负，同时保证地方政府财政压力在可控范围内，并减弱预算软约束问题带来的负面影响，必须坚定不移地深化财税体制改革，优化政府间事权与支出责任相匹配的财政体系，根据各级政府事权和支出责任划分来调整和优化政府间税收分成制度，从制度层面改善地方政府的财政激励。具体分为四个方面的政策举措——科学划分政府间事权和支出责任，着力提高地方政府财力，优化政府间财政转移支付制度，优化政府间税收分成制度。最终实现地方政府的财权与事权相匹配，切实缓解财政纵向失衡问题。

一、科学划分政府间事权和支出责任

在当前财政分权体制下，地方政府的财权、事权与支出责任不匹配问题依然十分严峻，进而加剧了地方政府所面临的财政支出压力。为缓解支出财政压力，一方面，地方政府不得不开展更为激烈的财政竞争以争夺财政资源，通过增加企业实际税负的方式来筹集更多的税收收入，但同时也给辖区内企业带来了沉重的税费负担；另一方面，地方政府会突破预算约束来筹集财政资金，具体表现为向中央政府和上级政府争取更多的转移支付资金，增加土地出让收入，扩大融资平台债务规模，这些举措都带来了潜在的财政风险，一定程度上激化了地方政府间财政竞争行为，削弱了减税降费政策带给企业的获得感，不利于地方政府的财政可持续性。因此，构建优化企业税负的财税体制需要进一步科学划分各级政府间事权和支出责任。按照总体分权的基本原则合理划分各级政府事权，保证地方政府在提供公共产品和履行政府职能时拥有较大的自主决策空间，同时适度上移地方政府的财政支出责任以减轻地方政府尤其是基层政府的财政支出压力。具体分为以下三点，一是按照公共产品供给效率原则合理划分各级政府提供的公共产品类型，适度扩大中央政府负责基本公共服务供给范围。中央政府负责提供外部性较大的全国性公共产品，地方政府负责提供外部性较小的区域性公共产品，充分赋予地方政府在公共产品供给中的自主决策权，充分发挥地方政府的信息优势，从而调动地方政府提供合意且优质公共产品的积极性。与此同时，中央政府仅仅制定基本公共服务水平的指导性政策，减少对地方政府财政支出用途的严格限定。二是可以考虑将医疗卫生、基础教育等民生性财政支出责任适度上移，社会保障逐渐增加中央政府的统筹比例，减轻基层政府较为沉重的民生性财政支出压力。与此同时，民生性财政支出责任的上移能够缓解地方政府"重经济性财政支出，轻民生性财政支出"的问题，有效提高各地区基本公共服务供给水平，从而提高企业的税收遵从度和促进企业的投融资行为。三是各省应当根据中央政府授权和财政事权划分原则进一步合理划分省以下政府间财政事权，建立和完善各级政府财政事权项目清单。同时，梳理出各级政府间财政事权划分规则中应当形成法律法规的内容，并制定和修改成法律法规，推动各级政府间财政事权和支出责任划分的规范化和法制化建设。

二、着力提高地方政府财力

构建央地政府间财权与事权相匹配的财政体制，不仅应当在体制设计时科学划分政府间事权和支出责任，还应当尽可能建立健全地方税体系，以增加地方政府财力。在目前的央地政府间财政收入划分体系下，地方政府财力相对较弱，总体体现为财政收入集权的鲜明特点。原因有两个：一是1994年分税制改革以来中央政府在税收收入分成中占据较大比例，而地方政府在税收分成中占比较小；二是全面"营改增"以后地方政府缺乏能够提供稳定税收收入的地方主体税种，地方税体系有待完善。地方政府财力相对较弱不仅会激化地方政府间财政竞争行为，而且会迫使地方政府突破预算约束来获取财政资金，产生潜在的财政风险。地方政府间财政竞争行为和预算软约束问题会不同程度地削弱减税降费政策的实效。因此，应当着力提高地方政府财力，扩大地方政府的财政收入来源。一方面，应当合理调整各级政府间财政收入划分格局，适度提高省以下地方政府的税收分成比例。2016年全面"营改增"改革实施以后，财力逐渐向中央政府集中，尽管2016年同时推行了增值税"五五分成"改革，但地方政府的财政收入压力仍然在一定程度上提升。因此，应当适度提高省级以下地方政府增值税和企业所得税的税收分成比例，这可以有效缓解地方政府尤其是基层政府的财政收入压力，为地方政府履行职责提供财力保障。另一方面，加快构建科学合理的地方税体系，提高地方政府稳定的税收收入。主要方式是改革消费税、房产税、资源税和环保税等税种的征收环节和征收范围，减轻地方政府对增值税的依赖程度。具体措施包括：第一，在税收征管可控的基础上，将消费税的征收环节后移，从目前主要在进口或生产环节征收后移到批发和零售环节征收，同时将消费税税收收入统一划归地方政府，从而有效稳定中央政府和地方政府既有财力格局。第二，稳步建立起以财产税为主要内容的地方税体系。要加快推进房地产税改革试点工作，将除依法持有的农村宅基地及附属住房外的各类房地产纳入房地产税试点征收范围，逐步推进遗产赠予税征收试点。第三，逐步扩大资源税征收范围。当前我国资源税征收范围相对较窄，未能实现对全部稀有资源征收资源税，造成了企业对非应税资源的浪费。加快推进水资源税扩围改革，能够有效遏制水资源浪费行为。第四，扩大环保税征税范围。当前我国环保税征收仍然处于起步阶段，税目覆盖范围较为有限。在排放量计算方法和有机物监测技术成熟的前提下，将环保税的征收范围由四类污染物逐步扩围到其他高污染物。

三、优化政府间财政转移支付制度

确保央地政府间财权与事权相匹配，还应当优化政府间财政转移支付制度。政府间财政转移支付是调节财政纵向失衡的重要手段。完善政府间转移支付制度有利于缓解地方政府承担的财政压力，从源头上保障地方政府财力、降低地区宏观税负、提高基本公共服务供给水平和供给效率，从而进一步构建有利于缓解地方政府间财政竞争程度和降低企业税负的财税体系。优化现行政府间财政转移支付制度可以从转移支付规模、转移支付结构和转移支付资金分配方法三个方面着手。第一，应当在科学合理划分政府间事权和支出责任，以及着力提高地方政府财力的前提下，适当减少政府间转移支付的规模，这样可以弱化地方政府对转移支付的过度依赖，减弱转移支付的逆向激励问题，提升财政资金的使用效率。第二，持续优化政府间财政转移支付的结构，适当提高一般性转移支付占比，降低专项转移支付占比，逐步取消税收返还制度。在符合转移支付资金使用规定的前提下，允许地方政府统筹使用相近领域的同类专项转移支付资金，提高地方政府调配财力的灵活性和财政资金的利用效率。努力提高财政转移支付投放的精准性，发挥转移支付激励地方政府发展经济的积极作用，同时借助转移支付规范和约束地方政府行为。第三，在分配转移支付资金时，应当尽可能减少财政转移支付的政府层级，弱化转移支付的"粘蝇纸效应"①。例如，在进一步扩大财政省直管县试点范围的基础上，建立健全中央政府对省以下地方政府尤其是县级政府的财政转移支付制度，完善好现有财政资金直达机制，有效缩短财政资金分配链条，进而切实建立起常态化的财力保障机制，弥补基层政府的财力缺口，有效扩充基层政府财力。

四、优化政府间税收分成制度

税收分成深刻影响着中央与地方各级政府间的财政关系，也是构建财权与事权相匹配财政体制的重要手段。在当前财政压力日益严峻的背景下，亟须根据各级政府的事权和支出责任划分来优化政府间税收分成制度和调整政府间税收分成比例，其中最重要的是增值税分成和企业所得税分成比例，从而充分发挥税收分成的财政激励作用，抑制税收分成的税收征管强化效应，以缓解企业税负痛感和激发企业活力。具体而言，优化政府间税收分成制度可从以下三个方面着手：第一，因地制宜设计和实施差异化、动态化的税收分成机制。根据异质性分析实证结果，增值税分成对企业税负粘性的作用在不同财政压力地区和不同特征企业中存在显著差异，因此应当基于地区财政压力水平和企业特征等制定差异化的税收分成制度，从而发挥税收分成的财政激励作用。同时，税收分成比例调整会带来税收征管强度的变化，深层次原因在于中央与地方各级政府间纵向财力不均衡，因此应当建立动态化的税收分成机制，使税收分成比

---

① "粘蝇纸效应"是指相比于地方政府自有财政收入，增加同等份额的政府间财政转移支付会更加刺激地方财政支出规模扩张。

例与地方政府的财力相匹配，并有效均衡地区间财力差异，从而削弱地方政府在短期财政收益最大化驱动下强化税收征管的动机。第二，加快推进省以下税收分成制度改革。相较于中央政府与省级政府间税收分成，省以下政府间税收分成比例具有不稳定和不规范的特征，基层政府难以获得稳定且充足的税收收入，在一定程度上削弱了税收分成的财政激励作用，同时减弱了省以下政府基于长期经济规模最大化促进企业发展的积极性。因此在省以下政府税收分成改革中，基于保障地方政府财力的需要，应当科学合理地划分不同层级政府的税收收入，一方面要考虑不同税种的属性和税收收入的均衡，另一方面要充分考虑税收分成比例及方式产生的财政收入激励，以引导地方政府大力扶持企业发展，削弱其对税收征管的干预力度。第三，改革增值税收入横向分享机制，逐步推动生产地原则转变为消费地原则。一方面，相较于生产地原则，增值税消费地分享原则使增值税收入在不同地区间更为科学合理地分配，增强了地方政府的税收收入获得感，促进地方政府为了长期经济利益和财政利益而优化营商环境、扶持企业发展。另一方面，增值税消费地分享原则能够规范地方政府对流动性税基的恶性竞争，有效遏制地方保护主义，实现生产要素市场化配置和商品服务自由流通，从而有助于构建全国统一大市场。

第二节　完善多元化的政绩考核制度

尽管自 2013 年起逐步建立了多维度政绩考核制度，改变了过去长期以"经济增长"为核心的政绩考核制度，但是地方政府仍然在经济增长、就业、环境保护等政绩考核指标上存在竞争，这对地方政府官员产生了较大的政治激励，并由此产生了地方政府间财政竞争行为和预算软约束问题。本书的理论分析和实证研究表明，当前基于地区竞争的政绩考核制度会激化地方政府间财政竞争，造成地方政府对于预算软约束资金的依赖，进而导致财政不可持续问题和弱化减税降费政策对于企业的获得感。因此，应当进一步完善多元化的政绩考核制度，从而从制度层面引导地方政府采取合理的财政竞争，有利于硬化预算约束。

一、完善地方政府官员政绩考核制度

现行的政绩考核制度使处于同一行政等级的不同地方政府间存在激烈的竞争，各地方政府以完成政绩考核指标和实现本地区利益最大化为目标，地方政府官员为此开展激烈的税收竞争和财政支出竞争，以争夺稀缺的资本、劳动力和技术等经济要素。其中，税收竞争的常用手段是实施税收优惠和降低税收努力，财政支出竞争的常用手段是扩大基本公共服务供给和提高税收努力，显然地方政府间财政竞争会带来较大的财政压力，从而迫使地方政府不得不提高实际税负水平，这削弱了减税降费的实际效果。长期以来，我国实行科层制组织体系使地方政府间以及地方政府官员间存在着不可避免的财政竞争，但是可以通过完善针对地方政府以及地方政府官员的政绩考核制度来调整和优化地方政府以及地方政府官员之间的财政竞争行为，切实提高政府利用财政资金的效率。具体来说，第一，将人民追求美好生活的愿望纳入政绩考核制度，包括医疗卫生、教育和社保保障等民生性公共服务。由于央地政府间信息不对称，地方官员偏好于使用 GDP、财政税收收入、空气质量等易于测度的指标来展现政绩，地方政府的财政支出行为表现为"重经济、轻民生"的特点，即地方政府的财政支出大部分集中在建设基础设施领域，而民生性基本公共服务供给规模和质量均偏低。公共服务供给规模和结构与人民需求错配会导致财政资金的浪费和降低财政支出的使用效率。第二，应当将城乡均衡发展程度纳入考核指标。在我国经济高速发展时期，各级政府在财政支出方面表现为"重城市、轻农村"的特点，即地方政府的财政支出大部分都投向了城市建设，在加快城市向中心集聚的同时也导致了城乡发展不均衡的问题。因此，应当将城乡均衡发展纳入考核体系之中，引导地方政府在财政竞争中重视农村地区的建设。第三，在完善上级政府对下级政府考核制度的基础上，应当建立健全社会公众对地方政府以及地方政府官员行为的考核制度，保障广大民众对于政府行为的知情权和监督权，减少政府官员的权力寻租行为，减少地方政府的无序财政竞争行为，切实提高税务机关的依法征税程度，从而带动企业税收遵从度的提高。

二、推进行政管理体制改革

完善地方政府的政治激励和行为约束，必须进行以行政分权为核心内容的行政管理体制改革。作为政府分权的重要内容之一，行政分权会对政府间事权划分、基本公共服务供给和地方政府行政效率产生重要的影响。首先，我国实现五级政府行政管理体制，过多的组织层级导致公共政策向基层政府传达速度减慢，也导致财政资金在向基层政府传递的过程中出现浪费，同时也在一定程度上削弱了基层政府的行政自主权，不利于基层政府履行职能。尽管各省陆续采取了"省直管县"和"撤县设市"等行政体制改革来减少政府层级，有效扩大了地方政府尤其是县级政府的自主权，但还应当在此基础上采取先试点后推广的方式改革政府层级，以保证行政体制与财政体制相协调，从而形成一股推动地方政府提高行政效率和财政资金使用效率的强大合力。其次，应当深化中央政府大力推行的"简政放权"改革，将大量的行政职权和审批事项由中央下放到地方，有利于地方政府根据本地区财力状况和经济形势相机抉择合适的财政政策，在一定程度上有助于提高地方政府的财政竞争效率。最后，探索实施行政分权由政府间分权转向政府与市场分权。简政放权的内涵在于政府职能回归本位，主动减少对市场的干预，应当做好"放管服"改革，以此促进地方政府提高公共服务水平和落实税收优惠政策，发挥财政竞争的积极作用。

三、建立有效的行政权力监督制度

在扩大地方政府行政自主权的同时，应当加强行政执法监督体系建设，严格监督地方政府和地方政府官员的行政执法行为，减少地方政府的过度财政竞争行为、突破预算约束行为和不依法征税行为。具体可从以下方面着手，一方面，建立健全行政执法监督机制，提高地方政府官员的行政执法能力。行政执法监督机制应当做到权责利相统一，加强对行政执法全过程的监督，保证行政权力在全方位的监督下运行。另一方面，健全地方政府官员责任追究制度。加强地方政府"一把手"的行政履职责任，落实行政执法行为的追溯问责制度，定期审查地方政府行政执法过程的旧账和细账，监督地方政府官员在职期间认真决策，避免其在短期政绩的激励下采取过度的财政竞争，从而对企业税负产生负面作用。

第三节 规范地方政府间财政竞争行为

前文提出要构建央地政府间财权与事权相匹配的财政体制，建立多元化的政绩考核制度，目的是从制度层面改善地方政府的财政激励和政治激励，从而约束和规范地方政府间财政竞争行为。与此同时，应当在总结我国税收竞争和财政支出竞争对企业税负的影响机制和现实逻辑基础上，规范地方政府间横向财政竞争行为，引导地方政府根据不同地区的财力状况和企业特征开展良性的财政竞争。

一、规范地方政府间税收竞争行为

我国地方政府间税收竞争具有逐底竞争的特点，主要通过降低税收努力和实施税收优惠的方式降低企业税收负担和企业税负粘性，但同时也会给地方政府造成较大的财政压力。因此，构建优化企业税负的财税体系应当进一步规范地方政府间税收竞争行为。第一，政府官员应当正确认识税收竞争及其作用。我国地方政府间税收竞争的主要目的是通过降低地区宏观税负的方式形成税收洼地，从而在地方政府的招商引资竞争中占据优势，以吸引资本、劳动等生产要素的流入。然而，随着经济转型发展，低税负并不是吸引企业投资的唯一决定因素，同时低税负也给地方政府带来了较大的财政收入压力。在当前我国要求经济高质量发展的大背景下，企业更加看重一个地方的人才、产业配套和投资环境，而这些并不能只通过税收竞争来实现。因此，地方政府应当抑制过度的税收竞争，避免一味地进行税收的逐底竞争，而是执行好减税降费政策，将更多的财政资金用于人才培养和优化地区投资环境，这既可以减少地方政府的财政收入压力，也可以实现筑巢引凤。第二，持续推进地区间税收协调水平。

当前地方政府在开展激烈的税收竞争以吸引资本、劳动力和技术等要素，地方政府间税收关系以竞争为主流，在招商引资和促进地区经济发展方面发挥了积极作用，但也导致了各地区在产业发展上的"以邻为壑"，不利于不同地区间的经济协作，也不利于各地区按照资源禀赋发展合适的产业。因此，应当调整和优化地方政府间税收关系，不仅要规范地方政府开展合理的税收竞争，还应当积极引导地方政府开展跨区域税收协调与合作，从而发挥税收竞争优化地区间资源配置的积极作用。例如，不同地区之间协商构建起统一的税收政策，开展税收稽查跨区域合作，建立跨区域税收协调机构，构建区域间涉税信息共享机制。第三，中央政府应当出台针对性的政策来监管和规范地方政府的税收竞争行为，以避免地方政府间恶性竞争。尽管地方政府间税收竞争在一定程度上具有降低企业税负痛感的积极作用，但也同时侵蚀了税基，并降低了资本和劳动等生产要素的配置效率。由于地方政府间税收竞争具有较强的外部性，因此中央制定统一标准对地方政府的税收竞争行为进行监管会更为有效。

二、规范地方政府间财政支出竞争行为

我国地方政府间财政支出竞争具有逐年激化的趋势，主要通过扩大公共产品供给的方式来优化地区投融资环境，从而吸引企业投资，促进本地区经济发展。地方政府间财政支出竞争一方面能够起到降低企业税负粘性的积极作用，另一方面也提高企业税收负担，扩大了企业间税负不平等程度，给地方政府带来了较大的财政支出压力。因此，构建优化企业税负的财税体系应当规范地方政府间财政支出竞争行为。第一，有条不紊地落实《预算法》的规定，加强地方政府财政支出预算约束。在编制地区财政支出预算时必须严格遵守"量入为出"的财政支出原则，将地区总体经济发展水平和财力状况作为重要的参考指标，以在编制预算过程中尽量缓解地方财政压力。在提供公共产品时，避免重复建设生产性公共产品，同时硬化公共产品供给规模。在贯彻落实预算时，必须严格按照预算规定确定财政支出规模与结构。在进行官员绩效考核和编制下一年财政预算时，应当把财政支出绩效评价作为重要衡量标准，以此推动财政支出绩效水平的提高。第二，建立和完善财政支出问责机制，规范地方政府

"四本账"① 的使用。根据不完全契约理论，财政支出是各级人大授权各级政府提供公共产品的重要资金来源，但由于授权的过程中存在信息不对称，各级政府的财政支出行为会偏离人大预定的方向，进而导致过度财政支出竞争行为。为了确保地方政府的财政支出行为与人大制定的预算相一致，规范地方政府间财政支出竞争行为，应当系统性建立完善的财政支出问责机制，不断健全行政监管法律制度，通过对地方政府不合规的财政支出行为问责，进而引导地方政府采取合理的财政支出竞争行为。第三，中央政府统筹和协调各级地方政府的财政支出行为，引导地方政府合理运用财政支出手段来进行支出竞争，制定激励相容机制以引导地方政府将财政资金投向能够提高政府效率、提升公共服务的种类和质量的项目，从而规范地方政府间财政支出竞争行为，激发出财政支出竞争在缓解企业税负痛感方面的积极作用。

三、规范税收努力和税收优惠

作为地方政府间税收竞争和财政支出竞争的主要表现形式，税收努力产生变动后会直接作用于企业税负、企业税负不平等和企业税负粘性。因此，在规范地方政府间财政竞争的同时，应当规范税务机关的税收努力，压缩税收努力的弹性决策空间，贯彻依法征税精神。一方面，进一步缩小税务机关的自由裁量权。我国各地区的社会经济条件千差万别，税务机关在法律法规允许范围内拥有一定的自由裁量权。税务机关常常利用自由裁量权调整税收努力程度，并根据地方政府财政竞争策略调整对重点税源企业和非重点税源企业的税收征管强度，这使税收努力的调整行为会影响企业的税负不平等。因此，应当完善税收征管体系，强化对税收征管过程的管理，监督税务人员的征管行为及政企关系，尽量压缩税收努力的弹性决策空间。另一方面，利用数字技术强化税收征管，减少税收征管过程中的人为因素干扰。税务机关应当进一步完善金税工程，并将大数据、云计算、区块链和人工智能等先进技术运用到税收征管过程中，

---

① 根据 2015 年正式施行的《预算法》，我国预算体系包括一般公共预算、政府性基金预算、社会保险基金预算和国有资本经营预算"四本账"。按照收入规模大小依次排序为，一般公共预算、政府性基金预算、社会保险基金预算和国有资本经营预算。

确保全面自动记录市场主体的各类交易活动信息，以技术手段来降低在征税过程中的人为干扰行为。此外，在税务机关的税收征管实践中，不仅要做到税收收入的应收尽收，从而实现税收筹集财政收入的职能；同时也要进一步强化税收优惠政策的落实，从而发挥税收优惠政策缓解企业税负痛感的积极作用。所有市场主体，包括国有企业、民营企业、外资企业和其他企业，在享受税收优惠政策上都应该一视同仁、不搞差别化待遇，从而切实减轻企业税负粘性的异质性，保证各类企业在公正平等的环境中参与竞争，共享政策红利。

四、优化税收服务

优化企业税负是一项系统工程，不仅要规范地方政府间税收竞争、财政支出竞争、税收努力和税收优惠，还应当主动由管理型政府向服务型政府转变，着力优化税收服务。传统上，地方政府习惯性采用税收竞争和财政支出竞争的方式来吸引资本、劳动等生产要素流入本辖区，这是一种粗放式的地区竞争模式，在招商引资方面效率低下，不仅只能给企业带来短期的经济利益，还由于减少税收收入和增加财政支出而加剧地方政府的财政收支压力。此外，2024 年全国审计工作会议和全国税务工作会议均明确提出，自 2024 年起，将严肃查处招商引资中普遍存在的"税收洼地"违规返税问题。与此同时，国务院发布实施《公平竞争审查条例》，为促进市场公平竞争，优化营商环境，建设全国统一大市场，要求税务机关严格遵照税收法定原则，实行中央统一的税收优惠政策，严禁地方政府采取一系列违规的政策措施，包括给予特定经营者税收优惠，选择性、差异化的财政奖励或者补贴，行政事业性收费、政府性基金、社会保险费等方面的优惠。在此背景下，地方政府税收竞争和财政支出竞争的空间收窄。因此，地方政府应当将地区竞争的重心放在优化营商环境尤其是税收营商环境方面，为辖区企业提供优质便利的纳税服务，全方位推进税务系统"放管服"制度改革，进一步提升地方政府的行政效率和降低企业的制度性交易成本。地方政府在采用财税政策进行招商引资时，应当同时考虑适度放权和着力提升税收服务质量，正确平衡好管理和服务的关系，进一步提升地方政府效能和资源配置效率。

第四节　压缩地方政府突破预算约束的空间

第三章实证结果显示，在减税降费大背景下，地方政府间财政竞争会加剧地方面临的财政压力，这使得地方政府具有动力突破现有预算约束以筹集更多财政资金。然而，预算软约束问题会加重地方政府对中央政府转移支付的依赖性，刺激地方政府无节制的土地出让行为，迫使地方政府扩大隐性债规模。因此，为减弱预算软约束问题造成的负面影响，应当压缩地方政府突破预算约束的空间。具体分为四个方面的政策举措——差异化设计各地区转移支付制度；科学设计地方政府债务融资制度；规范地方政府土地出让行为；提高财政透明度。

一、差异化设计各地区转移支付制度

实证结果表明，由于转移支付同时具有税收替代效应和税收激励效应，转移支付对企业税负的影响具有不确定性。交互作用结果显示，转移支付会弱化地方政府的财政竞争行为。异质性分析则指出，在中西部等欠发达地区，转移支付对税收努力的税收替代效应比激励效应更强，从而导致欠发达地区税收努力和企业税负下降；在东部等发达地区，转移支付对税收努力的税收替代效应比激励效应更弱，从而导致发达地区税收努力和企业税负上升。因此，应当根据不同地区的财力状况和经济发展水平，以及财政竞争与转移支付的互动机制差异化设计各地区转移支付制度。一方面，应当加大对欠发达地区的转移支付力度，提高欠发达地区转移支付资金的使用效率，以充分发挥转移支付补充地方财力的积极作用，并合理利用转移支付的税收替代效应，从而有效降低欠发达地区的企业税负，提高减税降费政策对于企业的获得感。另一方面，应当根据财力状况、各地人口和消费水平等因素合理设计发达地区的转移支付制度，提高财政资金的使用效率，减弱转移支付对发达地区的税收激励效应，最终达到抑制地方政府间过度财政竞争的目的。

二、科学设计地方政府债务融资制度

理论分析和实证研究表明，地方政府在开展财政竞争会面临较大的财政压力，并会通过融资平台债务的方式来弥补财力缺口以转嫁日益扩大的财政压力。因此，为避免地方政府在预算外利用融资平台债务融资导致的预算软约束问题，应当科学合理地设计地方政府债务融资制度。一方面，应当采取果断措施及时降低地方政府的融资平台债务风险，压实地方各级政府风险防控责任，中央政府不再对地方政府债务托底，完善防范化解隐性债务风险长效机制，坚决遏制隐性债务增量，从严查处违法违规举债融资行为。同时，建立健全地方政府的信用评级制度，并将地方政府的融资平台债务情况纳入地方官员的考核问责机制中，从而约束地方政府的债务融资行为，避免地方政府在投资冲动之下进行无序土地出让的行为。另一方面，在法律法规的约束之下，通过大力优化地区融资环境和提高地方债务融资发展水平的方式来满足欠发达地区的债务融资需求，从而在可控的范围内为弥补欠发达地区财力缺口和促进地区经济高质量发展提供资金基础。

三、规范地方政府土地出让行为

作为地方政府重要的收入来源，土地出让收入成为地方政府弥补财力缺口和缓解财政压力的重要手段，却也使地方政府对土地财政的依赖度居高不下。实证研究结果表明，地方政府的土地出让收入有效降低了企业税负，强化了地方政府间财政竞争行为，进而会强化地方政府对土地出让收入的依赖程度，从长远看存在较大的财政风险。因此，必须规范地方政府土地出让行为，规范土地出让收入的用途。具体而言，一方面，深化土地征收制度改革，依法规范地方政府土地征收行为。在当前城乡二元土地管理体制下，土地所有权权属模糊，地方政府作为土地资源的垄断者能够享受到土地级差地租，这不仅造成了土地价格扭曲和农民失地等社会问题，还使地方政府官员在财政收入和政治晋升的双重激励下过度出让土地。因此，应当保证土地管理体制的独立性，并将地方政府官员的土地管理行为纳入政绩考核机制之中，例如，应当严令禁止地方政府采取行政强制手段征地，并将之纳入政绩考核负面清单，保证农民在土地市场交易中的合法权益和利益主体地位，切实按照市场化方式完成土地所有权变更。另一方面，要求地方政府合理规范地使用土地出让收入，严令禁止地方政府利用土地进行过度杠杆融资，切实防范重大金融风险和财政机会主义①。按照收支两条线严格管理土地出让收入，保证土地出让收入向医疗卫生、教育和社会保障等民生领域倾斜。同时，根据地方中长期市政规划和经济发展目标，制定科学合理的土地出让计划和土地出让收入支出安排。

四、提高财政透明度

提高财政透明度能有效制约地方政府和地方官员的违法违规行为，强化公众对地方政府官员的监督，进而压缩地方政府突破预算约束的空间。尽管我国各级政府在不断加强财政信息公开力度，但是财政透明度仍然处于较低水平，与公众需求存在一定差距，且不同区域的财政透明度存在较大差异。较低的财政透明度在一定程度上激励了地方政府突破预算约束来增加财政资金的行为，也降低了财政资金的使用效率。因此，首先，应当提高各级政府主动公开财政信息的积极性，保证政府部门公开财政信息的真实性和准确性。其次，建立和完善财政信息公开常态化机制，出台相应制度来规范财政信息公开行为，在制度层面确定财政信息公开的内容、主体、范围和流程。最后，建立健全财政信息公开监督制度，借助大数据、人工智能、云计算和区块链等现代信息技术手段来提高财政信息的监督力度和透明度。

---

① 财政机会主义的概念由世界银行前高级研究员哈娜（Hana）提出，指的是由于地方政府官员在时间较短的任期内面临着预算内财政收入不足等现实约束，往往会寻找预算外资金来弥补财力缺口和降低政治成本。在我国通常反映为地方政府会持续扩大融资平台债务。

参考文献

［1］白云霞，唐伟正，刘刚．税收计划与企业税负［J］．经济研究，2019，54（05）：98－112．

［2］蔡昌，李蓓蕾．我国不同所有制企业实际税负比较研究［J］．南方经济，2017（11）：57－68．

［3］蔡庆丰，陈熠辉，李超．产业政策、半强制分红与企业现金股利——基于中国资本市场的实证发现［J］．厦门大学学报（哲学社会科学版），2021（02）：137－149．

［4］曾亚敏，张俊生．税收征管能够发挥公司治理功用吗？［J］．管理世界，2009（03）：143－151，158．

［5］陈东，邢霂．政府补贴会提升企业的投资规模和质量吗——基于国有企业和民营企业对比的视角［J］．山西财经大学学报，2019，41（08）：84－99．

［6］陈冬，孔墨奇，王红建．投我以桃，报之以李：经济周期与国企避税［J］．管理世界，2016（05）：46－63．

［7］陈静，马小勇．新经济地理视角下产业集聚对税收竞争的影响——基于GMM估计的省级动态面板数据分析［J］．生产力研究，2014（06）：58－64．

［8］陈晓光．财政压力、税收征管与地区不平等［J］．中国社会科学，2016（04）：53－70，206．

［9］陈玥卓，刘冲，侯思捷．税收红利如何赋能"中国智造"？［J］．经济评论，2021（04）：42－58．

［10］陈志勇，陈思霞．制度环境、地方政府投资冲动与财政预算软约束［J］．经济研究，2014，49（03）：76－87．

［11］程宏伟，吴晓娟. 企业议价能力与增值税税负粘性——基于转嫁成本的分析视角［J］. 西南大学学报（社会科学版），2020，46（06）：51－62，211－212.

［12］程宏伟，吴晓娟. 税制结构、股权性质及企业税负粘性［J］. 中南大学学报（社会科学版），2018，24（04）：77－86.

［13］程宏伟，杨义东. 税负粘性：一个诠释企业税负痛感的新视角［J］. 商业研究，2019（01）：49－59.

［14］储德银，费冒盛，黄暄. 地方政府竞争、税收努力与经济高质量发展［J］. 财政研究，2020（08）：55－69.

［15］储德银，费冒盛. 财政纵向失衡、转移支付与地方政府治理［J］. 财贸经济，2021，42（02）：51－66.

［16］储德银，邵娇，迟淑娴. 财政体制失衡抑制了地方政府税收努力吗？［J］. 经济研究，2019，54（10）：41－56.

［17］丛屹，周怡君. 当前我国税制的"税负刚性"特征、效应及政策建议——基于2013－2016年制造业上市公司数据的实证分析［J］. 南方经济，2017（06）：53－63.

［18］崔志坤，李娜. 收入分成与地方财政努力：来自中国省级数据的检验［J］. 财政研究，2019（02）：91－103.

［19］邓力平，陈丽. 论减税降费中的财政政策有效性和可持续性［J］. 税务研究，2021（07）：30－38.

［20］邓晓兰，金博涵. 财政分权、地方政府税收努力与企业所得税实际税负［J］. 商业研究，2021（04）：85－97.

［21］邓晓兰，金博涵. 税收征管权集中与服务业企业实际税负——基于PSM方法的政策效应分析［J］. 中南财经政法大学学报，2018（03）：87－97.

［22］杜剑，史艳敏，杨杨. 企业税负粘性研究：基于税务机关税收稽查的视角［J］. 贵州财经大学学报，2020（02）：56－66.

［23］杜彤伟，张屹山，李天宇. 财政竞争、预算软约束与地方财政可持续性［J］. 财经研究，2020，46（11）：93－107.

［24］杜彤伟，张屹山，杨成荣. 财政纵向失衡、转移支付与地方财政可持

续性 [J]. 财贸经济, 2019, 40 (11).

[25] 樊勇, 李昊楠. 税收征管、纳税遵从与税收优惠——对金税三期工程的政策效应评估 [J]. 财贸经济, 2020, 41 (05): 51 – 66.

[26] 范允奇, 王文举. 中国式财政分权下的地方财政支出偏好分析 [J]. 经济与管理研究, 2010 (07): 40 – 47.

[27] 范子英, 田彬彬. 税收竞争、税收执法与企业避税 [J]. 经济研究, 2013, 48 (09): 99 – 111.

[28] 范子英, 张军. 粘纸效应: 对地方政府规模膨胀的一种解释 [J]. 中国工业经济, 2010 (12): 5 – 15.

[29] 范子英. 土地财政的根源: 财政压力还是投资冲动 [J]. 中国工业经济, 2015 (06): 18 – 31.

[30] 方红生, 张军. 地方政府竞争、预算软约束与扩张偏向的财政行为 [J]. 经济研究, 2009, 44 (12): 4 – 16.

[31] 伏润民, 王卫昆, 缪小林. 我国地方政府债务风险与可持续性规模探讨 [J]. 财贸经济, 2008 (10): 82 – 87.

[32] 付文林, 耿强. 税收竞争、经济集聚与地区投资行为 [J]. 经济学 (季刊), 2011, 10 (04): 1329 – 1348.

[33] 付文林, 赵永辉. 财政转移支付与地方征税行为 [J]. 财政研究, 2016 (06): 16 – 27.

[34] 傅勇, 张晏. 中国式分权与财政支出结构偏向: 为增长而竞争的代价 [J]. 管理世界, 2007 (03): 4 – 12, 22.

[35] 干胜道, 杨微, 王虹. 产权性质、政治关联与税费粘性 [J]. 现代财经 (天津财经大学学报), 2019, 39 (02): 43 – 56.

[36] 高培勇. 中国税收持续高速增长之谜 [J]. 经济研究, 2006 (12): 13 – 23.

[37] 龚强, 王俊, 贾珅. 财政分权视角下的地方政府债务研究: 一个综述 [J]. 经济研究, 2011, 46 (07): 144 – 156.

[38] 龚强, 徐朝阳. 政策性负担与长期预算软约束 [J]. 经济研究, 2008 (02): 44 – 55.

［39］郭杰，李涛．中国地方政府间税收竞争研究——基于中国省级面板数据的经验证据［J］．管理世界，2009（11）：54 – 64.

［40］郭庆旺，赵志耘．公共经济学［M］．北京：高等教育出版社，2006.

［41］何孝祥．山东省地方政府支出竞争及其经济效应研究［D］．济南：山东大学，2018.

［42］何杨，满燕云．地方政府债务融资的风险控制——基于土地财政视角的分析［J］．财贸经济，2012（05）：45 – 50.

［43］洪源，张玉灶，王群群．财政压力、转移支付与地方政府债务风险——基于央地财政关系的视角［J］．中国软科学，2018（09）：173 – 84.

［44］胡洪曙，李捷．财政竞争、预算软约束与企业税负［J］．经济管理，2022，44（06）：153 – 171.

［45］胡洪曙，武锶芪．企业所得税税负粘性的成因及其对地方产业结构升级的影响［J］．财政研究，2020（07）：113 – 129.

［46］胡祖铨，黄夏岚，刘怡．中央对地方转移支付与地方征税努力——来自中国财政实践的证据［J］．经济学（季刊），2013，12（03）：799 – 822.

［47］黄少安，陈斌开，刘姿彤．"租税替代"、财政收入与政府的房地产政策［J］．经济研究，2012，47（08）：93 – 106，160.

［48］贾俊雪，郭庆旺，高立．中央财政转移支付、激励效应与地区间财政支出竞争［J］．财贸经济，2010（11）：52 – 57.

［49］贾俊雪，梁煊．地方政府财政收支竞争策略与居民收入分配［J］．中国工业经济，2020（11）：5 – 23.

［50］贾俊雪，应世为．财政分权与企业税收激励——基于地方政府竞争视角的分析［J］．中国工业经济，2016（10）：23 – 39.

［51］贾俊雪，张晓颖，宁静．多维晋升激励对地方政府举债行为的影响［J］．中国工业经济，2017（07）：5 – 23.

［52］贾俊雪．税收激励、企业有效平均税率与企业进入［J］．经济研究，2014，49（07）：94 – 109.

［53］姜子叶，胡育蓉．财政分权、预算软约束与地方政府债务［J］．金融研究，2016（02）：198 – 206.

［54］蒋为．增值税扭曲、生产率分布与资源误置［J］．世界经济，2016，39（05）：54－77.

［55］靳文辉．论地方政府间的税收不当竞争及其治理［J］．法律科学（西北政法大学学报），2015，33（01）：138－146.

［56］鞠晓生，卢荻，虞义华．融资约束、营运资本管理与企业创新可持续性［J］．经济研究，2013，48（01）：4－16.

［57］孔墨奇，唐建新，陈冬．管理者自利行为与税负粘性——基于深沪A股上市公司的经验证据［J］．财经理论与实践，2020，41（03）：103－108.

［58］冷毅，杨琦．财政竞争对地方政府财政支出结构的影响研究——基于民生和发展的权衡［J］．江西财经大学学报，2014（04）：30－38.

［59］李春涛，郭培培，张璇．知识产权保护、融资途径与企业创新——基于跨国微观数据的分析［J］．经济评论，2015（01）：77－91.

［60］李红霞，张亚璟，马艳．税收分成、财政激励与企业异地投资——基于增值税五五分成的准自然实验［J］．当代财经，2024（03）：30－42.

［61］李建军，吴懿．税收分成、财政激励与制造业企业活力——来自"增值税分成"改革的证据［J］．财贸经济，2021，42（09）：5－19.

［62］李林木，汪冲．税费负担、创新能力与企业升级——来自"新三板"挂牌公司的经验证据［J］．经济研究，2017，52（11）：119－134.

［63］李明，龙小燕．减税降费背景下地方财政压力的现实困境及破解路径［J］．当代经济管理，2020，42（09）：60－69.

［64］李明，毛捷，杨志勇．纵向竞争、税权配置与中国财政收入占比变化［J］．管理世界，2014（05）：52－66.

［65］李明，赵旭杰，冯强．经济波动中的中国地方政府与企业税负：以企业所得税为例［J］．世界经济，2016，39（11）：104－125.

［66］李尚蒲，郑仲晖，罗必良．资源基础、预算软约束与地方政府债务［J］．当代财经，2015（10）：28－38.

［67］李水军．减税降费政策效应：宏观约束和微观主体感受［J］．税务研究，2020（10）：107－112.

［68］李艳，杨婉昕，陈斌开．税收征管、税负水平与税负公平［J］．中

国工业经济，2020（11）：24 – 41.

[69] 李永友，沈坤荣. 辖区间竞争、策略性财政政策与 FDI 增长绩效的区域特征 [J]. 经济研究，2008（05）：58 – 69.

[70] 李永友，沈玉平. 转移支付与地方财政收支决策——基于省级面板数据的实证研究 [J]. 管理世界，2009（11）：41 – 53.

[71] 李永友. 转移支付与地方政府间财政竞争 [J]. 中国社会科学，2015（10）：114 – 133.

[72] 梁若冰，韩文博. 区域竞争、土地出让与城市经济增长：基于空间面板模型的经验分析 [J]. 财政研究，2011（08）：48 – 51.

[73] 林毅夫，李志赟. 政策性负担、道德风险与预算软约束 [J]. 经济研究，2004（02）：17 – 27.

[74] 林毅夫，刘志强. 中国的财政分权与经济增长 [J]. 北京大学学报（哲学社会科学版），2000（04）：5 – 17.

[75] 刘柏惠，寇恩惠，杨龙见. 增值税多档税率、资源误置与全要素生产率损失 [J]. 经济研究，2019，54（05）：113 – 128.

[76] 刘浩，孙铮. 会计准则的产生与制定权归属的经济学解释——来自企业所有权理论的观点 [J]. 会计研究，2005（12）：3 – 8，95.

[77] 刘晔，漆亮亮. 当前我国地方政府间税收竞争探讨 [J]. 税务研究，2007（05）：55 – 57.

[78] 刘建民，刘晓函，吴金光. 税收分成、财政激励与地方财政可持续性——基于增值税五五分成的准自然实验 [J]. 中国软科学，2023：162 – 176.

[79] 刘江会，王功宇. 地方政府财政竞争对财政支出效率的影响——来自长三角地级市城市群的证据 [J]. 财政研究，2017（08）：56 – 68，111.

[80] 刘金东，徐文君，王佳慧. 税收逐顶竞争与税负粘性——基于多元绩效考核的视角 [J]. 上海财经大学学报，2023，25（05）：32 – 45.

[81] 刘骏，刘峰. 财政集权、政府控制与企业税负——来自中国的证据 [J]. 会计研究，2014（01）：21 – 27，94.

[82] 刘啟仁，黄建忠. 企业税负如何影响资源配置效率 [J]. 世界经济，2018，41（01）：78 – 100.

［83］刘穷志．税收竞争、资本外流与投资环境改善——经济增长与收入公平分配并行路径研究［J］．经济研究，2017，52（03）：61-75.

［84］刘瑞明，白永秀．晋升激励与经济发展［J］．南方经济，2010（01）：59-70.

［85］刘亭立，孔嘉欣，杨松令，蔡娇娇．政府补贴与投资效率的金融错配门槛效应研究［J］．科学学研究，2020，38（03）：457-465.

［86］刘小勇．邻里竞争、财政分权与地方政府财政支出偏向［J］．经济经纬，2016（02）：137-143.

［87］刘行．税率的粘性——来自所得税改革的经验证据［J］．山西财经大学学报，2012，34（05）：1-8.

［88］刘怡，刘维刚．税收分享、征税努力与地方公共支出行为——基于全国县级面板数据的研究［J］．财贸经济，2015（06）：32-44.

［89］刘元春，陈金至．土地制度、融资模式与中国特色工业化［J］．中国工业经济，2020（03）：5-23.

［90］龙小宁，朱艳丽，蔡伟贤，李少民．基于空间计量模型的中国县级政府间税收竞争的实证分析［J］．经济研究，2014，49（08）：41-53.

［91］罗党论，赖再洪．重污染企业投资与地方官员晋升——基于地级市1999—2010年数据的经验证据［J］．会计研究，2016（04）：42-48，95.

［92］吕冰洋，马光荣，毛捷．分税与税率：从政府到企业［J］．经济研究，2016，51（07）：13-28.

［93］吕冰洋．我国宏观税负不高，为何企业感觉负担重［J］．人民论坛，2017（07）：82-83.

［94］吕冰洋．疫情之下增强财政免疫力的思考［J］．财政科学，2020（04）：21-25.

［95］吕炜，邵娇．转移支付、税制结构与经济高质量发展——基于277个地级市数据的实证分析［J］．经济学家，2020（11）：5-18.

［96］吕炜，王伟同．中国的包容性财政体制——基于非规范性收入的考察［J］．中国社会科学，2021（03）：46-64，205.

［97］马光荣，李力行．政府规模、地方治理与企业逃税［J］．世界经济，

2012，35（06）：93－114.

[98] 马双，吴夕，卢斌. 政府减税、企业税负与企业活力研究——来自增值税转型改革的证据 [J]. 经济学（季刊），2019，18（02）：483－504.

[99] 马文涛，张朋. 政府隐性担保、市场化进程与信贷配置效率 [J]. 财政研究，2021（08）：91－106.

[100] 毛捷，徐军伟. 中国地方政府债务问题研究的现实基础——制度变迁、统计方法与重要事实 [J]. 财政研究，2019（01）：3－23.

[101] 缪小林，伏润民. 权责分离、政绩利益环境与地方政府债务超常规增长 [J]. 财贸经济，2015（04）：17－31.

[102] 倪红福，吴延兵，周倩玲. 企业税负及其不平等 [J]. 财贸经济，2020，41（10）：49－64.

[103] 聂辉华，张雨潇. 分权、集权与政企合谋 [J]. 世界经济，2015，38（06）：3－21.

[104] 庞凤喜，牛力. 论新一轮减税降费的直接目标及实现路径 [J]. 税务研究，2019（02）：5－11.

[105] 庞伟，孙玉栋. 财政分权、地方政府竞争对财政支出效率的空间效应 [J]. 现代经济探讨，2018（10）：42－49.

[106] 皮建才，殷军，周愚. 新形势下中国地方官员的治理效应研究 [J]. 经济研究，2014，49（10）：89－101.

[107] 蒲丹琳，王善平. 官员晋升激励、经济责任审计与地方政府投融资平台债务 [J]. 会计研究，2014（05）：88－93，95.

[108] 钱海刚. 财政分权、预算软约束与地方政府恶性竞争 [J]. 财政研究，2009（03）：17－19.

[109] 饶品贵，岳衡，姜国华. 经济政策不确定性与企业投资行为研究 [J]. 世界经济，2017，40（02）：27－51.

[110] 邵传林. 中国式分权、市场化进程与经济增长 [J]. 统计研究，2016，33（03）：63－71.

[111] 邵明伟，钟军委，张祥建. 地方政府竞争：税负水平与空间集聚的内生性研究——基于 2000－2011 年中国省域面板数据的空间联立方程模型

[J]．财经研究，2015，41（06）：58 – 69．

[112] 孙玉栋，孟凡达．我国小微企业税费负担及优惠政策的效应分析 [J]．审计与经济研究，2016，31（03）：101 – 110．

[113] 谭志武．政府预算软约束的制度分析 [J]．审计研究，2006（01）：35 – 40．

[114] 唐飞鹏，叶柳儿．税收竞争、资本用脚投票与产业转型升级 [J]．财贸经济，2020，41（11）：20 – 34．

[115] 唐飞鹏，叶柳儿．中央转移支付与地方"税收洼地"：平抑还是激化 [J]．当代财经，2020（01）：37 – 50．

[116] 唐飞鹏．省际财政竞争、政府治理能力与企业迁移 [J]．世界经济，2016，39（10）：53 – 77．

[117] 田彬彬，范子英．征纳合谋、寻租与企业逃税 [J]．经济研究，2018，53（05）：118 – 131．

[118] 田彬彬，王俊杰，邢思敏．税收竞争、企业税负与企业绩效——来自断点回归的证据 [J]．华中科技大学学报（社会科学版），2017，31（05）：127 – 137．

[119] 万广华．不平等的度量与分解 [J]．经济学（季刊），2009，8（01）：347 – 368．

[120] 万广南，魏升民，向景．减税降费对企业"获得感"影响研究——基于认知偏差视角 [J]．税务研究，2020（04）：14 – 21．

[121] 汪冲．政府间转移支付、预算软约束与地区外溢 [J]．财经研究，2014，40（08）：57 – 66．

[122] 汪德华，李琼．宏观税负与企业税负地区间不公平之比较——基于工业企业数据计量分解的分析 [J]．财贸经济，2015（03）：17 – 29．

[123] 王百强，孙昌玲，伍利娜，姜国华．企业纳税支出粘性研究：基于政府税收征管的视角 [J]．会计研究，2018（05）：28 – 35．

[124] 王剑锋．政府税收努力与税收高增长——兼论税收管理行为的规范化 [J]．中央财经大学学报，2008（07）：15 – 21．

[125] 王丽娟．我国地方政府财政支出竞争的异质性研究——基于空间计

量的实证分析 [J]. 财贸经济, 2011 (09): 11 - 18.

[126] 王术华. 财政压力、政府支出竞争与地方政府债务——基于空间计量模型的分析 [J]. 经济与管理评论, 2017, 33 (05): 74 - 82.

[127] 王文剑, 仉建涛, 覃成林. 财政分权、地方政府竞争与 FDI 的增长效应 [J]. 管理世界, 2007 (03): 13 - 22.

[128] 王小龙, 余龙. 财政转移支付的不确定性与企业实际税负 [J]. 中国工业经济, 2018 (09): 155 - 173.

[129] 王雪婷, 胡奕明. 房价与企业税负的 "租税替代" 关系——基于1999 - 2015 年上市公司数据的实证研究 [J]. 财政研究, 2018 (07): 91 - 105.

[130] 王延明. 上市公司所得税负担研究——来自规模、地区和行业的经验证据 [J]. 管理世界, 2003 (01): 115 - 122.

[131] 王永钦, 张晏, 章元, 陈钊, 陆铭. 中国的大国发展道路——论分权式改革的得失 [J]. 经济研究, 2007 (01): 4 - 16.

[132] 王媛. 官员任期、标尺竞争与公共品投资 [J]. 财贸经济, 2016 (10): 45 - 58.

[133] 魏志华, 卢沛. 税收竞争、征税努力与企业税负粘性 [J]. 经济学动态, 2021 (06): 49 - 67.

[134] 温忠麟, 叶宝娟. 中介效应分析: 方法和模型发展 [J]. 心理科学进展, 2014, 22 (05): 731 - 745.

[135] 吴斌, 徐雪飞, 孟鹏, 魏军波. 产业集聚、税收竞争与企业税负 [J]. 东南大学学报 (哲学社会科学版), 2019, 21 (01): 66 - 76, 144.

[136] 吴延兵. 中国式分权下的偏向性投资 [J]. 经济研究, 2017, 52 (06): 137 - 152.

[137] 吴祖光, 万迪昉. 企业税收负担计量和影响因素研究述评 [J]. 经济评论, 2012 (06): 149 - 156.

[138] 席鹏辉, 梁若冰, 谢贞发. 税收分成调整、财政压力与工业污染 [J]. 世界经济, 2017, 40 (10): 170 - 192.

[139] 席鹏辉, 周波. 经济波动、企业税负与环境规制——来自重点税源企业的证据 [J]. 经济学动态, 2021 (06): 68 - 82.

［140］向辉，俞乔．债务限额、土地财政与地方政府隐性债务［J］．财政研究，2020（03）：55 – 70．

［141］谢乔昕，张宇．绿色信贷政策、扶持之手与企业创新转型［J］．科研管理，2021，42（01）：124 – 134．

［142］谢欣，李建军．地方税收竞争与经济增长关系实证研究［J］．财政研究，2011（01）：65 – 67．

［143］谢贞发，范子英．中国式分税制、中央税收征管权集中与税收竞争［J］．经济研究，2015，50（04）：92 – 106．

［144］谢贞发，张佼雨．税收分成激励与地方公共产品配置—基于省以下税收分成变化的实证检验［J］．财政研究，2021（01）：57 – 73．

［145］谢贞发，朱恺容，李培．税收分成、财政激励与城市土地配置［J］．经济研究，2019，54（10）：57 – 73．

［146］徐现祥，王贤彬．晋升激励与经济增长：来自中国省级官员的证据［J］．世界经济，2010，33（02）：15 – 36．

［147］徐现祥，王贤彬．任命制下的官员经济增长行为［J］．经济学（季刊），2010，9（04）：1447 – 1466．

［148］徐忠．新时代背景下中国金融体系与国家治理体系现代化［J］．经济研究，2018，53（07）：4 – 20．

［149］闫坤，于树一．开启减税降费的新时代：以降"税感"拓展政策空间［J］．税务研究，2018（03）：3 – 9．

［150］杨灿明．减税降费：成效、问题与路径选择［J］．财贸经济，2017，38（09）：5 – 17．

［151］杨得前，李捷．基于SSCI数据库的税收研究知识图谱分析：1990 ~ 2018 年［J］．税务研究，2019（10）：94 – 100．

［152］杨得前．经济发展、财政自给与税收努力：基于省际面板数据的经验分析［J］．税务研究，2014（06）：70 – 78．

［153］杨龙见，尹恒．中国县级政府税收竞争研究［J］．统计研究，2014，31（06）：42 – 49．

［154］杨耀武，杨澄宇．中国基尼系数是否真地下降了？——基于微观数

据的基尼系数区间估计 [J]. 经济研究, 2015, 50 (03): 75 - 86.

[155] 杨志勇. 中外地区间财政竞争理论与现实的比较分析 [J]. 中国经济问题, 2005 (06): 61 - 65.

[156] 姚东旻, 孟晓雨, 李泰奇. 价值链嵌入位置视角下我国行业税负的静态分布及动态演变 [J]. 财政研究, 2022 (05): 10 - 30.

[157] 尹恒, 朱虹. 县级财政生产性支出偏向研究 [J]. 中国社会科学, 2011 (01): 88 - 101, 222.

[158] 余新创. 中国制造业企业增值税税负粘性研究——基于 A 股上市公司的实证分析 [J]. 中央财经大学学报, 2020 (02): 18 - 28.

[159] 余绪鹏. 官员晋升锦标赛: 经济增长的政治逻辑——基于相关文献的梳理与分析 [J]. 华东经济管理, 2016, 30 (06): 88 - 95.

[160] 张斌. 减税降费的理论维度、政策框架与现实选择 [J]. 财政研究, 2019 (05): 7 - 16, 76.

[161] 张曾莲, 江帆. 财政分权、晋升激励与预算软约束——基于政府过度负债省级政府数据的实证分析 [J]. 山西财经大学学报, 2017, 39 (06): 15 - 25.

[162] 张军. 中国经济发展: 为增长为竞争 [J]. 世界经济文汇, 2005 (04): 101 - 105.

[163] 张克中, 张文涛, 万欣. 税收分享与财政失衡: 中国增值税分享制度的重构 [J]. 财贸经济, 2021, 42 (03): 44 - 58.

[164] 张忠任. 关于我国税收竞争特征的理论分析 [J]. 财政研究, 2012 (01): 28 - 31.

[165] 赵颖. 减税激励与小微企业发展——基于所得税减半征收的证据 [J]. 经济学动态, 2022 (05): 110 - 126.

[166] 赵永辉, 付文林, 束磊. 转移支付与地方财政支出扩张——基于异质性与空间外溢视角的分析 [J]. 经济理论与经济管理, 2019 (08): 27 - 44.

[167] 赵永亮, 杨子晖. 民主参与对公共品支出偏差的影响考察 [J]. 管理世界, 2012 (06): 74 - 85.

[168] 甄美荣, 江晓壮. 环境税对企业绿色技术创新的影响——基于政府

质量和绿色购买的调节效应［J］．大连理工大学学报（社会科学版），2021，42（04）：26－36．

［169］郑华．预算软约束视角下地方政府过度负债偏好的制度成因分析［J］．财政研究，2011（01）：48－51．

［170］郑尚植．财政竞争、地方政府政策选择与经济增长——基于中国省际面板数据的实证研究［J］．财经理论与实践，2012，33（01）：69－72．

［171］中国财政科学研究院"降成本"课题总报告撰写组，刘尚希．关于实体经济企业降成本的看法［J］．财政研究，2016（11）：2－18．

［172］钟晓敏．市场化改革中的地方财政竞争［J］．财经研究，2004（01）：21－30．

［173］周飞舟．分税制十年：制度及其影响［J］．中国社会科学，2006（06）：100－115，205．

［174］周克清．论我国财政分权体制下的政府间税收竞争［J］．税务与经济（长春税务学院学报），2002（03）：9－12．

［175］周黎安．晋升博弈中政府官员的激励与合作——兼论我国地方保护主义和重复建设问题长期存在的原因［J］．经济研究，2004（06）：33－40．

［176］周黎安．中国地方官员的晋升锦标赛模式研究［J］．经济研究，2007（07）：36－50．

［177］周雪光．"逆向软预算约束"：一个政府行为的组织分析［J］．中国社会科学，2005（02）：132－143，207．

［178］周亚虹，宗庆庆，陈曦明．财政分权体制下地市级政府教育支出的标尺竞争［J］．经济研究，2013，48（11）：127－139．

［179］周业安，赵晓男．地方政府竞争模式研究——构建地方政府间良性竞争秩序的理论和政策分析［J］．管理世界，2002（12）：52－61．

［180］周业安．地方政府竞争与经济增长［J］．中国人民大学学报，2003（01）：97－103．

［181］朱翠华，武力超．地方政府财政竞争策略工具的选择：宏观税负还是公共支出［J］．财贸经济，2013（10）：38－48．

［182］朱军，许志伟．财政分权、地区间竞争与中国经济波动［J］．经济

研究, 2018, 53 (01): 21 – 34.

[183] 朱雅玲. 晋升锦标赛下地方政府竞争对消费结构的影响——基于公共品供给竞争视角 [J]. 中国经济问题, 2019 (05): 76 – 93.

[184] 庄序莹, 周子轩. 地方财政压力会影响企业税负粘性吗——一种企业税负 "痛感" 的解释 [J]. 当代财经, 2022 (06): 37 – 49.

[185] Alesina A., Campante F. R., Tabellini G. Why is Fiscal Policy Often Procyclical? [J]. Journal of the European Economic Association, 2008, 6 (05): 1006 – 1036.

[186] Anderson M. C., Banker R. D., Janakiraman S. N. Are Selling, General, and Administrative Costs "Sticky"? [J]. Journal of Accounting Research, 2003, 41 (01): 47 – 63.

[187] Atkinson A. B. On the Measurement of Inequality [J]. Journal of Economic Theory, 1970, 3 (02): 244 – 263.

[188] Baldwin R. E., Krugman P. Agglomeration, Integration and Tax Harmonisation [J]. European Economic Review, 2004, 48 (01): 1 – 23.

[189] Banker R. D., Byzalov D., Chen L. T. Employment Protection Legislation, Adjustment Costs and Cross-Country Differences in Cost Behavior [J]. Journal of Accounting and Economics, 2013, 55 (01): 111 – 127.

[190] Banker R. D., Byzalov D., Plehn-Dujowich J. M. Sticky Cost Behavior: Theory and Evidence [R]. Working Papers, 2010.

[191] Boadway R., Tremblay J. F. A Theory of Vertical Fiscal Imbalance [M]. Queen's University Press, 2005.

[192] Borck R., Caliendo M., Steiner V. Fiscal Competition and the Composition of Public Spending: Theory and Evidence [J]. FinanzArchiv: Public Finance Analysis, 2007, 63 (02): 264 – 277.

[193] Bretion A. Competitive Governments: An Economic Theory of Politics and Public Finance [M]. Cambridge Univeristy of Press, 1998.

[194] Brueckner J. K., Saavedra L. A. Do Local Governments Engage in Strategic Property-Tax Competition? [J]. National Tax Journal, 2001, 54 (02): 203 – 229.

［195］Buchanan J. M. Federalism as an Ideal Political Order and an Objective for Constitutional Reform ［J］. Publius, 1995, 25（2）: 19 – 27.

［196］Chirinko R. S. , Wilson D. J. Can Lower Tax Rates Be Bought? Business Rent-Seeking and Tax Competition among the US States ［J］. National Tax Journal, 2010, 63（04）: 967 – 993.

［197］Desai M. A. , Dharmapala D. Corporate tax avoidance and high-powered incentives ［J］. Journal of financial economics, 2006, 79（01）: 145 – 179.

［198］Dewatripont M. , Maskin E. Credit and Efficiency in Centralized and Decentralized Economies ［J］. Review of Economic Studies, 1995, 62（04）: 541 – 555.

［199］Egger H. , Falkinger J. , Grossmann V. Brain Drain, Fiscal Competition, and Public Education Expenditure ［J］. Review of International Economics, 2012, 20（01）: 81 – 94.

［200］Fischer G. B. , Wigger B. U. Fiscal Competition and Higher Education Spending in Germany ［J］. German Economic Review, 2016, 17（02）: 234 – 252.

［201］Fréret S. , Maguain D. The Effects of Agglomeration on Tax Competition: Evidence from a Two-Regime Spatial Panel Model on French Data ［J］. International Tax and Public Finance, 2017, 24（06）: 1100 – 1140.

［202］Fromaget X. The Soft Budget Constraint Problem in Transition and Developing Countries ［D］. University of Friburgensis, 2008.

［203］Goodspeed T. J. Bailouts in a Federation ［J］. International Tax and Public Finance, 2002, 9（04）: 409 – 421.

［204］Gordon R. H. , Wilson J. D. Expenditure Competition ［R］. NBER Working Paper, 2001.

［205］Hadlock C. J. , Pierce J. P. New Evidence on Measuring Financial Constraints: Moving beyond the KZ Index ［J］. The Review of Financial Studies, 2010, 23（05）: 1909 – 1940.

［206］Hauptmeier S. , Mittermaier F. , Rincke J. Fiscal Competition over Taxes and Public Inputs ［J］. Regional Science & Urban Economics, 2012, 42（03）: 407 – 419.

［207］ Hayek F. A. V. Individualism and Economic Order ［M］. Individualism and economic order. Routledge & K. Paul, 1949: 33 – 54.

［208］ Inman R. P. The Flypaper Effect ［R］. NBER Working Paper, 2008.

［209］ Isen A. Do Local Government Fiscal Spillovers Exist? Evidence from Counties, Municipalities, and School Districts ［J］. Journal of Public Economics, 2014, 110 （01）: 57 – 73.

［210］ Janeba E. , Osterloh S. Tax and the City——A Theory of Local Tax Competition ［J］. Journal of Public Economics, 2013, 106 （02）: 89 – 100.

［211］ Jin H. H. , Qian Y. Y. , Weingast B. R. Regional Decentralization and Fiscal Incentives: Federalism, Chinese Style ［J］. Journal of Public Economics, 2005, 89 （9 – 10）: 1719 – 1742.

［212］ Keen M. , Marchand M. Fiscal Competition and the Pattern of Public Spending ［J］. Journal of Public Economics, 1997, 66 （01）: 33 – 53.

［213］ Kornai J. Economics of Shortage ［M］. Amsterdam: North-Holland, 1980.

［214］ Kornai J. The Soft Budget Constraint ［J］. Kyklos, 1986, 39 （01）: 3 – 30.

［215］ Lerner A. P. The Concept of Monopoly and the Measurement of Monopoly Power ［J］. Review of Economic Studies, 1934, 1 （03）: 157 – 175.

［216］ Li H. B. , Zhou L. A. Political Turnover and Economic Performance: The Incentive Role of Personnel Control in China ［J］. Journal of Public Economics, 2005, 89 （9 – 10）: 1743 – 1762.

［217］ Liu Y. Does Competition for Capital Discipline Governments? The Role of Fiscal Equalization ［J］. International Tax and Public Finance, 2014, 21 （03）: 345 – 374.

［218］ Maniloff P. , Manning D. T. Jurisdictional Tax Competition and the Division of Nonrenewable Resource Rents ［J］. Environmental and Resource Economics, 2017, 71 （01）: 179 – 204.

［219］ Montinola G. , Qian Y. Y. , Weingast B. R. Federalism, Chinese Style: The Political Basis for Economic Success in China ［J］. World Politics, 1995, 48

(01)：50 – 81.

［220］ Musgrave R. A. The Theory of Public Finance ［M］. New York：McGraw Hill, 1959.

［221］ Noreen E. , Soderstrom N. The Accuracy of Proportional Cost Models：Evidence from Hospital Service Departments ［J］. Review of Accounting Studies, 1997, 2 (01)：89 – 114.

［222］ Oates W. E. An Essay on Fiscal Federalism ［J］. Journal of Economic Literature, 1999, 37 (03)：1120 – 1149.

［223］ Oates W. E. Fiscal Federalism ［M］. New York：Harcourt Brace Jovanovich, 1972.

［224］ Ong L. H. Fiscal Federalism and Soft Budget Constraints：The Case of China ［J］. International Political Science Review, 2012, 33 (04)：455 – 474.

［225］ Opp M. M. , Parlour C. A. , Walden J. Markup Cycles, Dynamic Misallocation, and Amplification ［J］. Journal of Economic Theory, 2014, 154：126 – 161.

［226］ Qian Y. , Roland G. Federalism and the Soft Budget Constraint ［J］. American Economic Review, 1998, 88 (05)：1143 – 1162.

［227］ Qian Y. , Weingast B. R. Federalism as a Commitment to Preserving Market Incentives ［J］. Journal Of Economic Perspectives, 1997, 11 (04)：83 – 92.

［228］ Qian Y. , Xu C. Why China's Economic Reforms Differ：the M-Form Hierarchy and Entry Expansion of the Non-State Sector ［J］. Economics of Transition, 1993, 1 (02)：135 – 170.

［229］ Shevlin T. Taxes and Off-Balance-Sheet Financing：Research and Development Limited Partnerships ［J］. Accounting Review, 1987, 62 (03)：480 – 509.

［230］ Shleifer A. , Vishny R. W. Politicians and Firms ［J］. Quarterly Journal of Economics, 1994, 109 (04)：995 – 1025.

［231］ Stigler G. J. Perfect Completion, Historically Contemplated ［J］. The Journal of Political Economy, 1957, 65 (01)：1 – 17.

［232］ Tambulasi C. , Kayuni H. M. Decentralization Opening a New Window for Corruption：An Accountability Assessment of Malawi's Four Years of Democratic Local

Governance ［J］. Journal of Asian and African Studies，2007，42（02）：163－183.

［233］ Theil H. Economics and Information Theory ［J］. The Economic Journal，1969，79（315）：601－602.

［234］ Tiebout C. M. A Pure Theory of Local Expenditures ［J］. Journal of Political Economy，1956，64（05）：416－424.

［235］ Timothy F. ，Shleifer A. The Invisible Hand and the Grabbing Hand ［J］. American Economic Review，1997，87（02）：354－358.

［236］ Tresch R. W. Public Finance：A Normative Theory ［M］. Business Publications，1981：574－576.

［237］ Wang Y. Whether there is a Competition between the Interprovincial Governments on Fiscal Expenditure—From the Detection on Spatial Correlation ［J］. Open Journal of Business and Management，2018，6：454－461.

［238］ Weingast B. R. Second Generation Fiscal Federalism：The Implications of Fiscal Incentives ［J］. Journal of Urban Economics，2009，65（03）：279－293.

［239］ Weiss D. Cost Behavior and Analysts' and Earnings Forecasts ［J］. Accounting Review，2010，85（04）：1441－1471.

［240］ Wilson J. D. Theories of Tax Competition ［J］. National Tax Journal，1999，52（02）：269－304.

［241］ Xu C. The Fundamental Institutions of China's Reforms and Development ［J］. Journal of Economic Literature，2011，49（04）：1076－1151.

［242］ Zodrow G. R. ，Mieszkowski P. Pigou，Tiebout，Property Taxation，and the Underprovision of Local Public Goods ［J］. Journal of Urban Economics，1986，19（03）：356－370.